《国际汉语教师证书》考试参考用书

国际汉语教学案例与分析（修订版）

GUOJI HANYU JIAOXUE ANLI YU FENXI

朱勇 主编
孙岩 张京京 副主编

International Chinese
Teaching Cases and Analyses

中国教育出版传媒集团
高等教育出版社·北京

前言

三年磨一剑，《国际汉语教学案例与分析》终于完成了！这本书稿策划于中国北京，展开于意大利罗马，完成于美国爱荷华，是分布在世界各地的30多位作者共同努力的结果。

编写《国际汉语教学案例与分析》的想法始于2010年5月，这一想法受到我的第一个研究生王凡毕业论文的影响。她的论文题目是《基于教学档案袋的对外汉语准师资反思能力培养模式探析》，其中相当的篇幅涉及教学日志及其对新手教师培养的意义。同年6月，我接受了国家汉办的委派，赴意大利罗马大学孔子学院担任中方院长。罗马大学孔子学院的师资来源多样，既有多位志愿者新手教师，也有教学经验丰富的国家公派教师，还有意大利当地教师。在这种情况下，我想，如果鼓励中国汉语教师撰写教学日志并对其进行分析，其中所包含的有关教学的具体问题和实践性知识应该是一般性理论教材所缺乏的。就这样，本书的写作历程开始了。

案例是包含问题或疑难情境的真实发生的典型性事件。一个案例就是一个实际情境的描述，一个情境可能包含一个或多个疑难问题，同时也可能包含解决这些问题的方法。案例教学法是美国哈佛大学20世纪初首创的，到20世纪40年代已初具规模，普遍应用于管理教学之中，后来也在医学、商业和法学等领域普遍应用。国际汉语教学领域近年来对案例教学也给予了一定的关注，有的学校已开设相关课程，但是由于起步晚，案例搜集数量不足，整理不系统，这导致国际汉语教学案例类著作鲜有问世。从这个方面看，本书在一定程度上填补了这项空白。

在对本书案例进行搜集和整理的过程中，本人曾先后在德国慕尼黑孔子学院和北京大学对外汉语教育学院进行过专门的讲座，教师和学生们反响热烈，不少教师直接向我提出尽快将这些案例整理出版的建议。一线教师的热情和鼓励是我主编此书的强大动力。为了增强案例的多样性，我们在罗马搜集的近20万字案例的基础上，又向海内外近30位作者约稿。本书是一项基础性工作，书中案例大多具有一定的反思性，都是教师们对自身教学过程、教学效果的思考。希望本书的阅读能够为广大读者打开一扇窗，帮助您了解各种教学环境下的汉语课堂；也希望本书能够成为新手教师迈入优秀教师行列的"催化剂"。此外，本书的每个案例都是一个研究选题，既可作为汉语国际教育专业学生毕业论文的研究方向，也可作为国际汉语教学研究的内容和素材。

本书的适用对象

本书既可以作为教材、培训材料使用，也可以作为课外阅读资源，主要适用于汉语国际教育专业的本科生和硕士生、外派志愿者、海内外新手教师、广大国际汉语教学研究者，以及有志攻读对外汉语学术硕士和汉语国际教育硕士的同学等。

本书的内容与体例

本书共分七章，分别是：教学环节、教学与管理、汉字教学、语言要素教学、文化与跨文化交际、语言技能教学和少儿与老年人汉语教学。在各章中，每个案例的体例如下：

1. **案例** 本书共有112个案例，有些案例由2~3个小案例组成，大小案例合计156个。这些案例是来自世界各地的33位教师的教学日志，是宝贵的第一手资料，可读性强，让人有身临其境之感。

2. **分析** 该板块是对案例本身进行的分析，指出案例中的教师在教学管理中的优点或不足，并提出相应的教学建议或对应策略。很多分析都结合有关理论展开，希望能够将案例的实践引入到相关理论当中，为实践和理论搭建一座桥梁。

3. **思考** 有的思考题选自案例本身，是对案例的进一步探讨；有的思考题则是案例的延伸，是对相关问题的展开讨论。其中不少思考题具有实战性，是国际汉语教师在实际教学中很可能要面对的问题。我们将通过新浪微博（@对外汉语朱勇）组织对思考题的讨论，以便给读者朋友更多的启示和帮助。

4. **阅读** 这部分是参考阅读文献，旨在为读者提供针对性较强的论文、著作等资源，帮助读者加深对有关问题的认识。

本书的分工

本书的案例作者共有33位，其中有20位教师分别在九个国家从事教学工作（意大利、德国、法国、挪威、美国、日本、韩国、泰国和澳大利亚），还有13位教师分别在中国的八个城市从事教学工作（北京、上海、重庆、南京、成都、广州、西安和郑州）。

参与完成本书案例分析的作者是：第一章（孙岩、钱茜），第二章（张京京、刘弘），第三章（范红娟、朱勇），第四章（范红娟、张京京），第五章（佟叶、朱勇），第六章（王波、朱勇），第七章（刘倩倩、朱勇）。全书由本人策划、统稿。为了让本书更加接地气儿，我又特别邀请孙岩和张京京两位教学经验丰富的优秀教师担任本书的副主编，她们协助我做了不少工作，弥补了我的不足，进一步保证了书稿的质量。

书稿接近完成时，我正在美国爱荷华大学访学，访学期间本人有幸跟随柯传仁、沈禾玲、Judy、Lia等教授学习，在二语习得研究及教学等方面开阔了视野、加深了认识，这对于案例的分析无疑有着潜移默化的影响，在此特致谢意！本书即将付梓之际，特别感谢高等教育出版社的编辑给出的建设性意见。

自本书出版以来，受到广大读者的关注和欢迎，许多读者对书中的思考题部分给予了很高的评价，并通过各种方式问询，希望获得思考题的答案。在广大同行的支持和参与下，《国际汉语教学案例争鸣》（高等教育出版社）于2015年8月结集出版。《国际汉语教学案例争鸣》提供了《案例与分析》一书中100道思考题答案，是一本汇集了百余位国际汉语教师智慧与心血的观点碰撞类书籍，供读者因地制宜、因人而异地选择教学解决方案。

为方便将本书或《国际汉语教学案例争鸣》用于国际汉语教育专业课的教师开展课堂教学，减轻教师的备课负担，我们精心准备了教学课件。如有需要，可将邮件发送至zhuyong@bfsu.edu.cn。发邮件时，请将"国际汉语教学案例课件"作为邮件名，在邮件正文注明单位和姓名，并附上您本人的有效工作证明。

虽然本书尽可能地收录了反映不同教学问题和教学风格的教学案例，但这些案例跟世界范围内的汉语教学比起来还只是沧海一粟。我们希望有更多的国际汉语教师能够将自己的教学心得、教学反思写出来，希望大家一起分享、一起探讨，形成合力，共同促进这个学科的发展。欢迎老师们将更多的教学案例提供给我们，也欢迎大家将本书使用过程中的问题反馈给我们，以便有机会再版时能够更上一层楼。

朱勇

2015年5月

目录

第一章 教学环节 — 001

第一节 有"备"无患 — 001
- 案例1 心里发毛为哪般? — 001
- 案例2 磨刀不误砍柴工 — 005
- 案例3 巧用表格写教案 — 008

第二节 第一节课 — 011
- 案例4 如何打赢第一场战役? — 011
- 案例5 过目不忘学生的名字 — 014
- 案例6 变化一下更精彩 — 017
- 案例7 中国很近,汉语不难 — 019
- 案例8 起名闹出的笑话 — 022

第三节 课堂教学 — 025
- 案例9 环环相扣,从容展开 — 025
- 案例10 "可懂输入"是基本功 — 030
- 案例11 就地取材效果好 — 034
- 案例12 语言是练会的 — 037
- 案例13 教师提问有讲究 — 040
- 案例14 打破砂锅问到底的学生 — 043
- 案例15 不要小看板书 — 045
- 案例16 选得好,补得巧 — 048

第四节 课堂活动 — 051
- 案例17 细节决定成败 — 051
- 案例18 课堂游戏欢乐多 — 055
- 案例19 模拟辩论和采访 — 058
- 案例20 边唱边学 — 062

第二章 教学与管理 — 065

第一节 教师语言 — 065
- 案例21 外语,说还是不说? — 065

069		案例 22　教学指令早规定
072	第二节　课堂状况	
072		案例 23　谁是教师？
076		案例 24　面对质疑
080		案例 25　敏感问题？四两拨千斤！
082		案例 26　不肯回答问题的学生
085		案例 27　班级中的"另类"
087	第三节　教学管理	
087		案例 28　千方百计求"上座"
093		案例 29　作业，想说爱你不容易
096		案例 30　一视同仁最重要
099		案例 31　不会放弃你
103		案例 32　遭遇"爱情"
106	第四节　海外教学与合作	
106		案例 33　面对委屈，选择坚强
109		案例 34　海外教学更要因材施教
112		案例 35　中外教师多沟通
115		案例 36　中外合作相得益彰
117	**第三章　汉字教学**	
117	第一节　初教汉字	
117		案例 37　第一堂课要"短、平、快"
120		案例 38　汉字教学从哪里开始？
123	第二节　笔画、偏旁等的讲授	
123		案例 39　汉字的笔顺
126		案例 40　巧用名字
128		案例 41　点撇捺提
130		案例 42　从图画到汉字
132		案例 43　偏旁部首教学
134	第三节　汉字与文化	
134		案例 44　剪纸和毛笔的妙用
137		案例 45　汉字与文化

第四节 打通字词句及其他

- 140　案例46　由字到词的练习
- 142　案例47　汉字教学难吗?
- 145　案例48　该不该教学生查词典?

第四章 语言要素教学

第一节 语音教学

- 147　案例49　"揪住不放"要不得
- 150　案例50　语音教学小窍门
- 154　案例51　标调怎么教?
- 157　案例52　声调和语际对比
- 159　案例53　负迁移
- 162　案例54　发音练习小插曲

第二节 词汇教学

- 164　案例55　生词讲解,爱你真不容易!
- 166　案例56　词汇处理的原则
- 169　案例57　语素法讲练词汇
- 171　案例58　词汇分类与就地取材
- 174　案例59　词语教学活动
- 177　案例60　口头报告对词汇学习的作用

第三节 语法教学

- 180　案例61　从懂到会
- 183　案例62　分级教学:以能愿动词为例
- 185　案例63　注意语际对比
- 187　案例64　发现式教学:以程度补语为例
- 189　案例65　语法教学有技巧

第五章 文化与跨文化交际

第一节 文化教学

- 193　案例66　中国是一个封闭的国家吗?
- 196　案例67　汉语称谓怎么教?
- 199　案例68　座位的讲究
- 202　案例69　中国人取名字的文化

205	案例 70 中国美食遇到动物保护主义
207	案例 71 中秋节"中国文化日"
210	案例 72 庆贺中国新年

213　第二节　入乡随俗与跨文化交际

213	案例 73 挪威的午餐
215	案例 74 别样的打分方式
217	案例 75 "热情"还是"骚扰"？
219	案例 76 不同文化的"撞击"
222	案例 77 多元文化下的教学
224	案例 78 入乡随俗的成绩

226　第六章　语言技能教学

226　第一节　听说技能教学

226	案例 79 听力教学容易吗？
230	案例 80 口头报告对听力的帮助
233	案例 81 如何做好口头报告？
236	案例 82 如何组织课堂讨论？
240	案例 83 饮食习惯与动物保护之争
242	案例 84 入门课上的任务型教学
246	案例 85 提高学生的开口率
249	案例 86 口语训练要不要纠错？
253	案例 87 课堂活动如何吸引人？

256　第二节　读写技能教学

256	案例 88 阅读课的教学环节
260	案例 89 如何了解学生的阅读难点？
263	案例 90 写作课应该怎么上？
267	案例 91 怎么给学生搭"脚手架"？
269	案例 92 郁闷的写作课
272	案例 93 如何评改作文？

276　第七章　少儿与老年人汉语教学

276　第一节　少儿汉语教学

276	案例 94 第一节课怎么上？

280	案例95 "小魔怪"还是"小天使"?
283	案例96 教师也尴尬
285	案例97 我没有爸爸
287	案例98 管理与调动
290	案例99 "把"字句教学
293	案例100 游戏要注意细节
297	案例101 课堂成果小档案
299	案例102 我的课堂我做主
303	案例103 如何激励学生?
306	案例104 喜欢挑战的孩子们
308	案例105 作业签字了吗?
310	案例106 多跟家长沟通
313	案例107 多学科互动
316	案例108 去中国旅行
319	案例109 游戏需常换常新
321	**第二节 老年人汉语教学**
321	案例110 老爷爷学生
324	案例111 学员今年60岁
326	案例112 年龄是个大问题

第一章 教学环节

第一节
有"备"无患

案例1 心里发毛为哪般?

教学地点: 意大利罗马 **教学对象:** 成人初级业余班

（一）

今天是我的第一堂课。由于有事耽搁,我赶到孔子学院时已经临近上课,因此之前对首堂课准备工作的许多设想都来不及实现了。我匆匆忙忙地上楼拿钥匙开门,发现许多学生已经站在教室门口了。我感到很不好意思,但是由于语言不通,没办法跟他们解释。幸好学生都比较和善,没有计较什么。进了教室以后又发现没有粉笔,我跑去找保安拿粉笔,可保安居然不知道粉笔在哪儿,让我去别的教室找找看……一阵慌乱之后,我还是没能找到粉笔,于是情急之中跟保安说,我已经开始上课了,麻烦他找到粉笔以后,务必送一根到我的教室来,又千恩万谢了一番。好在上课十分钟以后他真的送了根粉笔过来,我的感激之情真是难以言表。

进教室后我就故作镇定地坐下来整理材料,其实也是为了喘口气。我带了两个班的材料,有时间表、学生名单、复印的教材、拼音表、纸片等一堆材料,整理起来着实有些麻烦,学生们都眼巴巴地看着我,我不得不草草整理了一下就开始上课了。

我之前了解的情况是意大利人的时间观念并不强,这个班四点上课正是刚下班的时间,我没有想到学生们都来得那么准时。幸好我备课相对充分,否则碰上这样慌乱的情况估计会大脑一片空白,所以下次一定在上课前留有充分的准备时间,否则真觉得很对不起学生。

（钱茜）

（二）

今天的课是商务汉语，早晨第一节课，在语音室上。我早早地到了语音室A，把电脑一一打开、调试好。有学生来问教室，才发现我的上课地点应该是语音室B。狂奔到办公室打印讲稿，很多学生在办公室门口等着问教室、课本、教师等问题，我不会用意大利语说"我有课，你能不能去问别人"，于是只好用有限的意大利语跟他们说"向左走，几楼"等等。

匆忙赶回语音室后学生都已经坐好，我想打开教师电脑，发现居然还需要密码，我跑去问保安，保安也不知道密码是多少。我绝望地去其他语音室找别的老师问，那位老师告诉我一堆密码，让我挨个试试看。我崩溃地回到教室，一个密码一个密码地试，最后总算打开了。正当我满头大汗地准备开始上课时，又有一位老师过来找我抱怨，说她的班里无缘无故多出来几个学生。至于为什么，我怎么知道呢？只好对她说："先上课，下课再说吧。"我本来就对上商务汉语课没有把握，课前的这整个过程真的是手忙脚乱，全班学生都在干瞪着眼看着我，更使我心里发毛……

（钱茜）

分析

在海外进行汉语教学，有时教学单位可能会有相关的课前培训，以帮助教师熟悉当地的教学环境、教学注意事项等，但大多数情况下都需要教师自己主动去了解相关情况。因此，课前的准备工作就不仅是备好教材、了解学生，还应该尽量提前熟悉教学环境、教学设备等。教学中，教师也要对可能出现的突发情况有相应的心理准备。遇到突发情况时要保持平和的心态，沉着应对，不能自乱阵脚。对赴海外教学的志愿者和新手教师来说，特别需要注意的是所在教学单位的教学设备问题。要知道，有些国家和地区的教学设备没有我们想象的那么好，一些制作精美的PPT和视频很可能没有用武之地。

如果没有条件提前熟悉教学环境，建议教师第一次课的教学安排一定要有弹性，尽量减少对环境条件的依赖。教师可以通过第一次课熟悉教学环境，之后再有针对性地去利用相关设备。

本案例中的教师课后进行了这样的自我反思："上课前一定要做好准备，尤其是第一堂课！我已经深深知道第一印象的重要，所以还特地早到教室，结果因为一堆上课以外的事耽搁了时间，不仅让学生等得很不耐烦，也让我自己心慌。这个情况，以后是必须杜绝的。"由于签证的原因，这位教师到达意大利的时间稍微晚了一些，加之要办理居留证等各种手续，她对课堂设备等问题没有提前做好充分的准备,对很多教学情况的了解停留在想象的层面,因此第一堂课就出现了种种问题。事实上,教师们由于签证等原因,到达即上任,甚至开学后才到任的情况并不是少数,因此赴海外教学的教师要对这样的挑战做好心理准备。

不同的教学环境

小学教室(美国迈阿密)

小学教室(美国佐治亚州)

中学教室(泰国清迈)

中学教室(泰国曼谷)

中学教室(法国左拉)

大学教室(意大利罗马)

思 考

1. 你最担心遇到下列哪种情况？你觉得遇到下述情况时该如何应对？

   A. 多媒体教学设备不能正常运转。

   B. 缺少必备的教学用具。

   C. 学生的汉语水平远远低于/高于事先准备的教学内容。

   D. 教室的环境不适合开展准备好的教学方案。

   E. 班里来了很多不在名单上的学生。

   F. 其他 _____

2. 你课前精心准备了PPT，可是第一节课时设备出了故障，不能播放声音。声音在你的演示中非常重要，这时你会怎么做？为什么？

   A. 放弃播放PPT，用别的教学方案。

   B. 继续使用PPT，声音部分由教师自述。

   C. 找人协助维修，直到声音能够播放。

   D. 其他 _____

阅 读

1. Ellis. R. *Understanding Second Language Acquisition*. Oxford: Oxford University Press, 1985. 上海：上海外语教育出版社，1999.

2. 李珠，姜丽萍. 怎样教外国人汉语（第五章第六节"教学设备与教具"）. 北京：北京语言大学出版社，2008.

3. 吴勇毅，石旭登. CSL课堂教学中的非预设事件及其教学资源价值探讨. 世界汉语教学，2011（2）.

4. 廖建玲. 国际汉语教学设计（第三章第二节"学校教育环境调查与分析"）. 北京：高等教育出版社，2013.

案例 2 磨刀不误砍柴工

教学地点： 意大利罗马　**教学对象：** 成人初级业余班

明天我将首次在罗马大学孔子学院讲新课，而不再只是负责复习课。为了这次难得的体验机会，我用了比平时多两倍的时间来备课。

在备课时，我经历了两个阶段。开始时，我只觉得满眼都是知识，什么都想讲到，希望尽可能把知识点练透。慢慢地，我才进入能够抓住重点、并能将新旧知识区别对待的阶段，比如该课的语法涉及代词单复数、表示人的名词单复数、代词+"的"、名词+名词、连词"和"、副词"也""都"、疑问助词"呢"、疑问句的三种形式等内容。在备课的过程中，我仔细对照前面的课文，发现本课的不少语法点已在前课出现过。比如代词单复数只有"它、它们"没在前课出现过，名词复数基本属于全新的知识，代词+"的"、名词+名词都已经学过好几个例词，连词"和"、副词"也""都"在学习过程中都为学生点明过，"呢"对学生来说应该是很熟悉的疑问助词了，疑问句的三种形式也已经全部都学练过了。这样一来，我就可以重新规划该课的语言点讲练方案：疑问句的三种形式放在复习阶段，可以用询问姓名等句式进行练习；"呢"不做专门讲解，但可以在例句中多出现；名词+名词放到词汇中复习；"和"放在对话中让学生随文理解；剩下的代词单复数以及代词+"的"、表示人的名词单复数、副词"也""都"可以结合一定生词一起学习。以上是第一节课的内容，第二节课则可以专门学习生词、词汇扩展和对话。

授课之后，我的体会是：有些我处理不熟练的教学环节，比如练习，还是需要更细致的准备。比如什么时候教师读，什么时候学生读，集体读还是个人读，什么时候给出意大利语解释等，我的教学行为随意性还是很大，致使各教学环节之间的衔接有时不够连贯，教学效果也因此大打折扣。第二节课我进行了生词部分的讲解，不论是板书设计，还是从音到义的教学顺序，以及利用板书练习简单句子的做法，我认为都是合理的。在实际授课过程中，我发现时间有剩余，就比较随意地进行了复习，并检查了前面所学的词汇、句子的听力理解情况。由于缺乏仔细考虑，这样的复习没有章法层次，仅仅是在形式上复习了一下。现在回想起来，这个时间即使不考虑词汇的书写问题，也该考虑把之前操练的句子写下来。我发现自己最近的课都遗漏了最后几分钟的总结复习环节，而这一环节的作用应该是总结，是画龙点睛，以便让学生明确该次课的学习重点。

（孙岩）

分析

"凡事预则立，不预则废"，教学也是如此。教学是一种有目的、有计划的活动。为了减少授课时的随意性和盲目性，提高教学的有效性，教师需要在教学开始之前做必要的准备。从这个角度上可以说，备课是教学活动开展的第一步。

备课包括研究教材与教学内容、搜集信息、了解学生、考虑教学方法等。研究教材与教学内容是其中十分重要的一环，教师不仅要看"全"，还要看"准"。所谓"全"，是指全面了解教学内容中涉及的各个教学点，以避免课上出现教师知识空白而导致答疑失败的情况。所谓"准"，是指要会抓重点，牢记教学目标，这是有效地进行教学设计的关键。认真备课的过程一定会有个从"厚"到"薄"的过程，"厚"的过程是全面把握，可以为后面的分清主次打好基础；而"薄"的过程则是从理论性到实用性、可操作性的转变。课堂教学的时间毕竟有限，如果分不清主次轻重，一味地追求面面俱到，反而会什么也照顾不到，也会导致出现课堂时间分配不合理和把握失控的情况。

像本案例中这位教师一样，很多新手教师或面对新课型的教师在备课时常常会觉得缺乏思路，有时花费很多时间结果却不尽如人意。除了经验不足的原因之外，追求完美的压力也往往会让教师在备课时迷失方向。备课时，首先要确定教学目标，以教学目标为指导，将教学内容进行分类和模块化处理，再以此为基础找到合适的方法展开教学。如果条件允许，可以尝试几位教师一起备课，发挥集体的智慧。实际授课时总会出现这样那样的问题，只要课后及时总结，在新一轮备课中做出相应的改进，久而久之，就一定会克服备课缺乏思路，甚至无从下手的问题。

思 考

1. 根据你自己对教学的理解，将下列备课的必要环节按照重要性进行排列，并说说除此之外备课时还需要考虑哪些方面。

A. 确定教学重点、难点

B. 分析教材与教学内容

C. 了解学生情况

D. 进行板书设计

E. 确定教学方法

F. 确定教学目标

G. 准备教学设备与教具

排序结果：_____

2. 对比一下个人备课和集体备课各有哪些优缺点，说说你更喜欢/适合哪种备课方式。

	优点	缺点
个人备课		
集体备课		

我更喜欢/适合 _____ 的方式，因为 _____。

在此过程中我会注意 _____。

阅 读

1. 杨惠元. 听力课的教学环节设计——关于备课与上课. 语言教学与研究，1993（2）.
2. 何高大. 备课在视听说教学中的重要地位. 外语电化教学，1996（1）.
3. 黄晓颖. 对外汉语教学的备课艺术. 汉语学习，2004（3）.
4. 刘智伟. 试论汉语作为第二语言教学集体备课方式. 语言文字应用，2006（S2）.
5. 廖建玲. 国际汉语教学设计（第六章第一节"设计课堂教学内容"）. 北京：高等教育出版社，2013.

案例 3 巧用表格写教案

教学地点：法国雷恩　教学对象：初高中学生

备课时，我一般会列出一张教学表格，这跟传统的教案有点儿差别。传统的教案一般会按照时间顺序列出课堂活动，而我的这张教学表格既有纵向的时间安排，也有横向的教学内容，比如我会列出与课时对应的教学目标、教学活动内容和进行方案、教学用具、能力训练，以及相应的课后作业。

节次	教学目标	教学活动	教学用具	培养能力	完成形式	家庭作业
1	阅读课	<u>复习时间的表达</u> 学生用汉语口头说出幻灯片上展示的时间（包括星期、时刻等）。 <u>学习各科目的表达</u> ・学生手拿课程表，听老师说时间，然后说出相应的科目，并用拼音写出完整的句子，如"我星期一十点一刻上汉语课"。 ・老师核对学生记录的拼音是否正确，学生集体讨论记录的相关科目是什么。 ・幻灯片给出相关科目的汉字和拼音，学生根据拼音口头重复各科目的汉语说法。 <u>有关各科目说法的练习</u> 学生用汉语制作课程表。	PPT：用法语给出时间 学生课程表 PPT：用拼音、汉字和配图展现各科目的名称 有关各科目的生词表、汉字书写练习本、空白课程表	口头表达 听力理解 拼音记读 口头表达 汉字书写	集体 集体 集体 独立	制作课程表
2	阅读课	<u>复习各科目的说法</u> ・学生在拼音书写本上写各科目的拼音。 ・用幻灯片展示各科目的汉字，学生认读并讨论如何根据字形更好地记住汉字。 <u>阅读课程表（1）</u> 学生手拿课程表，一边听一边猜测老师所说的是哪个科目，老师的提示如"第三节课/从八点到十点/星期一有三节课"。 <u>阅读课程表（2）</u> ・学生在笔记本上用拼音记录下所听到的句子，如"第三节课/从八点到十点/星期一有三节课"。 ・学习"课"字的写法：笔画、笔顺。	PPT：用拼音、汉字和配图展现各科目的名称 学生课程表	拼音书写 口头表达 听力理解 书写	独立 集体 集体 集体	根据老师给出的例子，准备三个句子描述自己的课程表。 学习各科目生词：拼音、汉字认读、练习（L1, P67）。

列表格的好处是一目了然，教师也能很快发现一节课的薄弱环节。比如，如果一节课中只有听的练习，就要对教学安排进行适当调整，增加说的练习和读、写的练习；如果一节课中只有集体的课堂活动，就可以考虑加入单人、双人以及小组形式的练习与活动；如果一节课中只用到教师自己制作的教学用具，就可以考虑利用教学环境中可能存在的教学用具，如学生的课程表、练习册等。

（王彦）

分 析

教案也称"课时计划"，是以课时为单位设计的具体教学方案。把备课的内容落实到笔头上便会形成一份教案。教案的作用主要有：1. 帮助教师理清备课思路，查漏补缺。写教案的过程可以进一步发现教学安排中存在的问题（如时间是否合理，内容是否全面，活动是否可行等），并及时做出调整。2. 对教师实际授课有提示作用，比如哪里是重点难点，下一步该做什么、需要多长时间等。3. 促进教师专业发展。教师可以通过写教案积累教学素材，总结经验教训，从而进一步提高教学和研究的能力。

教案一般包含课文题目、教学对象、教学地点、教学内容、教学目标与要求、教学重点与难点、教学课时与时间安排、教具准备、教学环节（包括教学过程组织、教学方法、教学手段等）、板书设计和教学后记等内容。其中，教学环节尤其需要认真考虑，要做到重点清楚，衔接自然。

教案的详略和格式可以根据教师的教学经验和每课的特点决定。新手教师很容易因为缺乏经验和考虑不周导致遗忘某些教学内容或对时间分配不合理，因此教案应尽可能详细，比如要列出每个环节所用的时间、具体要讨论的问题、学生参与的顺序、活动的具体规则等。本案例中的教师所选用的实际上是一种纲要式教案，提纲挈领，简洁明了，便于教师掌握教学重点和难点。这样的教案其实更适合经验丰富的教师使用，不过新手教师在认真备课的同时，不妨也尝试准备这样的表格，它的好处是一目了然，便于上课时使用，有助于教师在宏观上把握好时间安排与课堂节奏。

教案是预设性的，上课过程中不可避免地会存在预设与现实的矛盾。当精心设计的教案遭遇课堂教学的"不测"时，可以根据具体情况及时调整、修改教案，千万不要手足无措，或不加变通地坚持"以不变应万变"。

思 考

1. 以下内容分别来自两位新手教师的教案，你觉得哪份教案对教学的实际指导意义更大，说说你的理由。

1. 词汇读练（20 分钟）	2. 对话读练（20 分钟）
（1）让学生自行把 P101 的词汇看一遍，主要是默读熟悉音形义，然后教师领读词汇。 （2）重点语法复习 来/去/在：XX 来这儿/去那儿/来 Alice 这儿/去 Roberto 那儿/在 Roberto 那儿（学生现场表演） 在、有：我们在哪儿？我们在教室。/教室里有什么？教室里有学生、老师。/我有英汉词典（汉语书、手机）。你有吗？我也有英汉词典。	（1）4人一组分角色朗读对话并展示。 （2）发问题小纸条让学生提问，集体回答。 安娜有《意汉词典》吗？/保罗有没有《意汉词典》？/小雨在哪儿？/小雨也没有《意汉词典》，对吗？/马可用《英汉词典》吗？/小雨的《英汉词典》在哪儿？/马可晚上有事儿吗？ 哪儿肯定有《意汉词典》？ （3）4人一组，尝试不看课本再次练习对话。

1. 词汇练习	2. 对话练习
P101 的词汇朗读练习。 集体读、个人读、小组读、男女生分读。	教师带读。 3人一起朗读对话，然后展示。 回答教师提问。 完成 P123 的完成对话题。

2. 就下面两段口语课文设计一课时（50 分钟）的教案。

保　罗：小雨，你去哪儿？

米小雨：我回家。你呢？

保　罗：我去买书。

米小雨：去哪儿买书？

保　罗：去中文书店。咱们一起去吧。

米小雨：好。我去买词典。

保　罗：今天晚上我们一起去看电影，好吗？

米小雨：不行。今天晚上我去看朋友。

保　罗：男朋友吗？

米小雨：不是。是女的。

保　罗：明天行吗？

米小雨：明天？好吧。

阅 读

1. 夏纪梅，卢莉. 教案设计：外语教师创新能力的表现. 外语界，2003（1）.
2. 李珠，姜丽萍. 怎样教外国人汉语（第五章"教案编写"）. 北京：北京语言大学出版社，2008.

第二节
第一节课

案例4 如何打赢第一场战役?
教学地点: 意大利罗马　　**教学对象:** 成人高级业余班

第一次上课,我希望能跟学生之间建立起信任,让他们从一开始就喜欢上我的课。因为我知道,换老师时,学生多多少少会对原来的老师有所留恋,所以我希望把最好的一面展现给他们,让他们觉得虽然换了老师,但是并不会影响他们学习汉语。第一堂课是教师和学生互相认识、建立信任的开始,如果第一堂课就跟学生有非常良好的互动,并能被学生所接受和信任,那么之后的课程势必会轻松很多。相反,如果第一堂课给学生的印象是枯燥、乏味、无趣,那么以后要弥补起来就要花更大的力气。因此,上好第一节课是我的第一场"战役",我深知其成败的重要性。

首先,是教师形象的问题。考虑到外国学生常常觉得中国教师都很年轻,再加上我本身确实也只是刚毕业没多久的新手教师,所以我上课的时候尽量选择比较成熟的衣服,戴黑框的眼镜,显得成熟、专业、有经验一些。

其次,因为是意大利老师先上课,所以我先问了问意大利老师这个班的情况,汉语水平是否平均,整体气氛是比较活跃还是比较安静,有没有比较特殊的学生,当然,还有上一节课的内容。我觉得多和当地教师沟通非常重要,因为他们是母语教师,所以更加了解学生为什么会有这样那样的反应,也更清楚学生对哪些语言点会很自然地理解,哪些语言点需要教师详细解释。充分地了解这些情况可以帮助我少走很多弯路。

教师在第一堂课上带领学生做活动(美国佐治亚州)

(许舒焙)

分 析

"良好的开端是成功的一半",无论是在国内还是在海外,教师的第一堂课都至关重要。如果说长期的教学过程可以让学生深入了解你的专业水平和教学风格,那么第一次课则会决定学生对你的态度,甚至会决定他们从心底里是否乐意接纳你。

一般新手教师第一节课都会或多或少地有一些紧张,也有很多顾虑和担心,比如担心自己准备得不够充分,担心由于语言不通会造成师生理解障碍,担心会出现意想不到的课堂问题,担心学生不喜欢自己等。为了降低紧张情绪带来的负面影响,教师要尽可能地做好课前准备,让自己在自我形象、精神状态等方面充满信心。

第一次课面对的可能是全新的班级和学生,也有可能是从其他教师处接手的班级。在前一种情况下,教师比较容易和学生达成默契,而后一种情况则需要让学生尽快熟悉新老师,并尽早让他们摆脱先前老师的影响。第一次课上,教师要认真观察学生的反应,注意学生的特点,以便在今后的教学中做到因材施教。本案例中的教师除了在个人形象、衣着方面有所准备,还主动跟意大利籍的搭班教师进行交流,做到了"有备而来"。

通常情况下,教师可以从以下方面为第一次课做好准备:1. 得体的衣着;2. 良好的精神状态;3. 适当的教学内容;4. 对班级情况的全面了解。在衣着方面,要注意观察和了解所在国的着装习惯和要求,入乡随俗。在有些国家和地区,给大学生上课,过分正式的着装会让学生觉得和教师有距离感;而有些国家和地区的教学机构则明确要求教师必须着正装。教师也要充分考虑教学对象,比如给儿童和青少年上课,适当的休闲款式、轻快的色调则更容易营造轻松的氛围。除此之外,女教师,尤其是年轻女教师要注意着装不要太暴露,以免分散学生的注意力或产生其他不必要的麻烦。

思 考

1. 如果你接手了其他老师的班级,很可能会出现师生之间的磨合挫折,你会如何准备?

A. 主动联系和请教原来的老师,了解该班学生的情况,学习教学方法和管理经验。

B. 跟学生多聊天,了解学生的基本情况、学习偏好等。

C. 深入学生内部，跟个别学生交朋友，从学生当中了解班级情况。

D. 注意上课内容、方式的趣味性，让学生感到上课的乐趣。

E. 注意个人形象、行为等，通过个人魅力"征服"学生。

F. 其他 _____

2. 面对下列教学情况，你将如何准备自己的第一堂课？（比如如何自我介绍，如何引入教学内容，准备哪些教学互动等。）

A. 小学一年级学生的汉语课，学生均无汉语基础。

B. 高中三个年级的汉语选修课，各年级混合编班，部分学生有一点儿汉语基础。

C. 大学汉语专业学生的汉语口语课，学生的汉语水平普遍较高。

3. 假如在你刚接手的班级中，学生经常对你的教学方法和要求提出质疑，如"以前的老师不是这样的"，这可能会对你的情绪产生哪些影响？你将如何解决这一难题？

阅 读

1. 赵未莲. 如何上好第一次课. 成才之路, 2008（13）.

2. 潘忠海. 新教师教学生涯第一节课常见问题与对策. 教育实践与研究, 2009（2）.

3. 刘霞. 教师着装——一堂无声的礼仪课. 教育教学论坛, 2010（26）.

4. 闻亭, 常爱君, 原绍锋. 国际汉语课堂管理（第二章第四节"良好的开端是成功的一半——上好第一堂课"）. 北京: 高等教育出版社, 2013.

案例 5 过目不忘学生的名字

教学地点：意大利罗马　　**教学对象：**成人初级业余班

进教室后，我先跟学生打招呼，学生们出人意料地安静和害羞，这对我真是当头一棒！一般来说，意大利人都是非常热情活泼的呀。调试好教学设备以后，我就开始上课。不过，中间那静悄悄的几分钟，真的让我感到了前所未有的尴尬。

我事先准备好了一段自我介绍，于是先自我介绍了一番，然后也请学生做自我介绍，因为我很主动地说了自己的名字、年龄、爱好，后面的学生也很让我意外地跟着我的模式开始做自我介绍。他们在自我介绍时，我飞快地在名单上搜索他们的名字，并拿起笔记下了相关信息。这个环节既可以和学生拉近距离，也使我得以了解学生的语言水平。短短的五分钟，我还记录下了不少的学生信息：性别、年龄、爱好、性格等等。这样做的目的一是能快速记住学生的名字，二是便于根据外貌、性别、年龄、爱好等信息给他们取中文名字，三是为以后更好地跟他们互动做准备。事实证明，在以后的课堂教学中，学生的工作、爱好等信息是非常好用的例句或话题切入点。

（许舒焙）

分 析

卡耐基曾经说过：一个人的姓名是他自己最熟悉、最甜美、最妙不可言的声音，在交际中最明显、最简单、最重要、最能得到好感的方法，就是记住对方的名字。面对一个新的班级，教师尽快记住学生的名字，会拉近跟学生的距离。相反地，那些记不住学生名字的教师一般不会受学生欢迎。有一年期中的时候，我们去听一位新手教师的课。提问的时候，这位教师先点了一个学生的名字，这个学生恰好没来，她接着又点了第二个学生的名字，遗憾的是，那个学生也没来。这个时候，课堂一下子安静下来，这位教师非常尴尬，半天没说话。教了半个学期，却没能记住全班 20 多个学生的名字，这一方面会给学生留下不好的印象，另一方面也会导致上课提问缺乏针对性。不同难度的问题应考虑由不同水平、不同特点的学生来回答，如果只是看着学生名单进行点名，这样的教师对学生而言多少有些缺乏"温度"。

本案例中的教师非常注意师生认识的环节，她不仅提前准备了自我介绍，而且认真听取并记录学生的自我介绍情况，有意识地利用这些信息帮助自己尽快了解并记住学生。在教师教授班级数不多、班级人数不多的情况下，教师完全可以做到第二次课时不看名单就能叫出学生的名字。

为了达到这个目的，很多教师会采用各种办法来帮助自己记忆学生的名字，比如有的教师课前会反复看学生名单，先记住学生的名字，上课点名或听学生做自我介绍时进行人与名的对应；也有的教师要求学生在第一次课上回答问题时先用汉语说明自己是谁，这样做既让学生练习了汉语，也可以帮助教师加深对学生名字的印象；还有的教师利用课前点名来唤醒对学生名字的记忆。当然，课后及时回忆学生的姓名也很重要，因为课上的快速记忆属于短时记忆，及时的巩固则有助于强化记忆。回忆时可以利用座次位置将学生的姓名信息进行定位。

如果是大班教学，学生人数众多，少则三四十，多则七八十，这种情况就要特别处理。有的教师是这样做的：请每个学生交一张两寸的照片，教师将照片粘到硬纸板上，并将照片下方对应地标上学生的名字，以便帮助教师更快地将学生的形象和他们的名字联系起来，加深记忆（如下图所示）。这种做法值得借鉴，如果有可能，教师可以在授课的第一个月将学生的座位固定，将硬纸板上学生照片的顺序与学生的座次保持一致，应该会收到更好的记忆效果。

学生座次表示意图

思 考

1. 如果不懂学生的母语，学生的名字通常非常难记，会经常出现教师想不起学生叫什么或叫错学生名字的尴尬。这样的问题该如何解决？

    A. 给学生起中文名字。

    B. 询问并记住学生名字的简称或昵称，如 Federico 可以叫 Rico。

    C. 让学生制作名牌并摆放在桌子上。

    D. 诚实地向学生表达自己的"姓名记忆困难症"，以得到学生的理解。

    E. 其他_____

2. 除了学生的名字，教师的名字也是很好的教学材料。下面是某位教师在第一次上课时进行的自我介绍和开场白，想一想它们分别适合什么教学阶段。

    A. 适用于欧美初级班　　　　B. 适用于中级班

    C. 适用于日韩初级班　　　　D. 适用于高级班

（1）同学们好！我叫张京，"北京"的"京"。我是北京人。你们喜欢北京吗？（　　）

（2）同学们好！我叫张京，"北京"的"京"。我是北京人，今年30岁。（　　）

（3）各位同学好！我叫张京，是这个学期的阅读课老师，很高兴见到大家。这是我的名字（在黑板上写汉字），对，"京"是"北京"的"京"，那"张"呢？（　　）

（4）各位同学，大家好！很高兴这个学期能担任大家的阅读课老师。我叫张京。你们知道哪些发音是 jīng 的汉字？……很好，在这几个字中，你们觉得哪个字是老师的名字？……对，很好，"北京"的"京"。除了北京，中国还有什么地方的名字有"京"字？（　　）

阅 读

1. 安立国. 快速记住学生的名字. 教学与管理，2007（20）.

2. 徐秀梅. 记住学生的名字. 中国教师，2008（1）.

案例6 变化一下更精彩

教学地点： 意大利罗马　**教学对象：** 小学兴趣班

第一次课，我突然想改变一下总是自我介绍的套路，恰好教室的条件也允许，我准备让孩子们整体地认识一下中国，特别是一些重要的文化信息，如长城等，初步激发他们对汉语的兴趣。我计划分三个部分来进行第一次课：中国宣传片播放，中国知识英语问答，汉字演变与十二生肖的动画介绍。

先看视频是为了保证问答部分的顺利进行，因为我真的不知道学生对中国的了解程度。回答部分采取了抢答的形式，答对最多问题的学生可以得到我的一个小礼物。动画部分有两段：一段是汉字演变动画，这种形式可以让学生对汉字这种对他们来说非常奇妙的文字有个直观的了解；另一段是娱乐性动画，象形文字对应的十二种动物呈现了十二生肖的故事。

整堂课上得很开心，学生们非常专心，主动抢答，积极互动。尤其是最后的动画片，尽管没有英文配音，但是学生看完以后都能答出我的问题。

教学条件真的挺重要的，视听说结合的方式一定会给学生留下深刻的印象，带来更多的乐趣。

（孙岩）

介绍十二生肖的英文动画

分析

在学期之初，面对新学生的第一节课，很多教师都会不约而同地想到自我介绍的环节。如果教师和学生、学生和学生都互不认识，让大家轮流做自我介绍，即使用的是学生的母语，也不失为很有意义的教学环节。因为通过自我介绍，可以减少师生之间和生生之间的陌生感。如果教师是中途接手别人的班级，学生有一定的汉语基础，这时的自我介绍也很有意义，教师可以借此了解学生的汉语水平。

自我介绍在成人课堂上常常都能成功地开展，但是如果教学对象是一群零起点的儿童，这个环节设置与否就需要教师斟酌了。成人出于对陌生人的好奇或尊重，大都会认真听别人做自我介绍。让活泼好动的儿童规规矩矩地听同学逐个做自我介绍显然很挑战他们的耐性，也许进行到一半，课堂就乱作一团了。因此，让学生在第一节课上体验汉语课的乐趣，感受中国的魅力，发现汉语的与众不同，这也许是汉语教师更好的选择。

本案例中的教师通过视频让学生认识中国，接触汉字，为了督促学生认真观看，从中获得相关信息，又设计了问答小比赛，这样整堂课都能吸引住学生的注意力，让他们在玩中学，从而让第一节课给他们留下轻松愉快的印象。当然，不是所有的学校都有条件实现视听说教学。尽管教学环境和教学条件有时会限制教师的发挥，但有一点是肯定的，第一节课只要好好设计，注意到教学对象的特点，注意到教学形式的多样性，就一定可以上得有声有色。

思 考

1. 给零起点的学生上第一节汉语课，可以根据哪些思路设计课堂教学？

A. 教学生几句日常用语，满足学生的"新鲜感"和"成就感"。

B. 让学生认识一些重要的中国元素，激发学生了解中国的兴趣。

C. 展示几个有趣、好学的象形字，让学生体会汉字的魅力。

D. 如果班级人数较少，现场教会他们用拼音或汉字书写名字，让学生制作名片，进行交换并问好。

E. 其他 _____

2. 回忆一下令你印象深刻的第一堂课。想一想，精彩的第一堂课有何值得借鉴的地方？糟糕的第一堂课又有哪些教训要引以为戒？

阅 读

1. 都娟. 如何让学生"玩"语言——结合儿童心理特点教汉语. 考试周刊，2009（20）.

2. 张晓燕. 试谈少儿汉语教学在整个对外汉语教学中的定位. 海外华文教育，2010（1）.

案例 7 中国很近，汉语不难

教学地点：意大利罗马　　教学对象：成人初级业余班

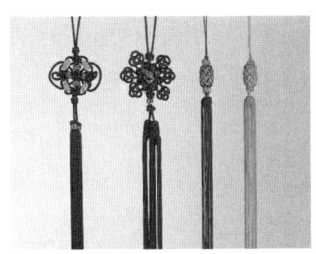

有关中国的图片

由于新接手的这个零起点班里有中学生，也有大学生，为了进一步了解他们，自我介绍后我没有马上开始上课，而是让他们展示一下自己会的汉语或说说有关中国的事情（我一般会问为什么学汉语，可是鉴于我目前的意大利语水平，我没有问，打算以后他们会一点儿汉语以后要求他们用汉语回答），结果学生几乎都说了"北京""你好"，还有一个学生会说"谢谢""再见"。后来我特别留意了一下，发现那个学生比其他学生水平高一些，之前应该接触过汉语。

就着学生的回答，我说："那么现在我们一起来看看中国吧！"然后我给学生展示了几张关于中国的图片（都配有汉字、拼音和意大利语的解释）：中国地图、长城、故宫、鸟巢、水立方、北京烤鸭、剪纸、中国结。学生们都很认真，尤其是几个年纪小一些的学生，开始讨论起来。我说："今天先看到这里，以后我们慢慢学习。现在先开始学拼音，学会了拼音，你们就能念这些汉字了。"这时，有个中学生模样的男孩儿问我："老师，汉语很难吗？"

我其实很高兴学生能问我这个问题，这正是我想给零起点学生强化的一个意识：汉语没有想象中那么难（当然如果面对的是高级班的学生，我就会直接告诉他们汉语不容易，你们得认真学）。于是，我马上开玩笑地抱怨说："汉语有点儿难，可是你们是意大利人，你们会意大利语，所以对你们来说，汉语不难。比如，汉语里的'是'，在意大利语里有 è, sei, sono, siamo, siete, ero, eri, era, eravamo, eravate, eravano（essere 的各种变位），可是汉语里就只有一个字！"大家一听都笑了，大概是因为我说话的语气很像是被意大利语动词变位整得快发疯了吧。

（许舒焙）

分 析

根据克拉申（Stephen Krashen）的"情感过滤假说"，对于学习者的差异现象，一种解释是他们接受的可理解的语言输入量不同，另一种解释是学习者不同的情感因素在发挥作用。这种情感因素包括学习目的、学习动机、自信心、焦虑感等。学习目的明确，学习动机高，自信心强，焦虑感适度，"情感过滤"就弱；反之，"情感过滤"就强。中国和汉语，对于很多国家的学生来说都很遥远，初学汉语时学生对这门语言肯定是好奇与担心并存，很多学生往往没有明确的学习目的和学习动机，对汉语学习中要面对的困难可能一无所知，也有的学生甚至存有"汉语最难学"的看法。教师通过何种方式把中国和汉语介绍给学生，消除学生过度的焦虑和担忧，提高其学习动机和自信心，树立"中国很近，汉语不难"的观念，这些问题往往在第一节课就会被摆上台面，等待解决，并将伴随汉语学习过程的始终。

在第一次课上，本案例中的教师利用观看有代表性的图片让学生走近中国，以开玩笑的口吻让学生意识到每种语言都有各自的难易之处，这些都是值得借鉴的好方法。当然针对不同的学生群体，教师要选用不同的导入内容。一般来说，如果教学对象是成人学生，考虑到他们一定或多或少地知道一些关于中国的信息，就可以像本案例中的教师那样，选择展示中国地图、长城、故宫、鸟巢、水立方、北京烤鸭、剪纸、中国结等一些能激活其头脑中背景知识的信息；如果教学对象是中小学生，就要选择一些更典型、有趣、易记的材料，如国旗颜色、地图形状等，用直观的方式展示给他们。

思 考

1. 结合你所熟悉的一种外语，说说在教学中哪些做法可以让以该外语为母语的学生觉得"中国很近，汉语不难"。

A. 重点展示汉语拼音中与学生母语发音基本相同的部分。

B. 利用语言对比介绍汉语词汇、语法的易学之处，比如"是"和"有"没有变位，无论主语是什么人称，动词只有一种形式。

C. 介绍一些学生母语中的汉语外来词或汉语中的外来词。

D. 利用形式生动的多媒体课件，以及电影、动画片或学生熟知的歌曲的汉语版本等素材。

E. 其他_____

2. "汉语难学吗？"——这是零起点的学生经常会提出的问题。试着从语音、词汇、语法、汉字等角度，进行汉外语言对比，客观分析一下汉语的难易之处。

	难	易
汉语跟英语对比		
汉语跟其他语言对比		

阅 读

1. Dörnyei, Z. *Motivational Strategies in the Language Classroom*. Cambridge: Cambridge University Press, 2001.
2. 贺阳. 汉语学习动机的激发与汉语国际传播. 语言文字应用, 2008（2）.
3. 温晓虹. 汉语为外语的学习情感态度、动机研究. 世界汉语教学, 2013（1）.

案例8 起名闹出的笑话

教学地点：意大利罗马　　**教学对象：**小学兴趣班

为了让学生可以利用自己的真实情况做更有意义的练习，我特意给每个学生起了个中文名字。因为他们是孩子，也为了避免让姓名读音的难度成为练习的障碍，我有意识地借鉴中国孩子的小名，用重叠字或"小某"称呼他们。

有个孩子名字叫 Riccardo，有个"卡"的音，我想到了某款杀毒软件中的小狮子"卡卡"，我一直很喜欢这个小东西，觉得"卡卡"这个名字很威武可爱，于是决定叫这个孩子"卡卡"。但是，当我把这个名字给他时，别的孩子都笑了，尽管我说出每个孩子的中文名字时他们都笑，但是这个笑得最厉害。当时我没太在意，后来在练习过程中，我注意到孩子们说这个名字时明显都爱用意大利语的音调，我才猛地想起：意大利语中有个单词"cacare"，汉语的意思是"大便"，"caca"就是汉语口语中说的"便便"，而"卡卡"的音跟"caca"恰好相似！

意识到问题所在后，我开始注意避免让"卡卡"做自我介绍，也避免让别人介绍"卡卡"同学。等到下课后，我快步走到"卡卡"身边跟他说，这个名字是一个小狮子的名字，在汉语里很好听，但是如果你不喜欢这个名字我可以给你换个名字。让我没有想到的是，孩子说他没有不喜欢。孩子的回答稍稍缓解了我的愧疚感和紧张感，可是班上那个最调皮的 Marco 还在拿这个名字取笑他。更让我不放心的是，如果"卡卡"回家告诉家长他的中文名字，家长会不会以为我是在故意耍孩子呢？

没想到出现了这样的情况，也许以后的课上我再也不能用中文名字搞活动了。

（孙岩）

分析

在本案例中，教师为了教学的需要特意为每个小学生起了一个中文名字，这种做法是值得提倡的。不过，起中文名字毕竟属于一种跨文化交际活动，在实施过程中需要注意跨文化交际中也可能存在一定的语言问题，如本案例中音近词所带来的尴尬。更周全的做法是：教师先为每个学生起好中文名字，然后将学生的名字和中文名字对照书写后请一位该国汉语教师把把关，这样就可以避免起名闹笑话、好心办坏事的情况发生了。

给外国学生起中文名字是一件很有意义的事情：1. 可以帮助学生了解中国人的姓名文化，如"姓在前、名在后"等。2. 学生熟悉了自己和同学的中文名字，也是一种潜移默化的汉语学习过程。一般来说，给零起点的学生起名字要尽量使用常用字，让学生巧妙利用这一机会多学习几个汉字，增强他们的成就感。

3. 外国学生拥有一个中文名字，本身就具有文化适应的含义，也是一种"入乡随俗"。只有适应了某种文化，对某种文化有所亲近，才能更好地掌握这门语言。

那么如何给学生起一个响亮的中文名字呢？音译？意译？两者结合？或者毫不相干？记者刘军在《趣谈外国人起中国名》一文中这样讲述：在西方社会，从蜚声世界的汉学家到联合国高级官员，从资产过亿的跨国公司老板到普通的欧洲人，从中文爱好者到西方的"中国媳妇"或"中国女婿"，都以有中文名字为荣，取中文名字已经成为一种时尚。他们的名字有的是根据本国语言的音译，但更多的是音译和意译相结合，听起来不仅非常中国化，而且十分儒雅，韵味无穷，令人浮想联翩。比如瑞士汉学家和法学博士、德国弗莱堡大学终身汉语教授胜雅律，取"胜"为姓，因为他喜欢该字的中文繁体"勝"，"雅律"是他的德文姓氏的音译。除此之外，"律"是中国古代审定乐音高低的标准，"律"前加"雅"，活脱脱衬托出一位学富五车的西方汉学家形象。再如，瑞士驻华使馆外交官 Pierrehagmann，他的中文名字叫关雪岩，一方面和他的姓氏发音接近，另一方面，他的老家在瑞士阿尔卑斯山区的瓦莱州，那里重岩叠嶂，白雪皑皑，取"雪岩"是不忘本之意。外国人取中文名字表达了外国人对中国文化的理解和热爱，也拉近了不同国度、不同种族、不同文化的人们之间的距离。汉语教师给外国学生起中文名字也应充分考虑，让中文名字成为学生学习汉语、感受中国文化的一座桥梁。

思 考

1. 如果教授的班级里有来自世界各国的学生，学生的中文名字要根据其不同的文化、语言背景采取不同的处理方式。试着将以下中文名字归类：

A. 阮氏凤英　　　B. 金恩真　　　C. 小龙　　　D. 子怡

E. 仲里拓也　　　F. 理查德　　　G. 孟杰儒　　　H. 阿卜杜拉

尊重和沿用日本、韩国、越南学生的固有汉字名。	
沿用中国约定俗成的汉译人名。	
体现学生对中华文化热爱和兴趣的名字。	
一些国家不忌讳重名,常用长辈名给孩子起名,学生也希望自己和所喜爱的中国明星用相同的名字。	

2. 下面是某位教师给学生起的中文名字,你觉得怎么样?如果有修改建议,请在表格中列出。

学生姓名	中文名字	其他建议
Mario Balsamo	马利奥 / 马里奥	
Shangold	尚钴德 / 尚古德	
Chiara di Giovanni	赵婉 / 周婉	
Francesca Cesare	陈冉	
Sara Rosi	罗飒飒 / 罗莎	
Alessandra Mariani	艾琳	
Romano Licata	罗曼	
Mauro Salvidio	毛磊	
Mauro Gemelli	毛吉 / 毛吉鸣	
Viviana Ballerio	魏雅娜	

阅 读

1. 刘珣. 对外汉语教育学引论(第四章第二、三节"对外汉语教学的文化学基础"). 北京:北京语言大学出版社,2000.
2. 刘军. 趣谈外国人起中国名. 对外传播,2012(2).
3. 陈莹. 国际汉语文化与文化教学(第四章第一节"汉字 中国人的姓名"). 北京:高等教育出版社,2013.

第三节
课堂教学

案例 9 环环相扣，从容展开
教学地点：意大利罗马　教学对象：成人高级班

（一）

在学习课文以前，我先问了学生几个问题：
"中国人第一次见面喜欢问什么？"
"这些问题意大利人会问吗？是不是隐私？"
"中国人打招呼的时候常常问什么问题？"
"如果中国人问你们这些问题，你们是怎么回答的？"
"你们知道为什么中国人常常问这些问题吗？"

上述问题其实就是将课文串联起来的几个问题，我先尽可能地鼓励学生用自己的话来表达，然后让他们看课文，看看同样的意思，课文用了哪些更好的词语来表达，随后再要求学生根据这些问题来说说课文内容。每个问题后都列了关键词，一来为了让学生用上新学的生词进行表达，二来为了让学生有所参考，以降低表达难度。

带读完课文并提问完相关内容，学生了解了课文的大概，这个时候如何过渡到重点语言点的讲练上来，这一直是一个比较困扰我的问题，因为语言点分散在课文各处，学生常常找不到它们在哪里。

起初，我的做法比较生硬，问完课文的相关问题后会直接说"好，我们来看……"，并把该语言点写在黑板上，跟着就做相关的讲练。这样做会导致两种情况：一是学生不断地问"在哪里"；二是学生也许根本不会关心该语言点出现在课文里的什么地方，无法利用课文中的语境。后来，我试图用提问的方法带出要讲练的语言点，但我发现并非所有的语言点都能用问题问出来，况且用提问的方式试图让学生说出他们还没掌握的语言点，对学生来说也不容易。

现在我的做法常常是，上课前先把重点生词或语言点写在黑板上，问完课文的相关问题，确认学生已经理解了课文大意后，直接进入黑板上的重点内容部分。在讲练完重点内容以后,再带读一遍,给学生纠音的同时,也对重点难点进行解释或简单练习,这样就不会出现学生总是找不到相关内容的情况了。

(孙岩)

(二)

第四课的场景和功能是"出行问路"。本次课具体安排如下:

第一阶段,复习导入。

第二阶段,词汇准备。

第三阶段,对话学习。

第四阶段,场景交际练习。

我将词汇教学重点放在出行交通方式和常见的场所两个方面,将语言场景拟定为采取不同的方式出行到达某一场所。这样,从复习环节到新学环节,学生会接触到步行、乘公交或地铁、打车等不同的出行方式。这成为本次课的主要授课线索。具体安排如下:

⟶ 第一节课

1. 组织教学(5分钟)

2. 复习导入(25分钟)

- 内容:酒店入住及超市位置信息咨询。
- 方式:老师给出场景,两个学生一组,准备10分钟,然后展示检查。
- 场景:你在汉庭酒店预订了一个大床房,时间从3月19号到3月23号,共4晚。今天是19号,你来入住酒店,办完入住手续后你想买点儿水果,于是向前台询问附近有没有超市。前台告诉你附近有一家物美超市,走着去只要10分钟。

3. 新课学习(20分钟)

(1)生词学习

- 内容:关于交通方式类的词汇及常用地点词汇。
- 方式:结合刚才的复习展示,老师提问学生:"除了步行,还有哪些常用的交通方式?"学生回答,老师将相关生词在黑板上板书,根据学生的反馈按照已有的准备再做添加,准备词汇如下:

骑自行车/摩托车、开车、乘/坐公共汽车、乘/坐地铁、乘出租车/打车、坐火车、坐飞机。

(2)初步练习

老师提问,如:"你是怎么来上汉语课的?旅行时你喜欢乘什么交通工具?"

用老师说情景让学生猜的方式复习几个常用的表示地点的词汇,如:"大家通常在哪里等公共汽车或电车?哪里有M标志?Termini/tiburtina/ostiense都有什么?"

第二节课

1. 对话学习(10分钟)

学生先听老师示范读,然后自行试读,老师问学生有无疑点。找学生读,确保学生能准确读出对话材料。

2. 出行问路场景1练习(40分钟)

- 方式:老师给出场景,学生结合新学词汇和课文对话1、2,两个学生一组,准备20分钟,准备过程中老师巡回帮助,然后学生做展示。
- 人物:你、前台、路人、出租车司机。
- 场景:你住的旅馆交通不太方便,今天你要去首都机场,前台告诉你需要先步行15分钟,到达清华东路,然后再打车,大约一个小时能到机场。(注意:总路线问前台,步行路线出旅馆后问路人。)

第三节课

出行问路场景2练习

- 方式:两个学生一组,其中一个学生要扮演3个角色,准备20分钟,然后学生做展示。在学生准备的过程中,老师板书学生在对话中可能会用到的关键句,如:

您好,我要去东直门,请问是在这里坐车吗?	对,在这里坐43路就到。
您好,我要去东直门,您到时候能提醒我下车吗?	没问题,还有……站到东直门,我会提醒你的。
您好,请问地铁站在哪里?	往……走,在……的旁边。
在那个地铁站可以乘机场快轨吗?	可以。/不行,要换乘到……号线才能乘机场快轨。

- 场景:从旅馆到机场除了打车,你还可以坐公共交通工具,你可以先坐43路公交车到东直门下车,然后换乘机场快轨。但是在公交车站点你需要问路人你等车的方向是否正确,公交车上你需要请售票员在该下车时提醒你,下车后你还要问路人地铁站在哪里。

学生在课堂上进行有关"问路"的情景对话
(美国华盛顿)

▶ 第四节课

1. 场景对话的写作（35分钟）

让学生将第二、三节课上做的对话练习写下来，可以两个学生合写一份。

2. 几个常用句子的记忆（10分钟）

3. 布置作业（5分钟）：提前预习第三课的文化导入部分。

（孙岩）

分析

每堂课都是由一系列的教学环节组成的。根据教学过程的感知、理解、巩固、运用四个阶段，我们认为语言课的课堂教学环节主要有组织教学、复习检查、讲练新内容、巩固新内容和布置课外作业五个环节。教师上课就像在导演一出精彩的戏剧，需要精心构思、策划和布局。教师要对教学主题、核心任务进行总体把握，使各教学环节服务于教学核心任务；还要对时间、节奏、强度进行有效的控制，做到重点突出、张弛有度；也要巧妙安排各教学环节之间的衔接和过渡，让学生徜徉在有序幕、有铺垫、有起伏、有尾声的课堂，获得美的享受。

案例（一）主要包含讲练新内容、巩固新内容两个教学环节。每个环节内部又由一些更小的教学环节组成，每个小环节应前后联系，层层铺垫，由易到难，一步步地带领学生达成学习目标。从这个角度上说，案例（一）中的某些做法就显得不太合理。比如最开始的几个问题（"中国人第一次见面喜欢问什么"等等），实际上是根据课文内容提出的，但是案例（一）中教师让学生在学习前自由回答，由于缺乏相应的词汇等"脚手架"的帮助，学生的表达效果自然不会好。之后通过课文学习准确的词汇和表达方式，在此基础上再根据问题复述课文。这实际上是由难到易的做法。假如我们换种思路，开始提出跟话题相关的简单问题，目的只是引出话题，然后学习课文内容，复述课文，最后让学生根据自己的经历做进一步的讨论，这样按照由易到难的顺序逐步引导学生进行成段表达，相信会收到更好的教学效果。

案例（二）中的教师用了四节课完成了教材中一课的内容，课堂教学环节完整，包含了组织教学、复习检查、讲练新内容、巩固新内容和布置课外作业五个教学基本环节。更值得肯定的是，该教学设计环节分明，各环节能够做到由易到难、前后铺垫。比如由复习引出了关于交通方式和地点的词汇，在词汇学习后马上进行巩固练习，在词汇学习的基础上引入课文对话学习，在对话学习环节让学生积累相关表达材料，这些材料在下一个环节的情景对话练习便能派得上用场，情景对话练习之后又接着进行了写作训练。如此看来，整个课堂教学可以说是环环相扣，步步为营。

当然，并不是每堂课都要覆盖所有的教学环节，教师也可以根据具体教学情况做出相应的调整。但无论如何，教师都应注意各教学环节的顺序、联系和前后照应。

思 考

1. 复习环节可以采取什么样的方式进行？根据你的教学或外语学习经验完成右图。
2. 在作业布置的环节，你会怎么做？

A. 课程结束时告诉学生当天的作业内容。
B. 课程一开始就告诉学生当天的作业内容。
C. 留出专门的时间，采取说、写结合的方式，将作业内容与要求详细地说明给学生。
D. 采取口头快速布置的方式，如果学生的汉语水平不高，用学生母语或英语布置。
E. 将作业内容详细写在黑板上，要求学生记录。
F. 将作业内容提前打印成作业纸条，下课时发给学生。
D. 其他 _____

如何复习？

阅 读

1. 刘珣. 对外汉语教育学引论（第四章第一节"对外汉语教学过程与课堂教学"）. 北京：北京语言大学出版社，2000.
2. McKay, S. *Researching Second Language Classrooms*. Mahwah, NJ: Lawrence Erlbaum, 2006.
3. 李珠，姜丽萍. 怎样教外国人汉语（第五章第八节"教学步骤"）. 北京：北京语言大学出版社，2008.
4. 廖建玲. 国际汉语教学设计（第六章第二节"设计课堂教学流程"）. 北京：高等教育出版社，2013.

案例10 "可懂输入"是基本功

教学地点：中国北京　**教学对象：**成人零起点国际班

读本科时，曾听说有位国际汉语教师工作十几年一直坚持用最简单的甲、乙级词跟外国学生交流，语速也控制得很慢，以致形成了职业习惯，家人都时常着急地催她"快点儿说""说难点儿"。当时听的时候只当是笑话，完全不解其中的深意，不明白这位教师的可贵之处，没想到"长大后我就成了你"。现在我已经连续教了五六年零起点班，很多朋友都说我说话变慢了，吐字更清楚了，用的词和语法都比较简单，而且语音什么的都非常规范，也几乎不用本地俚语了。

我自己也深知这些变化，这也是一种健康的"职业病"吧。在课堂上我使用的汉语，对外国学生来说，既是他们要学习的目的语，也是他们学习的工具。所以我的语言必须非常规范、清楚，语速必须适中。此外，在发出指令或进行讲解的时候，都要注意"可懂输入"这一基本原则。

要做到这些并不容易。最初的时候，我在课前都要仔细准备，反复斟酌每一个指令和讲解，千方百计地使我的教学语言符合学生的汉语水平，确保在图片、动作、板书等辅助元素的配合下，我说的话学生能够听懂。即便是这样，面对课堂上学生临时提出的问题和突发状况，我还是不得不用英语回答或处理，有时看到一些完全不会说英语的学生茫然着急的样子，真恨自己没有多学过几门外语啊！

现在，经过五六年的磨炼，我的"可懂输入"这一基本功，终于算是"小有所成"了。无论是不是原定的教学内容，只要是对外国学习者说话，我都能根据其水平做出及时调整，有时还可以随机应变。比如今天，一位导游到学校来给学生开文化旅行说明会，说明注意事项时说："出发前别忘了给手机充值。"有几个学生不明白"充值"的意思，立刻看向我，我指着一个学生的手机说："先加钱。"他们顿时恍然大悟。接着导游又说："云南冬天比较湿冷，大家进宾馆以后，先打开空调的除湿功能，再开制热功能，效果才好。"对刚学了不到四个月汉语的学生们来说，这段话实在是有点儿难了，全班学生这时都很困惑，有的嘟囔着"空调"，有的嘟囔着"冬天"。

可惜所在教室的空调没有配遥控器，否则一演示他们就清楚了。我赶紧在黑板上画了两个房间，分别写上云南和北京，说："云南和北京不一样。"接着我在云南的房间里画了几个小水滴，然后说："空调可以做两种工作。第一种工作，让房间里的水出去；第二种工作，让房间变热。你们到云南的房间里，先开空调，做第一种工作。"说着在水滴旁画了

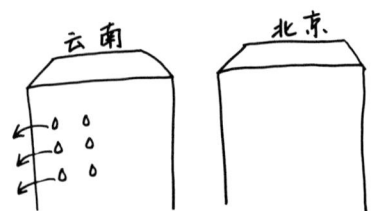

个箭头，示意水排出房间。"房间里的水出去以后，空调再做第二种工作。"全班学生连连点头，导游在一旁忍俊不禁。

（张京京）

分析

克拉申（Stephen Krashen）的语言习得理论对20世纪80年代以来的语言教学影响深远。输入假说（The Input Hypothesis）是其理论的核心部分。克拉申认为，只有当学习者接触到"可理解的语言输入"，即略高于其现有语言水平的第二语言输入，而他又能把注意力集中于对意义或对信息的理解而不是对形式的理解时，才能产生习得。这就是著名的"i+1理论"，"i"为学习者现有的语言水平，"+1"是指略高于语言学习者现有语言水平的部分，是实现语言输出的起点。基于学习者通过"可懂的语言输入"习得语言的共识，"可懂输入"已经成为教材内容编排的重要标准之一，也是编制、使用教师语言的核心原则之一。

要使教师的课堂语言符合"可懂输入"的原则，教师需要：

1. 熟练掌握汉字、词汇、语法的分级。
2. 对学生的语言水平、知识结构和最新变化了如指掌。
3. 尽可能地了解学生的语言、文化、职业背景和与之有关的习惯、特点、认知风格等相关信息。
4. 熟悉和了解学生课堂内外的生活，在尊重隐私的前提下能够将一些事例、场景加以利用。
5. 具有丰富和广博的知识储备，了解当时当地的新闻时事，并能对这些资源加以利用。
6. 课前精心准备，善于利用图片、实物、视频等各种资源。
7. 发音规范，吐字清晰，音量和语速可根据学生水平、语句本身的难度进行调整。
8. 合理使用简化、重复、重述、释义、迂回、添加冗余信息等策略。
9. 对学生的言语和非言语反馈（如表情）观察细致入微，保持敏感，并据此调整教师的语言。
10. 课堂上善于随机应变，能利用课堂内的网络资源、实物、即时场景和事例。
11. 表情、动作等身体语言生动形象，善于表演。
12. 可以专门学习简笔画技巧，在必要的时候，将语言讲述和绘画结合起来进行。

"可懂输入"要求教师的语言符合学生现有水平，但不代表越简单越好。随着学习者语言知识和语言能力的发展变化，教师的语言要不断进行调整：对于中高级学生，教师如果仍然使用对初级学生的课堂语言，则和教师满口外语一样，都是对汉语输入机会的浪费，会导致学生无法忍受；对于零起点和初级学生，要区分不同的语言内容，对于学生已掌握的内容要使用尽量接近平时中国人对话的正常语速，并可逐渐加快速度增加输入难度，如果一味迁就学生，将导致他们无法适应课堂外其他中国人的语速、发音，失去跨越障碍进行听说交际的能力，出现"除了教师，别人的话都听不懂"的窘况。

保证高效的"可懂输入"是语言教师的基本功，但这不代表教师掌握这一技能以后话语越多越好，因为教师不能违反"精讲多练"的原则。在汉语课堂上，优秀的汉语教师总有两个共同点：虽然掌握或者精通某一门外语，但仍然会一直坚持寻找和使用学生可懂的汉语；虽然能用学生可懂的汉语解释说明某一语言现象，但仍坚持用更巧妙的方法，控制教师话语的用量，启发学生的思维，诱导学生积极输出。美国教育家 Jerome Freiberg 在 Universal Teaching Strategies 中的话语永远值得新老教师共勉——The average teacher tells. The good teacher explains. The superior teacher models. The great teacher inspires.

思 考

1. 假设教学对象是初级班学生，需要教师在课堂上临时对下列词语做出解释，想一想如何用图示法、动作法或用简单的汉语进行描述，让学生明白词义。

（1）名　　词：宠物　　矿泉水　　方言　　硕士　　反义词　　压岁钱　　来电提醒
（2）动　　词：起哄　　暗恋　　走私　　传染　　复印　　退休　　解雇
（3）形容词：调皮　　干燥　　幽默　　糊涂　　团结　　倒霉　　尴尬

2. 试着不借助外语，只使用汉语和板书讲解以下语句（可画图）。
（1）我们班的同学不都是日本人。我们班的同学都不是日本人。（讲解两句的差别。）
（2）我们坐地铁去动物园。我们去动物园坐地铁。（讲解两句的差别。）
（3）我们10点下课，休息20分钟。（说明两个分句的时间词位置不同。为什么"下课10点"不对，"20分钟休息"也不对？）

（4）今天有一点儿冷。今天比昨天冷一点儿。（讲解"有一点儿"和"一点儿"的差别。）

（5）除了安妮，别的同学都没来。除了安妮，我们学校还有6个美国学生。（讲解"除了"的两种语义。）

阅 读

1. Krashen, Stephen D. *Second Language Acquisition and Second Language Learning*. Oxford: Pergamon Press Inc, 1981.
2. De la Fuente, M. Negotiation and Oral Acquisition of L2 Vocabulary: The Roles of Input and Output in the Receptive and Productive Acquisition of Words. *Studies in Second Language Acquisition*, 2002, 24: 81-112.
3. 国家汉语国际推广领导小组办公室. 国际汉语教师标准（模块三，标准5.5）. 北京：外语教学与研究出版社，2007.
4. 杨惠元. 课堂教学理论与实践（第七章"教师的课堂教学行为〈三〉"）. 北京：北京语言大学出版社，2007.

案例 11 就地取材效果好

（一）

教学地点：意大利罗马　　**教学对象**：成人中级业余班

　　《中级汉语口语》这本教材的课文后配有注释和例句，进一步讲解了课文中的重要表达方式。一般来讲，我很少使用这些注释和例句，因为我觉得自己设计的讲解和例句往往更贴近学生的实际，也更容易让学生明白和掌握。

　　《读书是一种享受》这篇课文中出现了"你还别说"，以及"你为孩子可真是想到家了"，我觉得这两个句子在日常生活中的使用频率不是那么高，并且也不是很难，课上让学生看看课后的注释和例句即可，所以没打算作为重点来讲练。教材中对"你还别说"的解释是："插入语，表示确认某种出乎自己意料的说法或事实。"我知道这样的解释学生可能根本不懂，但是我当时想，学生能明白例句就可以了。

　　今天的课上，看了例句以后，西凤和萨拉两个学生还是不明白这两个句子是什么意思。我临时也想不出更好的例句来让她们明白说这两句话时的情境。后来还多亏别的学生用意大利语帮她们解释，第二句话还是李维帮我想了一个好例子，她们这才明白了。

　　课文后的注释和例句常常能启发教师的灵感，但也存在一些问题，比如有的太难了，需要我们去粗取精、善加利用。备课时如果像我这次这样偷懒，全盘照搬教材中的注释和例句，结果只能是"搬起石头砸自己的脚"。那些看起来不太重要的内容，也需要教师好好准备。对学生可能遇到的困难，教师也要有充分的估计。

（陈蓉）

（二）

教学地点：意大利罗马　　**教学对象**：成人中级业余班

　　今天继续学习《读书是一种享受》。讲到"赚钱"这个生词时，我教给他们"赚钱养家"，我问："在中国的家庭里，常常是男人赚钱养家，那么在意大利呢？"讲到"这得排到什么时候呀"时，我先举了自己去梵蒂冈博物馆排队的例子；罗巍马上要去北京外国语大学学习，我也把北外附近的"巫山烤全鱼"的红火程度拿来做了例子。讲到"她一不聪明，二不漂亮，你怎么会看上她？"时，我和学生一起讨论了大家喜欢的异性的特质。

　　这节课非常热闹，大家都想谈自己的看法，就连平时不怎么爱说话的罗巍，积极性也特别高。谁都想谈论与自己有关的或自己身边的事。其实每个人都一样，离自己太远的事，往往不想说也说不出什么来。从这个角度上说，举例时紧密联系学生的生活，就显得尤为重要。之前在北京语言大学接受培训的时候，培训老师就说我试讲时的例子太生硬，离学生比较远。现在接触到学生，接触到学生的生活了，明确、生动的例子就多了。中意两国的文化差异，年轻人共同关注的话题，以及我作为一个刚来到意大利的外国人遇到的问题等等，学生们都比较关注，往往也是一些好例句的来源。

（陈蓉）

（三）

教学地点：意大利罗马　　**教学对象**：成人高级业余班

　　刚开始上课的时候因为保安不在办公室，所以拿不到钥匙不能进门，只好跟学生在走廊聊天。我询问了他们周末的计划，因为上节课学习了程度补语和"起床、睡觉"等词，聊天的时候就用了一些，学生回忆起生词，发现自己都听懂了，非常开心。我也拿着学生名单，借着跟他们打招呼的机会，记住了他们的名字。因为有课前20分钟的预热，所以大家在课上很快就进入状态了。读课文时课堂气氛一度冷了下来，于是我边听学生念课文，边把他们发音不太准确的词按照意义关联排列写在了黑板上。读完后，我将这些词都扩展成短语，将生词串联起来。对不能串联的生词，就用刚刚聊天时的一些例子联系起来。我上节课就发现了，这个班的学生都很认真，而且热衷于说长句，所以当他们发现可以把词语串联成很长的句子之后，他们都很开心，很有成就感，接下来就学得更认真了。

（许舒焙）

分 析

　　举例解释是很常用也很奏效的一种教学方法，但是恰当的例子却往往很难信手拈来，对新手教师来说尤其不易。案例（一）中的教师希望学生能通过阅读课文后面的解释和例句来理解语言点，结果学生却一头雾水。这可能是由于对学生而言，有的例子太难，有的例子缺乏语境，有的例子本身存在着跨文化理解的问题。这时就需要教师做一些加工，让例子更贴切、更生动。案例（二）和案例（三）中的教师举的例子和情景都是学生熟悉的，内容也能激发学生的兴趣，这样就更容易调动学生的学习积极性，从而收到更好的学习效果。总之，输入的可懂与否决定着输入的效果。

　　可懂输入一般来源于学生的日常生活，当然哪些是可懂输入要视学生情况而定。教师在教学过程中要有意识地发现可懂输入的潜在来源，如案例（二）中提到的教师备课时目的明确的材料设计，学生说出的句子，贴近学生实际的话题及平时交流的内容等。教师也要不断思考最佳的输入方式,如可以效仿案例(二)和案例(三)中的做法,对有意思的例句进行适当的扩展讨论。

值得注意的是,可懂输入的来源也是可以创造的。比如课后与学生的"闲聊"是很好的可懂输入来源,教师不妨刻意地跟学生聊起教学所需要的内容,进而用到课堂中去。教师在课外跟学生活动时也要做个有心人,及时抓拍一些相关的照片,课堂上使用时往往会收到意想不到的效果。这样的照片很容易吸引学生的眼球,而且照片反映出的信息对他们来讲大多是已知信息,并不会增加他们的认知负担。

新手教师经常会出现的问题是,不能正确地估计学生和教学内容,无法把握自己输入的难度,难以预计学生输出的效果。因此,新手教师要注意在教学中不断总结失败的教训与成功的经验。除了经常翻一翻教材中的课文之外,教师还可以翻一翻同套系教材的其他分册,或翻一翻汉语词汇大纲,有意识地记一下词语的级别,久而久之,对可懂输入的把握一定会更好。

思 考

1. 你见过或者使用过哪些汉语教材?教材中的注释和举例部分如何?你通常怎么处理这些注释和举例?请以《新实用汉语课本》或《博雅汉语》等汉语课本中的某一课为例进行分析。
2. 除了案例分析中提到的可懂输入的来源,你认为还有哪些素材、信息可以被利用?

阅 读

1. 刘若云,徐韵如. 对外汉语教学中例句的选择. 中山大学学报论丛,2005(6).
2. 温晓虹. 教学输入与学习者的语言输出. 世界汉语教学,2007(3).
3. 靳洪刚. 现代语言教学的十大原则. 世界汉语教学,2011(1).
4. 刘颂箐. 国际汉语词汇与词汇教学(第三章第三节"例句的设计"). 北京:高等教育出版社,2013.

案例 12 语言是练会的

教学地点： 意大利罗马　　**教学对象：** 高中生

这周是课表固定下来的第一周。这个班是由意大利教师负责语法讲解，我负责练习，前几周因为意大利教师的教学活动和时间总在变化，我自己的教学安排也因此很随意。但是我觉得，汉语作为这些学生的必修课，教师一定得有统筹规划，本着让学生逐步提高的目标安排教学，让学生从一开始学汉语就能得到巩固和提高。于是这周我尝试了一种新的教学安排，根据通盘考虑、重点击破、明确层次、层层铺垫的教学思想，先把重点放在数字的练习上，然后是爱好活动类词语的巩固扩展，最后是综合复习。具体安排如下：

──────────▶ 第八课（第 1 课时）

1. 课后语音练习
2. 数字歌谣学习

──────────▶ 第八课（第 2 课时）

1. 头脑风暴活动

提问：如果今天没有课，我们做什么？（同时板书）

2. 询问学生的爱好

板书：你喜欢……吗？/ 你喜欢不喜欢……？/ 你的爱好是什么？/ 你常常……吗？

同桌互相问爱好，要求用到以上句型。

3. 活动

提问：你的手机号码是多少？

学生把自己的手机号码写在事先发给他们的小纸条上并折好。教师收齐纸条装在文件袋里，随机找学生抽一个纸条并读出电话号码，该学生用黑板上的句型问被抽到的人。教师注意把抽过的号码拿出来，然后再找另一个学生抽纸条，以此类推。

装有小纸条的文件袋

──────────▶ 第八课（第 3 课时）

1. 小采访任务

发给学生问题纸条。学生找一个被采访对象，两人一组互相问答，并注意记录答案，问完后交换角色。

2. 学生自己准备一段话介绍各自采访的人
3. 学生做课堂展示

在这样的教学安排下,我觉得一周的课上下来还算成功。如果从口语课的角度来看,这样的安排既考虑到了基础练习的扎实性,又考虑到了练习的应用性。这种安排方式我还要继续尝试几次,看看效果是否会一直这样好。

(孙岩)

分 析

"语言是练会的,不是教会的。"国际汉语课堂教学是以实践为主的语言技能课,因此如何设计、开展课堂练习是语言学习成败的关键。练习应该有层次,根据"理解—模仿—记忆—应用"这一学习规律,教师可以设计出理解性练习、模仿性练习和交际性练习等。练习时,教师要注意不能急于求成,如果没有基础性的练习就很难实现应用性、交际性的练习。在进行不同层次的练习时,要合理制订对学生的要求,不能期望在理解性练习的层次,学生就能自主生成交际性的表达。练习的方式也应该灵活多样,但无论进行何种方式的练习,都要在达到练习目的和效果后再换另外的练习方式,处理练习时切忌蜻蜓点水式地一带而过。

本案例中的教师跟意大利籍教师合作授课,意大利教师负责语法,她主要负责口语练习。作者根据"通盘考虑、重点击破、明确层次、层层铺垫的教学思想",把练习分散在三次课中完成,从词汇到句子再到应用性、交际性练习,注意循序渐进。每个课时的内部又包含不同层次的练习:机械性的读写练习,复述性练习,趣味性的游戏和应用性练习等。这样能够引导和帮助学生各个击破,不断提高,最终实现练习目标。需要指出的是,一般的学校每天只有一个小时的汉语课,不像业余课程那样一次可以上几个小时,这样一来课程的统筹安排就显得更为必要了,教师不仅要学会将练习分散开来完成,还要学会将分散的练习串联起来,就像把散落的珍珠串起来一样。

另外,游戏和小组活动的形式都是增强练习有效性和趣味性的好办法。充分的合作和互动可以调动学生学习的积极性,并能帮助学生达到共同进步的效果。如何设计有效的活动和任务,如何让学生迅速理解这些活动和任务,如何让学生增进合作、共同提高,这些问题都需要教师在课前思考设计。充分的准备是课堂活动成功进行、有效开展的保证,否则课堂就会很容易发生混乱,也无法达到练习的效果。

思 考

1. 课时少可能会导致练习不充分,这种情况下对练习的取舍和操练程度该如何把握? 请自选一篇汉语课文,试着从以下几个方面讨论一下。

(1) 练习内容 _____

(2) 练习顺序 _____

(3) 练习方式 _____

(4) 练习时间 _____

2. 复述练习可以帮助训练学生的成段表达能力,想一想以下几种不同的复述练习方式分别适合在什么情况下使用。

A. 给出关键词,让学生完成复述。

B. 段落"挖空"(在黑板上擦去或在PPT上隐去段落中的若干词语),让学生完成复述。

C. 给出提示问题,让学生在回答问题的同时完成复述。

D. 给出首句和尾句,让学生复述整段内容。

E. 让学生将对话体转成叙述体,或将第一人称转成第三人称。

F. 让学生进行自由复述。

阅 读

1. 彭小川. 论"精讲活练". 语言教学与研究, 2003(1).

2. 朱勘宇. 对外汉语教学语法点的课堂操练——以"结构—功能—情境"教学原则为指导. 海外华文教育, 2003(3).

3. 娄开阳, 吕妍醒. 美国明德汉语教学模式课堂操练方法的类型及其理据. 语言教学与研究, 2011(5).

案例13 教师提问有讲究

教学地点：意大利罗马　**教学对象：**成人高级业余班

（一）

如何就课文内容进行提问？一直以来，我都以为这是个再简单不过的问题，有时候我甚至会在课堂上临时想出问题。

以前我一直问得比较细，如事情发生的时间、地点、人物等，学生可以直接用课文里的句子来回答。可是今天，我突然觉得应该问他们一些比较宏观的、理解性的或是总结性的问题。如课文《读书是一种享受》，第一部分讲的是玛丽和大卫在特价书市里遇到一个中年人的事情。我没有问学生诸如"谁和谁去了书市？""他们什么时候去的？"一类的问题，而是问了他们"玛丽和大卫遇到了一个什么样的人？""为什么特价书市会特别受欢迎？"等问题。这些问题的答案往往比较长，要回答这些问题，需要对课文内容进行全面理解，并进行适当概括和总结。

我想，口语课不是精读课，没必要对课文处理得非常精细。况且我教的是高级口语课，学生的汉语水平都比较高了，理解力也不错，让他们进行分析和总结，然后用自己的话说出来，应该可以更好地训练他们的口语表达能力。

（陈蓉）

（二）

今天读完课文以后，我按照惯例向学生们提问，班里语言水平较低的两个学生是一问三不知。其实也不怪她们，课文讲的是中国的改革开放，内容太难，生词又很多，这些生词还不是按在课文中出现的先后顺序排列的，学生们学完了生词再去看课文并不能马上就懂。于是我只好给这两个学生提最简单的问题，在进行生词讲练时，让她们试着说出一些简单的句子，课下再给她们做沟通，这才让她们的脸色稍微缓和了一点。

课后问同事，同事说这种情况下最好问这类学生是非问句，我觉得这是个不错的主意，下次可以试一试。另外，在提问课文内容和总结全文时，可以让学生说出课文里的句子，这样学生会更熟悉课文中生词的用法。

（陈蓉）

分 析

课堂上的师生互动是非常必要的,课堂提问便是师生互动的一种方式。正所谓"学起于思,思源于疑",好的课堂提问可以促进学生思考,启发学生的认知,提高他们参与的积极性。教师的课堂提问大致可分为四类:事实型问题(如问什么、哪里等),推理型问题(如问怎么样、为什么等),开放型问题(不需要任何推理的问题)和社交型问题(通过控制和要求来影响学生的问题)。

如何通过成功的课堂提问实现师生互动呢?课堂提问应该问什么?又该怎么问?

案例(二)中的教师在读完课文后提问,可是被问到的学生却是"一问三不知",这样的提问无疑是失败的。究其原因,也许是因为提问的时机不对,在学习完生词、读过一遍课文后,也许学生并不能就此理解课文的内容;也许是因为设计的问题不科学,影响了学生对问题的理解;也许是因为对学生的要求过高,超出了被提问学生的能力;也许是因为提问的顺序不对,没能根据学生的水平给出难度适当的问题。案例(一)中的教师出于对学生水平的考虑,决定提高对学生的要求,于是一改以往提问具体信息的做法,转而提问一些需要充分理解并做出概括的问题。这种做法是有可取之处的,但是在实际教学中,教师也要注意考虑学生水平的参差不齐,不能认为答案是一些具体信息的问题就不值得问。教师可以在提问顺序上做文章,把相对容易一些的问题提给水平较低的学生,把相对难一些的问题提给水平较高的学生,按照由易到难的顺序进行提问,学生对内容的理解也会逐步深入。总之,教师在备课时要提前考虑提问的内容、方式、顺序等,使提问有的放矢,达到深入理解课文内容、科学操练新知识的目的。

课堂提问既是一种预设性的活动,又是一种即时性的活动。其即时性表现在对学生的引导上,比如提问可以从"是什么"开始,然后按照学生的作答情况,教师可以进一步追问"怎么样""为什么",甚至可以由封闭式问题过渡到开放式问题上。

思 考

1. 想一想,复习环节可以从哪些角度提问?找一篇课文,从这些角度设计相应的提问。

提问角度	提问举例
根据重点词汇提问(看关键词回答)	

续表

提问角度	提问举例
根据课文内容提问	
由课文内容联系实际情况提问	
模拟真实情景提问	
真实情景提问	

2. 一位教师针对下列生词设计了生词学习后的提问。你会选择哪些问题？修改哪些问题？增加哪些问题？为什么？

> 考试、口试、笔试、考试内容、听力部分、翻译部分、考题、语言、文化、补考、及格、分、难、容易、成绩、答案、准备考试、怕考试、担心考试、书呆子、起床、睡觉、早、晚、流利、嫉妒

A. 汉语考试你喜欢笔试还是口试？
B. 你觉得我们汉语考试的笔试部分难不难？
C. 要是明天考试，听力部分和翻译部分，你更担心哪个？
D. 你们的汉语考试，考题很多吗？内容难不难？
E. 你为什么学习汉语？你对语言感兴趣还是对中国文化感兴趣？
F. 要是明天汉语考试，你觉得你能不能及格？能得多少分？
G. 上大学时你常常补考吗？
H. 上次汉语考试，你的成绩怎么样？
I. 为什么 Alice 没有上汉语课？她很忙吗？
J. 我们班谁怕考试？
K. 你是书呆子吗？
L. 你打算明天几点起床？几点睡觉？
M. 周末时你起床早吗？
N. 周末时你睡觉特别晚吗？
O. 你觉得 Alex 汉语说得流利吗？你是不是非常嫉妒？

阅 读

1. 刘晓雨. 提问在对外汉语课堂教学中的运用. 世界汉语教学，2000（1）.
2. 靳洪刚. 中文教师提问能力的培训. Journal of the Chinese Language Teachers Association，2004（10）.
3. 亓华，杜朝晖. 中级汉语会话课堂提问类型研究. 云南师范大学学报（对外汉语教学与研究版），2008（6）.
4. 李珠，姜丽萍. 怎样教外国人汉语（第六章第一节"提问"）. 北京：北京语言大学出版社，2008.

案例 14 打破砂锅问到底的学生

教学地点： 意大利罗马　**教学对象：** 成人初级业余班

虽然我教的这个班是零起点，刚开始学语音，但是在进行声韵拼合练习的时候，我还是有意识地给这些语音赋予了一些实际的意义。也就是说，适时适量地穿插一些有用的表达，让学生觉得不仅仅是在练习语音，而是让他们觉得每一次课后都有一些实际的收获，学会说一两句汉语。我想这样也许能让他们保持学习汉语的热情，因为"今天又学会了一句汉语"的感觉应该不错。

不过，在找有意义的语音时，我还是遇到了一些问题。尽管我知道，在处理初级班的语法问题时，应该采取"化难为简"的策略，能不涉及的语法知识尽量不涉及，但是在课堂上我却不能完全避免此类问题。例如，之前练习"e"的时候，我告诉学生"è"就是"fame"（饿）的意思，学生们就会问："那'Io ho fame'怎么说？"我告诉学生是"我饿"，我刻意避免说"了"，是怕学生问有关"了"的问题。可是，我后来不小心说漏了嘴，"我饿了"就脱口而出了。细心的学生接着就发现多了一个音节，于是马上问我："老师，最后一个'了'是什么意思？"本来我还想蒙混过关，不解释就算了，结果学生们一个劲儿地问，而且是好几个人一起问，最后我只能说"了"是语法结构，具体含义我们以后再讲。

这样一来，学生们会怎么想呢？也许他们会想："这个老师为什么前后不一致？是不是她自己掌握得不好呢？"

（李爽）

分析

课堂教学中教师会经常碰到爱问为什么的学生。有的问题可以推进教师的教学，有的问题却恰好是教师希望避免的难点。假如是后者，教师应该如何面对呢？

教师之所以不希望学生注意到一些问题，常常是因为这些内容比较难，超出了学生的接受能力和语言知识水平，教师不希望在当前阶段处理，否则这些问题容易喧宾夺主，冲淡了教学的主题。有时教师会刻意"化难为易"，使用 teacher talk，但是也难免会像本案例中的教师一样偶尔出现"前后不一致"的情况。如果学生注意到教师的表述并提出了问题，教师不用觉得为难，如果用一两句学生的母语就能解释，则可以简明扼要地一带而过，并告诉学生这个知识点后面会讲到，大家知道有这个问题就好。这样处理既不会被学生牵着鼻子走，也能提醒学生注意到该问题，可以为以后的讲解打下基础。此外，对于提出该问题的学生应该给予表扬,肯定他们认真听课思考、善于发现问题的做法。

有时教师也会不可避免地遇到一些自己不了解的知识,不能立即恰当地回答学生的疑问,这种情况下,教师要坦率地向学生说明自己不能解答的原因,并告诉学生下次课会做解答。总之,教师不应避而不答,更不能不懂装懂、胡乱解答。要知道,实事求是的教师才能真正赢得学生的尊敬!

思 考

1. 王老师在泰国的一所孔子学院教学,他的班上有一位中年女士,反应比较慢,但提问很大胆,不会就举手提问,有时还会边提问边发牢骚,其他同学在她提问时会不屑地皱眉头,这种情况让王老师有些不知所措。想一想,下列做法哪些是可行的?你会采取什么做法?为什么?

A. 请她等一下,教师继续讲课,等讲完后统一解答学生的疑问。

B. 问一下其他同学是否有相同的问题,如果人数少就暂时不解答,讲完课后再说。

C. 课后找这名学生谈话,请她课上认真听课,遇到问题时快速记下来课后再问教师。

D. 上课后提醒大家认真听课,说明下课前会有提问时间,尽量不要中途打断教师。

E. 求助于办公室,请办公室工作人员发邮件提醒这位学生。

2. 金老师在俄罗斯的一所孔子学院教学,他和一位当地教师合作教一个班,他上口语课,俄罗斯教师上语法课。因为他会一点儿俄语,学生常常会问他各种语法问题,这让金老师觉得很为难:一是用有限的俄语回答学生的问题很困难,二是这样一来自己的授课计划常常会被打乱。如果你是金老师,你会怎么应对?

阅 读

1. Nunan, D. The Questions Teachers Ask. *JALT Journal*, 1990(12): 187-202.

2. 李珠,姜丽萍. 怎样教外国人汉语(第六章第一节"提问"). 北京:北京语言大学出版社,2008.

3. 吴艳. 教师对学生课堂提问的反馈——以北京市某所中学为例. 首都师范大学硕士学位论文,2009.

案例 15 不要小看板书

教学地点: 意大利罗马　**教学对象:** 成人初级业余班

（一）

在课堂上，板书的好坏会直接影响到学生的学习效率，如果能够让板书符合教学目的、内容成体系、布局合理，则可以达到事半功倍的效果。好的板书有利于学生促成模块式的、完整的记忆，而不是零碎的、分散的记忆。今天的课上，在带领学生朗读、操练以后，我擦掉了黑板上所有的拼音，学生都很紧张，但是他们很快发现认读汉字并没有想象中那么难。接着我擦掉了所有的量词，然后点名让学生个别回答，考察他们对量词的掌握情况。最后我趁热打铁，带领学生完成了课后关于量词练习的第二题。在进行课后练习的时候，我发现他们有时记不住名量词的搭配，但是同样的名词我利用板书带领学生扩展的时候他们就能立刻回想起来。

（李爽）

（二）

昨天在备课时，我其实对当课的生词是有分类的，哪些是简单了解即可的，哪些是要求听说读用"四会"的，哪些是需要重点掌握的，就连重点生词的分类我也准备好了。但是我的确没有仔细想在黑板上应该怎么呈现这些词，所以今天的板书特别乱。其实要对板书进行设计我是知道的，但可能由于教室里的黑板比较小，我居然这几次课都没有考虑设计，从这一点看来，我准备得还是不够充分。

（孙岩）

教师的板书（中国北京）　　　　　　　　　　教师的板书（泰国清迈）

分析

板书是一种最常用的教学手段。因此,每一位新手教师都要在职业生涯的开始就树立板书设计意识,熟悉板书技巧,养成良好的板书习惯,有效地发挥板书在教学中的作用。

用精心设计的板书来呈现教学内容,往往会收到意想不到的教学效果。比如有的教师会把生词听写与新句型学习两个教学环节联系起来,画横线规定学生听写生词的位置,在学生写的词上稍加增减就变成了该课要学习的新句型;有的教师会将生词进行分类书写,在引导学生进行分类学习后,再将这些词组合成词组和句子组织操练;还有的教师会利用句子的排列明晰地展示出语法规律,学生很容易就能从中"发现"句子的结构。

重视板书设计并不只是汉语教学所特有的。比如有位意大利教师要讲意大利语中动词的过去分词变位,他先是一边向学生叙述他周末的经历,一边看似随意地书写板书,这时的板书似乎只是为了帮助学生理解他叙述的内容;随后他又不动声色地擦去了一些词,保留了一些词,过了一会儿,"奇迹"出现了:新语法"神奇"地出现在黑板上,词语的分布看似凌乱,但每个词都有共同的特点,让学生一目了然,看似枯燥复杂的语法讲解就这样借助板书轻松完成了。

进行板书设计时要注意:1. 板书要能反映教学的重点和难点,让学生通过板书就能清晰地把握学习的重点。2. 要注意板书布局的合理安排,注意逻辑上的联系,什么内容写在黑板的什么位置要事先考虑清楚。比如,几个能连成短语或句子的词语,最好在同一行或同一列出现,这样不仅便于教师进行扩展,也便于学生记忆。3. 板书具有示范的作用,因此拼音和汉字的书写要正确,标点符号的使用要规范,字迹也要工整。4. 板书的呈现要适时,有的内容适合课前提前写好,有的适合边练边写,有的则适合总结归纳时写。

在中国国内的教室里,黑板是必备的教具,而且一般都很大,多媒体设备也是比较常见的。有的教室除了黑板还备有白板或小黑板。海外教室的设备情况与国内可能有很大不同,由于不了解海外的实际情况,不少赴海外教师第一节课常常会产生意外情况,教师的不习惯、不适应甚至会长期影响教学效果。比如,在意大利,很多教室只有白板,没有黑板或只有很小的黑板,一般的教室也都没有多媒体设备;粉笔或者白板笔一般由专门的人员管理,有时还会突然遭遇"粉笔荒",让着急上课的教师无可奈何;学校一般没有彩色粉笔,教师如果想用彩色粉笔来设计板书,就需要自己购买。再如,在美国的一些中小学校,每个班的学生都固定地坐在自己班的教室里,汉语教师需要跑班上课,这些教室里虽然有较大的黑板或白板,但张贴着其他科目的卡片、教具等材料,留给汉语教师在课堂上进行板书的空间已经很小了。因此，如何适应现有的条件，变通板书方案，要因地制宜，比如教师可以利用粘贴卡片扩展黑板面积，尽量重复利用板书内容等。

近年来，随着教育技术的发展，PPT 的使用更是让传统的"黑板+粉笔"式的板书开始变得"有声有色"，这一教学手段正在发挥越来越重要的作用。当然，关于 PPT 如何更好地服务于教学还有很多值得注意之处，此处不作赘述。

思 考

1. 有人认为 PPT 可以取代传统的黑板板书，更多的教师则认为，PPT 和板书各有所长，需要配合使用。你同意下列哪些观点？为什么？

A. 课堂上的黑板板书可以让学生接触中国人的手写体。

B. 黑板板书的渐成性更强。

C. 在没有 PPT 的时代，教师用一支粉笔也能上好课，所以 PPT 完全可以不用。

D. 教学形式要与时俱进，图片、实物、视频、音频、PPT 课件等一个都不能少。

E. 利用 PPT 的动画等功能可以更好地帮助教师强调教学重点，安排教学活动。

F. 板书和 PPT 要变换使用，如果单一使用某一种形式，学生的注意力难以保持。

2. 黑板板书有一些方法和技巧，比如使用白色和彩色粉笔对比，请学生共同完成板书，重复利用板书等。请结合你的教学和学习经验进行补充。

阅 读

1. 官辉. 略论传统板书与现代板书的结合使用. 基础教育研究，2008（9）.
2. 李珠，姜丽萍. 怎样教外国人汉语（第五章第七节"板书"）. 北京：北京语言大学出版社，2008.
3. 谭跃娣. 对外汉语教学中板书的有效性思考——以《我们去游泳好吗》教学为例. 文学教育（中），2012（1）.

案例 16 选得好，补得巧

教学地点：意大利罗马　　**教学对象：**成人高级业余班

本来今天打算就第 12 课的课后阅读部分提几个问题，然后就开始第 13 课的内容，但是提问时我发现学生没有提前阅读这篇文章，因此只能课上留出时间让学生阅读。之前我没有特别仔细地看过这篇文章，但是在请学生朗读的时候我发现，这篇阅读文章其实选得不错，既兼顾了文化，又包含了一些实用的词汇，再加上第 12 课本身的语言点不多，这篇文章算是个很好的补充，所以我决定这堂课不进行第 13 课的内容了，而是好好讲一讲这篇文章。

第 12 课的主题是"今日大学生"，是和教育话题相关的内容，第一篇课文主要讲大学生的课余生活，第二篇则是一个记者对"就业难"的采访。阅读课文介绍了中国的高考制度、户口问题、中小学择校问题等内容，同时加入了"报考、名额、高考、入学考试"等跟话题密切相关的词语，对课文进行了很好的补充。

我先请学生读这篇阅读文章，回答相关的问题，然后带领大家进行词汇和语法的操练。因为文章的内容比较连贯，所以即使分段进行讲解，教学环节也能衔接自然。文章里基本没有语法难点，所以我把重点放在了生词的运用和文化知识的讲解上。

这次课给我最大的启示是：当发现课文的内容不够充分，或是词汇不够丰富时，教师应想办法补充一些新内容，这些新内容最好和课文话题相关，并且难度适当，最好不要有新的语言点。我今天着重处理的阅读课文就是个很好的例子，以后我自己为学生寻找补充材料也应该往这个方向努力。

（许舒焙）

分析

本案例中的教师在一次意外的课堂教学调整中发现了课文补充材料的"妙用"，并在课后对补充材料的选择与处理做出了及时的反思。很多汉语教材课文结束后都有一些补充阅读材料，如果教材中没有这个部分，教师也可以自行补充。

选择补充材料时要注意：1. 补充材料最好与课文有关系，比如内容相似、话题相关或场景相同，这样课文生词在补充材料中的复现率会高一些。比如有的教材的补充材料是将对话体的课文改编成了叙述体，也有的教材在补充材料里为课文内容增加了一些额外信息，让课文呈现的故事更为完整、视角更为多元。

2. 补充材料要具有趣味性、实用性，或是能体现一定的知识性，如果上述特点都不具备，这样的素材可以尽量不选。3. 补充材料的难度不应高于课文。当然，合适的材料并不总是唾手可得，教师可以自己对材料难度进行调整。

对补充材料的处理也要有所考虑，如果像主课文一样精讲精练未免就有点儿"小题大做"了。内容和难度适当的补充材料并不会造成学生学习的困难，在学完主课文后，学生在已有知识的基础上是能够自主学习这些补充材料的。因此，针对这些很好的"i+1"材料，教师要多发挥学生的主动性，提高其自学能力。

当然，是否增加补充材料也要看学生、课时等方面的具体情况。比如，有的班级学生水平参差不齐，课本内容有的学生"吃不饱"，有的学生"消化不了"，补充材料可以起到调节作用；再如，业余学习者一般课后学习时间很少，能掌握好基本内容已经不易，这时就尽量不要给其增加额外的负担。总之，对于补充材料，要选得好，更要用得巧。

思 考

1. 如果你选择的补充阅读材料稍难了一些，你会采取哪些做法降低难度？

A. 在文本中用括号标注生词的意思。

B. 在文本前增加导读，给出背景或大意介绍。

C. 用较简单的语言重新改写文本。

D. 改变练习要求和目的，比如将重点放在对内容或文化知识的宏观理解上。

E. 其他 _____

2. 请你修改下面这段文字，适当降低其难度。

一项对中小学生健康情况的抽样调查表明，目前中国的中小学生中肥胖儿逐年增加，尤其是在城市。究其原因，除遗传因素外，与孩子的生活方式有密切的关系。经过分析研究，小胖子多起来的原因主要有以下几个：

第一，不正确的饮食习惯。人们错误地认为孩子"吃得越多越好""吃得越贵越好"，肥胖儿中有45%每天吃零食，有50%经常吃零食，而零食中盐分、糖分、脂肪含量高的食品占绝大多数。儿童和青少年中偏食、挑食的习惯也非常严重，偏爱吃甜的、油炸的食品，不考虑食物的均衡、营养的搭配、进食习惯的卫生，甚至边走路边吃，边看书或者边看电视边吃。此外不吃早饭的现象也十分严重，阻碍了食物正常的消化与吸收。

第二，运动量与劳动量的不足。俗话说，"生命在于运动"，但是最近的一项对南京市 1 500 名中学生的调查表明，"在家常做家务事"的重点中学的学生占 12%，普通中学的学生占 18%。肥胖的学生因为身子重，就会懒得运动、害怕运动，而运动少又会使人变得更胖，形成恶性循环。

第三，吸烟与喝酒的低龄化。近年来，全国离婚率迅速增加，家庭的不稳定使孩子感受到分裂的痛苦，他们希望摆脱痛苦。于是一部分孩子在抽烟和饮酒中寻求刺激和放松。另外，社会上"请客吃饭"的风俗习惯也影响了青少年，南京市的问卷调查显示，8% 的学生认为"吃吃喝喝"是交友的重要方法。

3. 选一本含有补充材料的汉语教材，分析一下它每课的补充阅读材料有何特点，说一说这些内容在选择补充材料方面能给你什么启示。

阅 读

1. Ellis, R. The Empirical Evaluation of Language Teaching Materials. *ELT Journal*, 1997, 51: 36-42.
2. 朱勇，宋海燕. 汉语读物的编写理念与实践. 海外华文教育，2010（4）.
3. 李娜. 关于对外汉语报刊阅读课补充材料的思考. 现代语文，2011（5）.

第四节
课堂活动

案例17 细节决定成败

（一）

教学地点：意大利罗马　**教学对象：**成人初级业余班

今天上课，我带学生做了一个"你是谁"的游戏。一个学生被同学蒙住双眼后询问："你是……吗？"负责蒙眼睛的同学回答"是"或"不是"。因为学生基本能猜出彼此的声音，第一轮游戏进行得太简短。第二轮改为练习"他是……吗？"由班里的其他学生回答，这一轮的效果着实不错。不过，解释游戏规则耗费了我不少时间。我先是用很少的英语词汇帮助他们理解，个别学生理解后用意大利语解释给所有学生，最后全班学生终于都明白了。这样做浪费了一些时间，学生容易出现失控或者个别人自行讨论的情况，这一点以后需要进一步考虑。但无论如何，学生在这个过程中多次练习了句型，比较有乐趣，学习效果也不错。

蒙眼猜人活动

（钱茜）

（二）

教学地点：意大利罗马　**教学对象：**成人初级业余班

今天的课主要是量词的练习。我先把学过的量词全写在黑板上，组织学生进行"头脑风暴"，说出可以和这些量词搭配的名词。这个步骤进展得很顺利，学生个个把手举得高高的。然后我擦干净黑板，拿出事先准备好的装有名词卡片的袋子，随机抽出一个个名词读出来，让学生听到名词后说出相应的"数量词＋名词"组合，这个步骤进展得也还好。最后，我随机从袋子里抽出一个个名词，让学生看名词卡片后说出相应的"数量词＋

名词"组合。在看卡片说组合这个环节，进行了几个名词后，我就发现我做的卡片太小，只有距离近的几个学生能看清楚，我也为此不得不走到学生旁边，只能和个别学生互动，因此很难顾得上其他学生。这样一来，活动的局限性就非常明显了。

我的这个活动如果用大的卡片来做，不仅回答问题的学生可以看到，其他学生也可以看得清清楚楚，这样每个人都有思考和自测的机会，练习的范围和效果应该会大大增加和提高。当班级比较大时，如何让每个学生都能有机会练习，如何让单个学生在练习的同时兼顾其他学生的观察、参与和互动，这应该是课堂活动很重要的一个方面，否则不直接参与活动的学生会因为"无事可做"而注意力不集中，他们甚至会交头接耳以至于使课堂陷入一片混乱。

（孙岩）

（三）

教学地点：意大利罗马　　**教学对象：**成人高级业余班

今天的课上，我安排两个学生一组做情景对话的练习与展示。有两组学生拿到情景介绍时，总是要花很长时间看文本，尤其是 Viola 跟 Mauro 那组简直是太慢了，别的组都开始练习对话了，他们还没有看完情景，以至于准备得特别不充分。我觉得这不只是因为他们理解情景有些困难，更重要的是因为他们行动速度太慢，好像没有注意到我给出的时间限制。于是从第二轮情景练习开始，我不停地督促他们，并明确告诉他们还剩几分钟。但是，由于他们"屡教不改"，我就有点儿着急，说话的口气也有点儿急。Viola 是个很腼腆的女生，能看出她很不好意思，我的确应该注意自己的语气。我同时也意识到，以后进行情景设计时一定要用语简单、明确，在客观上减少他们理解情景的时间。

对于展示情景对话的顺序，我提前做了考虑。复习时让他们自愿谁先来都可以，但是进行第一个场景练习时，我决定按照2341的顺序进行：将水平最高的放在最后，水平最高的这组会在多次点评修正后，给大家一个标准示范；水平第二位的先来，既不会太紧张，开头也不会太差；最弱的放在第三位。进行第二个场景练习时，有了前面的内容铺垫每组应该都能有话可说，我再次实行自愿的原则，这样基本就是按照水平从高到低来了。

学生在课堂上进行情景对话（美国华盛顿）

准备得最好的是姗姗和西阳，她们的对话准确、得体、流畅，几乎是完美的，她们展示后其他学生不禁流露出佩服的神情。其实，这四组学生各有特点，有的表达准确，有的风格搞笑，有的善于表演，还有的经验丰富因此展示的内容很充实。所以，我也要偶尔放宽条件，从不同的角度表扬他们，让他们都能得到成就感。

（孙岩）

分 析

课堂活动，指的是教师为了让学生巩固所学知识或解决某一具体问题而精心设计的由学生展示出来的教学活动。常见的课堂活动形式有提问、表演、辩论、调查、采访、比赛、唱歌、游戏等。课堂活动的有效开展，需要教师提前做出细致的计划，比如活动本身是否新颖有趣、活动目标是否实际可行、活动形式是否简单易懂、活动材料是否难易适度、活动时间是否充分等等。

案例（一）中，教师不懂学生的母语，学生处于初级汉语水平，这种情况下最容易出现活动规则解释不清的情况。面对初级阶段的学生，如果师生有媒介语可以进行较好的交流，直接用媒介语解释活动规则，省时省力；如果师生交流不畅，则最好采用示范的方式让学生理解活动的方式和规则，演示胜于解释。在课堂上，同一活动形式也可以重复使用，减少解释新规则的时间。

案例（二）有活动前复习准备的阶段，且活动由易到难，由不需要认读汉字到需要认读汉字，这样的设计比较合理可行。但其中也出现了问题，活动材料设计得不理想，汉字太小，很多学生看不清楚，因此活动的效果就要大打折扣了。

案例（三）是一个根据教师给出的书面情景展开对话的活动，要求学生首先读懂情景。这里出现了有的学生理解情景非常费力的问题，影响了活动的顺利开展。这就提醒我们，教师设计的活动材料一定要考虑学生的实际情况，不能人为地制造活动障碍。课堂时间毕竟有限，教师要想办法保证学生在最短的时间内理解活动的要求和互动形式，迅速地投入到活动准备之中。最后，案例（三）中的教师巧妙地设计了活动展示的顺序，这样就兼顾了学生的情感因素、教师点评的作用等，更能改进活动的效果。

课堂活动的开展要根据不同的教学对象采取不同的策略。比如同样是解释活动规则，在成人班，学生一般会安静耐心地听取教师的说明，但是如果面对的是一群活泼好动的中小学生，教师就要考虑他们是否耐得住性子，是否能记住规则等。对中小学生而言，在解释活动规则时，除了可以直观地演示和示范之外，教师还可以用事先准备好的学生母语板书、PPT等协助说明。

思 考

1. 有些课堂活动在活动过程中会逐渐淘汰出错的学生,活动中学生的参与度也就随之不断降低。你对此有何良策?

> **逢七拍手**
> 　　从 0 或 1 依次数下去,凡遇到含有 7 的数字以及 7 的倍数,学生要拍手通过,不能说出该数字。

> **指东向西**
> 　　教师说指令,学生做出和指令相反的动作。如教师说"向前走",学生要向后走;教师说"向右拐",学生则要向左拐。

2. 课堂上,教师要注意讲练平衡,合理分配时间。如果班级人数过多,活动的展开往往需要很长时间,教师如何才能做到既充分操练,又不过多占用课堂时间?

阅 读

1. 武惠华. 谈口语课课堂活动及课下练习的设计. 汉语学习,2002(5).
2. 曹贤文,王智. 对外汉语教师与欧美留学生对有效教师行为的评价. 语言教学与研究,2010(6).
3. 王巍,孙淇. 国际汉语教师课堂技巧教学手册. 北京:高等教育出版社,2011.
4. 廖建玲. 国际汉语教学设计(第六章第三节"设计课堂活动"). 北京:高等教育出版社,2013.

案例 18 课堂游戏欢乐多

教学地点： 意大利罗马　**教学对象：** 高中生初级必修课

刚刚学的这一课主要是讲"有"和"在"的用法。上个星期，这个班已经进行了模仿课本情景的对话操练。由于上次的中餐专题因为时间关系没有练习充分，所以我利用该课句型以游戏的方式做了一个有关食品词汇的练习。

这个游戏叫"幸运星期三"，上个星期我做过，现在再看上一次的游戏设计，觉得不太合理，学生游戏成功机会太少，每轮都是一锤定音，这就很难吸引学生努力参与到游戏过程中，练习效果、趣味性都会减少，于是我对游戏重新做了调整，跟第一次的设计对比如下：

第二次设计	第一次设计
• 活动名称：幸运星期三 • 练习内容：1. 句型"你有……？" 　　　　　　"你有没有……？" 　　　　　　"……在哪儿？" 　　　　　2. 餐具、食品、饮料三类词汇 • 活动目的：熟练掌握三个句型、三类词汇 • 活动规则：游戏前用☺的数量解释程度副词"非常、很、不太、不"；游戏中每次词汇选择一致就画1个☺。游戏结束时统计☺的数量：☺☺☺——非常幸运，☺☺——很幸运，☺——不太幸运，没有笑脸——不幸运。 • 活动流程： 1. 第一轮：教师在黑板上写出"你有……？"学生按照类别，在练习本上分别写出餐具、食品、饮料三类词语，每类词语写两个，可以写拼音。教师随机选择两个餐具类词汇问："你有碗和筷子吗？"点学生快速回答，所有学生检查自己写的餐具类词汇，如果正好是"碗"和"筷子"两个词，就可以给自己一个笑脸，并自己做好记录。教师让回答问题的第一个得笑脸的学生代替自己，换食品类词汇用该句型问问题，所有学生检查自己写的食品类词汇，如果正好有同学提到的两个词，就可以给自己一个笑脸。再以此类推换饮料类词汇用该句型问问题，规则同上。因为是用同样的句型换三类词汇问答，所以学生在该轮均有三次机会得笑脸。 2. 第二轮：练习的词汇还是这三类词汇，但句型变为"你有没有……？"步骤同上，学生在该轮也有三次机会得笑脸。 3. 第三轮：练习的词汇还是这三类词汇，但句型变为"……在哪儿？"步骤同上，学生在该轮也有三次机会得笑脸。	• 活动名称：幸运星期三 • 练习内容：1. 句型"你有……？" 　　　　　　"你有没有……？" 　　　　　　"……在哪儿？" 　　　　　2. 餐具、食品、饮料三类词汇 • 活动目的：熟练掌握三个句型、三类词汇 • 活动规则：游戏中词汇选择一致时 Bingo 一次。游戏结束时统计数量：Bingo 三次——非常幸运，bingo 两次——很幸运，bingo 一次——幸运，一次也没 Bingo——不幸运。（由于程度副词学生还没有学，教师用意大利语解释。） • 活动流程： 教师在黑板上写出三个句子：你有……？你有没有……？……在哪儿？ 学生按照类别在练习本上分别写出餐具、食品、饮料三类词语，每类词语写两个，可以写拼音。 1. 第一轮（餐具）：教师问："你们有碗和筷子吗？"学生对照自己写的词汇，看看跟老师的词汇是否一致，一致则 Bingo，自己记录结果。 2. 第二轮（食品）：教师问："你们有没有炒饭和包子？"学生对照自己写的词汇，看看跟老师的词汇是否一致，一致则 Bingo，自己记录结果。 3. 第三轮（饮料）：教师问："可乐和雪碧在哪儿？"学生对照自己写的词汇，看看跟老师的词汇是否一致，一致则 Bingo，自己记录结果。

在第二次进行这个游戏时，游戏前的操练，我有意识地用上了程度副词"非常、很、不太、不"，这样为后面的游戏规则介绍做了词汇铺垫。有学生问这几个词的区别，我用了数量不同的笑脸符号来表示这几个副词代表程度的不同，学生被逗得很开心，我灵机一动，让学生在接下来的游戏中以画笑脸的方式代替之前设计的写"bingo"。

因为今天时间充足，在实际上课时，我把每轮一次问答改成了每轮三次问答，这样不但可以把每类词汇都练习到，而且给学生更多的机会与希望。三轮游戏结束时，我用问答的方式让学生逐个汇报结果，如问："你有几个？你幸运吗？"学生答："我有3个，我很幸运。"这样就复习了数量词的组合，也导入了形容词谓语句。

游戏结束后，有两名学生的结果是"我很幸运"，得意洋洋的他们听到我说有礼物，更是乐开了花。可是等我说出"礼物是每人一半黑板，请马上擦干净"时，全班学生立刻笑作一团，这时正好下课了。

（孙岩）

分 析

本案例介绍了教师对同一种课堂游戏的改进。我们先看相同点：1. 游戏的方法相同，都是在 Bingo 游戏的基础上发展出来的；2. 游戏的步骤基本相同，都是三轮问题；3. 游戏所练的内容相同，都练到了食品类词汇和三个基本句型。我们再看一下不同点：1. 改进后的游戏更完整，进程更自然；2. 改进后的游戏增加了练习机会，也给学生提供了更多"成功"的机会，更有利于调动学生参与的积极性，让学生更主动地关注游戏过程和结果，并有机会跟别人分享自己的游戏结果；3. 改进后的游戏趣味性增强了。教师对游戏的前后改进，体现了她对课堂游戏与教学之间关系的更好的理解。游戏作为一种课堂活动，既不能为操练而操练，也不能为娱乐而娱乐。形式是为内容服务的，这一点要牢记，不能本末倒置。

有的教师常常为想不出新颖有趣的游戏而头疼。对此，本书的建议是"以不变应万变"，相同的游戏可以根据不同的教学对象、教学目的做多种形式的改进，常玩常新。比如

用于练习词汇的 Bingo 游戏的活动页

Bingo 是个经典的游戏，教师可以在语音练习时用，可以在词汇练习时用，也可以将其作为词汇和语法的综合练习；在成人、中学生教学中教师可以采用画九宫格的方式，在儿童汉语教学中则可以采用图片、卡片的形式。把握游戏的主旨，突破游戏的形式限制，教师就能做到不断创新。

目前市场上已经有了一些介绍课堂游戏的书籍，教师可以有意识地去搜集、积累教学游戏，因地制宜、因人而异地在教学中加以使用。好的游戏，一定可以让课堂变得更活泼，让学生学得更轻松。

思 考

1. 下列活动和游戏都可以用在对小学生的数字教学中，但是使用时应该有一定的顺序。请试着根据活动目的和难易度等给下列活动排序，并说明排序理由。

A. 数字手势

B. 看实物数数

C. 数字加减法

D. 边数数边迈步

E. 学唱数字歌谣

F. 数字 Bingo

排序结果：＿＿＿＿＿＿＿＿＿＿＿＿＿＿＿＿＿

2. 面对成人学生，你觉得在课堂教学中有必要做游戏吗？如何才能激发成人的学习兴趣、保持他们的学习动机呢？

阅 读

1. 周健. 汉语课堂教学技巧 325 例. 北京：商务印书馆，2009.

2. Victor Siye, Bao Sihuan, Bao John Tian. 中文游戏大本营：课堂游戏 100 例. 北京：北京大学出版社，2010.

3. 王巍，孙淇. 国际汉语教师课堂技巧教学手册. 北京：高等教育出版社．2011.

案例 19 模拟辩论和采访

教学地点： 意大利罗马　　**教学对象：** 成人高级业余班

（一）

这次课文说的是互联网的是与非，所以我觉得可以采用辩论的活动形式。尽管我以前的教师不建议在课上做辩论活动，认为在该活动中学生的收获不大，但我还是决定试一试。

我将辩论题目定为"互联网利大于弊/弊大于利"，由于这个题目和课文内容大概相同，学生表达观点时很容易从课文中找到素材和灵感。此外，我也将一些常用表达列在了黑板上以提醒学生。在活动前，我花了一点儿时间说清规则，让参加辩论的学生自己选择正方反方，组队并确定辩手的位置。为了不让当观众的学生无事可做，在活动的一开始，我就请他们加入自己支持的那一方的讨论准备中。一开始当观众的学生并不是很热心，辩手们讨论得很热烈，观众们都安静地坐着，并不参与，我只好走到他们面前问他们同意哪边的观点，然后请他们和辩手一起准备。在准备过程中，我一直在两边观察，回答学生的问题，并且对他们进行一些引导。最后比赛的时候我还设立了观众提问的时间，让大家都参与进来。

因为课文的结构很清晰，一开始说上网的好处，然后说上网的坏处，学习前面几篇课文时我都要求学生能大概复述课文，并且在复述课文时加入一些自己的观点，所以学生们基本都会用课文的句子进行辩论。之前我还给学生布置了小调查的课后作业，其实就是让学生为辩论准备更多的素材，所以这次辩论实际上是让学生把学过的东西都联系在一起说出来，让他们通过辩论学会自由表达和运用，促进学生语言知识向语言技能、交际能力的转化。

有几个学生是主动要当辩手的，剩下的辩手是我选的，我有意识地选了几个水平一般的学生，这样一来正反双方各有两个水平高的和两个水平一般的学生。结果真正辩论的时候，两组都让水平一般的学生做了三辩（他们让水平更高的学生做了一辩和四辩，大概是因为他们觉得这两个位置的辩手在总结的时候需要大段发言），所以辩论过程显得不温不火，整个活动不是很紧凑，尤其是反方，由于正方真的说得非常好，反方就开始紧张了，最后两组的胜负特别明显，我也没多加评论谁好谁坏。我准备了八份礼物，所有参加的学生都给了，每队的礼物不一样，一队是从孔子学院拿的熊猫手机链，一队是我自己从国内带的毛笔。尽量礼物不一样，但我不希望他们一眼能看出两种礼物的好坏差距，以免影响他们的积极性。

辩论期间的问题是，辩论到一半，大家都往一边倒，一来因为正方的语言水平整体稍高，二来也因为大多数人都同意他们的论点，到了观众提问时间，大家都对反方提不出问题来，我只好自己假装有问题问。还有最后宣布胜负，其实胜负很明显，但是为了不让反方失落，我没有特意表扬作为胜利方的正方。其实之前进行活动设计时就该想好，对胜利方我该怎么说，对失败的那组该怎么安慰。

最后，因为快要下课的关系，留给总结的时间很短，我也没时间一一纠正我在活动中记下来的学生的语言错误，只能草草挑了几个简单的问题说了说。

（许舒焙）

（二）

第二篇课文是一则采访，要求学生能够学会课文中的表达。我安排三个学生一组进行情景对话，一个学生扮演记者，其余两个扮演大学生。课文的内容和表达并不难，所以我在板书上主要提示了要问到的几个关键信息：个人信息、为什么来招聘会、工作好不好找、将来的打算。学生基本上都能流利地表达关键信息。今天的课是8点开始，由于大家来得晚，8点15分才真正开始上课，因此最后一组学生没有时间做这个对话，只能留到下次课做了。这样其实对那组学生来说不太好，结果下次课他们之中又刚好有个学生没来，所以那几个学生最终也没能做成对话。

这个事情提醒我：一来要严格控制时间，不要把当堂课的任务拖到下次课；二来学生准备对话的时候一定要每个组都参与，这样我才能知道哪些学生已经掌握了，哪些还需要练习。如果时间实在不允许，我可以把机会更多地留给那些还没有熟练掌握的学生。

（许舒焙）

分析

辩论是学生语言水平较高的学习阶段常用的活动形式，但是因为活动本身难度较大，较难组织，很多教师在教学中倾向于回避使用。辩论对参与者的语言水平要求比较高，学生要有一定的汉语表达能力才行。开展课堂辩论赛，两个关键步骤不能少。一是分组讨论和任务分配，这是辩论的准备阶段，教师要想尽办法确保全体学生的参与。利用准备的时间，正方、反方、评论组、主持人要各自确定好自己的角色和相关的语言任务，如正反方选出各自的辩手，确定他们的语言任务；评论组确定每个评论员在哪个方面做评论（如意义表达清楚与否、口语句型的使用情况）；主持人做好活动流程及熟悉台词等热身工作。二是辩论的过程，这主要是在主持人引导与控制下开展的。语言课堂的辩论不同于用母语进行辩论，语言对学生来说始终是一个很大的挑战，所以可以适当延长准备时间，教师甚至可以按照 1 : 1 的比例安排准备和辩论的时间。

开展课堂辩论赛还要注意：1. 辩论主题要选择学生熟悉的。比如案例（一）中有关互联网的辩题，在课文的帮助下，对学生来说难度不大，这样学生就可以集中精力在语言的组织表达上。2. 活动前要做好充分的语言准备，准备的过程就是学生练习语言的过程。案例（一）中教师要求学生复述课文，做调查练习，这都为辩论准备了语言材料。3. 组织辩论活动要求教师首先要熟悉辩论的程序，精心策划每一步，还要能简洁明了地讲清活动安排，确保活动顺利进行。

采访则几乎适用于所有的水平阶段，教师只需要根据学生的水平对练习内容多少、难易程度适当地进行控制。进行采访活动要注意：1. 要制定明确的采访提纲，确保学生获得有效信息。2. 要对采访做出明确的语言要求，防止有的学生"偷懒"用母语采访，或回避用新学的、难用的语言点完成交际任务。教师也可以把希望学生使用的词汇和重点句型明确地提供给学生。3. 采访还可以跟口头报告、写作等形式结合使用，也就是说学生合作完成了采访，活动却没有就此结束，学生还需要利用采访获得的信息做第三人称的口头报告或将其写成书面文章。这样一来，活动更加完整，可以全面锻炼学生的会话能力、成段表达能力和写作能力。

无论是辩论还是采访，通常需要较长的活动时间，因此教师要提前考虑，选择合适的活动时间，尽可能避免因时间不足而草草收尾，或不能一次课完成活动的情况。

思 考

1. 有的课堂辩论活动效果不太理想，请从学生、教师、客观条件三个角度来分析一下原因。

学生 { 语言水平
       活动兴趣
       参与程度

教师 { 规则制定
       活动准备
       活动组织

客观条件 { 话题
          课时

2. 你觉得下面哪些辩题适用于汉语课堂，为什么？

A. 网络使人们更近／网络使人们更远

B. 愚公应该移山／愚公应该搬家

C. 爱情使人趋于理想／爱情使人趋于现实

D. 公众人物的隐私应该受到保护／公众人物的隐私不应该受到保护

E. 找一个爱我的人结婚／找一个我爱的人结婚

F. 网络上能交到知心朋友／网络上不能交到知心朋友

G. 晚结婚比早结婚好／早结婚比晚结婚好

H. 努力更重要／聪明更重要

I. 人类将会毁于科技／人类将不会毁于科技

J. 现代社会女人更累／现代社会男人更累

K. 广告有利于大众消费／广告有不利于大众消费

L. 汉语难学／汉语不难学

3. 如果你是一名教高级班的汉语教师，请以一名记者招聘会上采访两名大学生为情景为设计一个完整的对话任务。

阅 读

1. Mori, J. Task Design, Plan, and Development of Talk-in-Interaction: An Analysis of a Small Group Activity in a Japanese Language Classroom. *Applied Linguistics*, 2002, 23: 323−347.

2. 王瑞峰. 小组活动的任务形式和设计方式及其在对外汉语教学中的应用. 语言教学与研究，2007（1）.

3. 刘荣，刘娅莉. 辩论教学模式在中高级汉语口语课中的运用. 暨南大学华文学院学报，2009（3）.

4. 王巍. 对外汉语教学中的课堂活动设计. 教育理论与实践，2012（24）.

案例 20 边唱边学

教学地点: 意大利罗马　　**教学对象:** 成人初级业余班

课间休息时,我再次跟学生们说起结业典礼的事,我正准备把我的设想跟大家说一说时,Marco 突然说:"我们不可以唱歌吗?我知道有一首在中国很有名的歌,《啊,朋友再见》,这个在意大利也很有名。"大家纷纷表示赞同。"我已经把歌词和拼音复印好了,"Marco 接着说。哇!我们都对他竖起了大拇指,太棒了!他复印的歌词拼音没有标声调,我就利用这个机会说:"好,接下来我们进行声调添加练习。"于是大家饶有兴致地做起来。我想,既然大家对这首中文版的歌曲这么感兴趣,为何不把这节课改成唱歌课呢?恰好他们都会这首歌的曲调,唱中文版的歌曲只需在熟悉的曲调上加上中文歌词就可以了。这不也是一种练习语音的方式吗?我不是一直都在想语音练习应该"练中找乐"吗?这一建议马上得到大家的同意。这节课大家一起唱得不亦乐乎,我帮他们纠正字的发音(恰好歌词里有他们发音比较困难的 en 和 eng),偶尔找不着调时,吉他手 Paolo 就当我的音乐老师,开始不肯唱歌的 Simone 最后都跟着唱上了,老爷爷 Piero 也很认真地跟着唱,大家开心地说以后上课就唱歌吧。

其实,偶尔这样放松一下也挺好的,如果选的歌合适,效果可不仅仅只是娱乐一下。比如今天的歌,歌词虽然有好几段,但是包含重复的句子,所以对学生来说难度不大。如果他们想唱出来,先要知道怎么读,这时候他们的注意力会更集中。再加上之前的课一直都是听我说话,突然变成唱歌了,他们不仅觉得很新鲜,也见识了教师的另一面。这次练歌恰好也为后面的结业典礼做了准备,而且以后大家上课累了,我们还可以拿出来练习一下,也不失为一种有意义的休息。

学生在表演歌曲《月亮代表我的心》(意大利罗马)

(孙岩)

分 析

随着多媒体的逐渐普及,教师可以在课堂上更便捷地运用看电影、听广播、唱歌、上网等形式辅助教学。唱歌的形式常常被教师采用,已日渐成为一种受学生欢迎的课堂活动形式。

教唱中国歌不仅可以提高学生的学习兴趣，活跃课堂气氛，更能扩展他们的汉语词汇量，培养汉语语感，学生还可以通过歌词了解其中所负载的文化信息，提升汉字认读、记识的动机。由于歌词体裁特殊，一般认为，歌词不太适于做语法教学素材，但若精心选择，也会有一些句子值得利用。教师要谨记教学目的是要通过歌曲来学习汉语，而不仅仅是为了活跃气氛。教师还要注意选择合适的歌曲，采用恰当的唱练方法，从内容和教学形式上，将听歌、唱歌与学汉语结合起来。

内容上，适合于汉语教学的歌曲包括：1. 歌词简单易懂的歌曲。比如中国民歌《茉莉花》、通俗歌曲《朋友》，几乎没有学生不喜欢。一般来说，常用字多、句子短、重复演唱部分多的歌词易于学生进行学习和记忆。2. 国内外朋友都熟悉的歌曲。很多歌曲都有多种语言的版本，如果学生已经会唱母语版本，比如案例中的《啊，朋友再见》，歌的旋律就不再是学习难点，学生更容易将注意力集中在歌词的学习上，学习歌词中的语言知识的兴趣和动力更强。3. 能复现教学词汇、语法的歌曲。当然，这类歌曲往往需要教师精心筛选。特别是对于零起点或初级学生，能够在一篇歌词中发现自己掌握的一个整句，如"我真的爱你""北京欢迎你""回家，马上回家""我们都有一个家，名字叫中国"等，这些歌词很容易让学生获得成就感。4. 歌曲的风格、情感、价值观等方面要有普适性。表达真诚的友谊、真挚的爱情、思乡之情、积极进取的精神的歌曲为首选。优美抒情、缓慢悠远、动感十足等不同风格的歌曲要适当变换。5. 网络中日益涌现的汉语学习者自创歌曲，如《对不起，我的中文不好》《我爱中国菜》等。这些歌的歌词不难，再加上是外国学习者自己创作，学生学起来也很有亲切感和共鸣。

形式上，将听歌、唱歌和学汉语结合的方式包括：1. 通过打印好的歌词、可以单独展示歌词的多媒体软件或附歌词字幕的MTV，帮助学生练习汉字认读和理解。2. 利用歌词中词汇的意义相关性，建立义场，帮助学生学习多个词语及其搭配组合。3. 将歌词打印出来或用PPT展示，

甜蜜蜜

tiánmìmì nǐ   tiánmìmì
甜蜜蜜 你（　）甜蜜蜜
huār kāi zài chūnfēng lǐ   kāi zài chūnfēng lǐ
（　）花儿开在春风里 开在春风里
zài nǎlǐ   zài nǎlǐ jiànguò nǐ
在哪里 在哪里见过你
nǐ de xiàoróng   shúxī
你的笑容（　）熟悉
wǒ yìshí xiǎng bù qǐ
我一时想不起
a zài mèng lǐ
啊~在梦里
mèng lǐ mèng lǐ jiànguò nǐ   tiánmì   duō tiánmì
梦里梦里见过你 甜蜜（　）多甜蜜
shì nǐ~ shì nǐ mèngjiàn de   nǐ
是你~是你 梦见 的（　）你
zài nǎlǐ   zài nǎlǐ jiànguò nǐ
在哪里 在哪里见过你
nǐ de xiàoróng   shúxī
你的笑容（　）熟悉
wǒ yìshí xiǎngbùqǐ
我一时想不起
a zài mèng lǐ
啊~在梦里

给学生的歌词页

但隐去若干词语或句子，要求学生听后填出空缺，例如："（不管）有多少风雨，我（都）会依然陪着你。" 4. 教师读歌词，学生标声调，进行语音练习。5. 要求学生表达或复述歌词大意，进行口语练习。6. 利用歌词中包含的知识、文化、交际策略等信息引发思考和讨论，例如："'你问我爱你有多深？月亮代表我的心'是什么意思？为什么不直接回答？"

如果教师多才多艺，可以尝试带领学生把不同的学习内容用各种曲调唱出来。比如有一首儿歌叫《找朋友》，借着这首歌的曲调，有的教师能把数字、动物名称唱出来，这当然是一种相当具有趣味性、又相当有效的学习方式。

思 考

1. 你觉得下面的歌曲适用于哪些教学对象？请将歌曲的序号填在教学对象后的横线上。（可以重复选填）

（1）少儿 _____   （2）中学生 _____   （3）大学生 _____
（4）成人 _____   （5）初级生 _____   （6）中级生 _____
（7）高级生 _____

A.《茉莉花》   B.《甜蜜蜜》   C.《老鼠爱大米》
D.《朋友》   E.《啊，朋友再见》   F.《对不起，我的中文不好》
G.《中国话》   H.《平安夜》   I.《快乐宝贝》
J.《踏浪》   K.《幸福拍手歌》   L.《生日歌》

2. 关于适合教学的歌曲，除了案例分析中提到的几类，你还有其他的建议吗？想一想，你喜欢歌曲有哪些可以用在汉语教学中？为什么？

阅 读

1. 龙叶，雷英杰. 浅谈中文歌曲在对外汉语听力教学中的应用. 云南师范大学学报（对外汉语教学与研究版），2007（4）.

2. 古川裕. 流行歌曲的歌词在汉语课堂上的应用. 第十届国际汉语教学研讨会论文选. 沈阳：万卷出版公司，2012.

3. 葛燕. 利用中文歌曲进行对外汉语教学初探. 文艺生活·文艺理论，2010（8）.

第二章 教学与管理

第一节
教师语言

案例 21 外语，说还是不说？

教学地点：意大利罗马　　**教学对象**：成人初级业余班

（一）

记得以前我在中国学习外语的时候，我和同学们都格外珍惜外教讲课的机会，不希望也不会要求外教上课的时候用汉语做解释。因此在我的课堂上，我一开始就用汉语告诉学生们："我可以说一点儿意大利语，但是你们已经有意大利老师讲语法、生词和翻译课文。我是中国来的汉语老师，在课堂上，我应该说汉语！"

但是第一节课一下课，马上就有一个年龄比较大的学生表示，对于我的汉语讲解，他觉得理解起来非常困难，还是希望我用意大利语解释语法、生词等。

于是在第二节课上，我使用了简单的意大利语。由于我的意大利语水平非常有限，不得不用了一点儿英语。马上又有两个学生表示他们听不懂英语，希望我不要用英语。

课后我不停地思考，如果我真的是一句外语都不会，又该如何开展教学呢？如果开始学习的时候没有母语的帮助，学生能否很好地理解要学习的内容呢？

（钱茜）

（二）

首先，我得纠正一个自己以前的认识错误：以前我觉得课堂上可以出现学生母语，但是不应该再使用其他外语。慢慢地，在上课过程中我发现有时是可以使用其他外语的。

例如，"孙岩的老师"意大利语是"insegnante di Sunyan"，虽然有个标志词"di"，顺序却是倒置的；但用英语表达，是"Sunyan's teacher"，顺序和汉语是一致的。记得当时讲课时 Simone 就问我这个"的"是不是就像英语中的"'s"，他没有用意大利语对照这个结构，我觉得多半是因为他觉得这种情况用英语对照更容易理解。因此，如果时机恰当，使用其他外语帮助学生理解也未尝不可。

但是汉语教师使用外语一定不是无限制的，我回忆了一下自己使用意大利语的情况：

1. 学生新接触的指令性语言，我先是用汉语加上动作表达，然后用意大利语再解释一遍，这样重复几次学生最终就能理解并记住了。

2. 某些语言点、句子结构等用情景举例很难展示到位，情景举例后学生依然模糊时，我就用意大利语解释，不浪费课堂时间。

3. 讲课时个别学生出现理解障碍时，为了不浪费大家的时间，我会用意大利语解释。

4. 利用即时情景开玩笑活跃课堂气氛时，我会说一点儿意大利语。

5. 第一次进行一个新的课堂活动，说明规则时，我会用意大利语解释，比如要求学生几分钟完成，要出声对话等。

6. 表扬学生时，需要让学生对我的表扬有感性的体会，我会说一点儿意大利语，从而最大限度地发挥鼓励的作用。我觉得学生刚开始学汉语时，即使可以理解意思，但是听到汉语时却很难感受到其中的感情。比如我对学生说"你真棒"，比起直接用意大利语说"Sei un genio"，学生一定对后一种方式感受更深。

我努力减少使用意大利语的方法包括：

1. 让课堂教学活动有一定规律可循，多重复汉语的表达，再加上动作、表情等非言语方式的配合。

2. 用教师示范代替意大利语解释。

3. 大量使用情景举例的方式，促进学生的理解。但是我允许学生间的母语解释，也允许学生用意大利语跟我确认信息理解。

我认为，还有一条原则最能促使学生理解我的汉语，那就是从一开始就打破他们依赖教师用意大利语解释的想法。这样一来，学生会慢慢地习惯随时看着我的动作、表情，听我一遍遍地重复汉语。

（孙岩）

分 析

"利用学生的母语"和"课堂上应该多使用汉语"，看似矛盾，实则不然。毫无疑问，只要教师通晓外语，学生的母语或媒介语是必须利用的。备课阶段，教师就要将目的语和学习者母语进行对比，由此有针对性地预防学习者可能出现的偏误。如果一个班内的学习者母语不同,教师也可以将媒介语和目的语进行对比。此外,课下与学生交流沟通,提供个别辅导时,也往往需要用到学生的母语或媒介语。因此,熟练掌握至少一门外语,也是国际汉语教师的基本要求之一。

课堂上的语言,包括教师语言(teacher talk)和学生语言(student talk)。广义上,教师语言包括教师在课堂上编制和使用的全部语言。从内容上看,大致包括:组织管理课堂和进行具体教学活动的指令、教学内容讲解、教学内容的示范(如朗读课文)、反馈、纠错、提问、认知帮助等;从形式上看,大致包括:口语形式、书面形式以及动作、表情等非言语形式。

教师语言的口语形式是教师在课堂上所说的话。在世界各地的汉语教学实践中,存在以下三种情况:基本使用学生的母语进行目的语(汉语)教学,这种情况多见于非目的语教学环境;基本使用目的语教学,即用汉语教汉语,这基本上是中国国内目前通行的做法;受学生水平所限,使用外语和汉语的"混合语"教学,并在教学过程中随着学生水平的提高逐渐用汉语取代"混合语",这种情况多见于零起点和初级班课堂。

在课堂教学过程中,要不要使用学生母语或媒介语,在什么情况下使用,使用多少,是每个汉语教师都曾有过的困惑,尤其是教零起点和初级班的教师。我们主张,教师语言是学习者重要的目的语可理解输入源,以汉语为母语的教师,应尽量使用目的语(汉语)作为教师语言,以保障学习者的目的语输入量(如果是在海外教学,在非目的语环境下,这一点显得更为重要),这样做有利于培养学生的汉语思维,也能最大限度地保证公平对待在同一个班内的不同语言背景的学习者。

案例(二)中,关于教师在课堂上究竟是否可以使用汉语和学生母语之外的媒介语,关于什么时候、哪种场合下要使用学生母语,该教师注意分析、梳理和总结,这非常值得肯定。在实际教学中,教师也要注意根据学生水平的发展变化,根据课堂的具体情况,不断调整自己的教学行为。举个例子来说,"利用课堂即时场景开玩笑活跃课堂气氛"时说学生母语,这一点就不是绝对的。比如,有一位教师在学生学了"吃"这个词后立刻开起了玩笑,由于教师和学生在黑板上大量写汉字,一盒粉笔只用了一天就只剩下粉笔头了,教师便倒出粉笔头故作惊讶地问:"是不是你们吃了?"尽管当时学生还没有学习"了"这个语言点,但在这个语境中几乎都听懂了教师的玩笑。本来下午的课容易让人昏昏欲睡,但学生们被这样的玩笑所感染,精神提高了很多,"笑果"很好。

思 考

1. 如果你只会英语和汉语,教材中的翻译、注释也是英语的。现在你需要教授一个零起点班,班里有的学生会英语,有的不会。想一想,你会选择下列哪些做法?为什么?

A. 大量使用实物、图片展示词义。

B. 让学生在课堂上帮忙翻译,例如同时会英语和俄语的学生可以给只会俄语的学生翻译。

C. 要求学生做好预习,掌握当课的词义。

D. 参考其他语种教材对同一语法点的解释,复印下来给需要的学生看。

E. 课下给学生介绍会说其母语的语伴。

F. 尽量用数字、符号等直观的方式讲解语言点。

  例如:我们 在北京 学习 汉语。(√)
     ① ② ③ ④

  我们 学习 汉语 在北京。(×)

2. 回顾你的外语学习经历,描述并分析本国教师、外籍教师在教授某种外语时的汉语、外语使用情况。

阅 读

1. 彭利贞. 试论对外汉语教学语言. 北京大学学报(哲学社会科学版), 1999(6).

2. 孙德金. 对外汉语教学语言研究刍议. 语言文字应用, 2003(3).

3. 李泉. 对外汉语教学理论和实践的若干问题. 对外汉语研究的跨学科探索——汉语学习与认知国际学术研讨会论文集. 北京:北京语言大学出版社, 2003.

4. Ross Forman. Six Functions of Bilingual EFL Teacher Talk: Animating, Translating, Explaining, Creating, Prompting and Dialoguing. *RELC Journal*, 2012, 43: 239–253.

案例 22 教学指令早规定

教学地点： 意大利罗马　　**教学对象：** 成人初级业余班

今天是这个班的第一次课，我有一个很重要的任务，那就是规定好给学生的指令，免得再出现上学期那样的状况：最初的好多次课，初级班的学生都听不懂我的指令，浪费了很多课堂时间。

初级班课程开头两周的内容都是练习语音，所以指令比较好确定，主要是"听、读"等。我给学生展示指令时，先用汉语说一遍，然后用学生母语解释一遍，这两遍都配合着动作。用学生的母语解释可以帮助他们确认或更正自己的理解。动作则可以让学生直观地理解我的指令，也有利于他们尽快将该动作和对应的汉语发音建立联系，为日后不看动作直接听汉语指令做铺垫。

我具体是这样做的：

- 听——把手掌打开放在耳朵旁边，同时大声说"听"。
- 读——把手放在嘴边，手指先聚在一起再打开，同时大声说"读"。
- 写——模仿写字的动作，同时大声说"写"。
- 记住——用食指指太阳穴，同时大声说"记住"。
- 安静——把手掌摊开，掌心向下压两下，同时大声说"安静"。

当我需要发出一些复杂的指令时，例如"下面我们来读第六页的生词"，我会把课本翻到第六页，用手指出我要讲解的内容范围展示给学生看，并配合相关的指令动作；再如"记住第七页的表格"，我会翻开书给学生看，用手指在表格上画一个圈，再指指自己的太阳穴表示"记住"。

今天的课结束时，我只要一指太阳穴，几乎所有学生都能说出"记住"。大部分的学生在我不做动作直接说出"听、读"等指令时，也能做出正确的反应。看到这一切，我真是太开心了！

（李爽）

分析

课堂教学需要一些基本的教学用语，包括：教师组织管理课堂的指令，如"我们开始上课""请坐下"；教师安排具体教学活动、明确活动要求的指令，如"两个人一起读""听我读，然后回答问题"；教师反馈用语，如"答对了""说得很好"。这些课堂指令、用语，和教师的讲解语言、示范语言等一起构成了课堂上的教师语言。尤其是给初级班学生上课时，使用汉语发出指令和进行反馈，有利于增加目的语（汉语）输入，创设目的语环境，培养学生用汉语思维，增强他们的成就感。

给学生规定、明确课堂指令和反馈用语时，可行的做法和需要注意的事项有：

1. 首次课前，制作一份固定的课堂指令和反馈用语双语对照表，将其打印出来课上分发给学生（有些教材本身即附有课堂指令和反馈用语表）。教师要注意，首次课提供的新指令不要太多，以不超过 10 个为宜。

2. 首次课上将一些固定的课堂指令和反馈用语展示在 PPT 上或板书在黑板上。如条件允许，教师可以将其贴在黑板、墙壁等学生能看得见的位置，或以板书的形式在黑板的固定位置上（如左右两侧）保留一段时间。

3. 用汉语发出课堂指令时多用动作进行配合。注意语句和动作要一一对应，不要出现一个指令配合多个动作的情况。尤其要注意的是，由于不同国家的文化差异，同样的身体语言可能表达不同的含义，要避免误用其他国家或民族的禁忌动作、手势。

4. 前几次课要注意强化，将汉语表达和对应的动作、行为、手势结合起来多重复给学生。

用于规定课堂规则的图片和文字

5. 根据学生的语言知识、能力的发展，逐渐增加课堂指令的数量和难度。

6. 根据课堂教学内容，及时变换课堂指令和反馈用语。例如，开始时使用"我们上课、下课",在学习"该……了"后,可以改为"现在我们该下课了"。开始时使用"好""很好"鼓励学生,逐渐可变为"说得很好""比上次写得好"。

思 考

1. 教师可以在教学过程中根据学生的汉语学习情况对课堂指令、反馈用语做出调整。观察下列几组课堂指令和反馈用语,在括号中写出与语句相对应的汉语语法项目。

（1）请看书。———→ 请打开书。———→ 请把书打开。
　　　　　　　　　（　　　）　　　　（　　　）

（2）很好。———→ 写得很好。
　　　　　　　（　　　）

（3）请再看看。———→ 请再看一下。
　（　　　）　　（　　　）

2. 查找资料,对比并分析三种以上初级汉语教材所附的课堂指令表。试着借助这些资料,制定自己的初级班课堂指令表（8~10条左右）,想一想这些指令可以用什么动作或图示配合表达。

阅 读

1. 姜丽萍. 汉语教师课堂用语教程. 北京：北京语言大学出版社,2006.

2. 杨惠元. 课堂教学理论与实践（第十一章"教师的课堂教学行为〈七〉"）. 北京语言大学出版社,2007.

3. Kim, S. & C. Elder. Language Choices and Pedagogic Functions in the Foreign Language Classroom: A Cross-Linguistic Functional Analysis of Teacher Talk. *Language Teaching Research*, 2005, 9: 335−380.

第二节
课堂状况

案例 23 谁是教师？
教学地点： 意大利罗马　　**教学对象：** 成人中级业余班

（一）

接手这个新班级已经几个星期了，我发现这个班的学生一有不明白的地方，马上就会用意大利语互相询问，有时几个学生还会用意大利语展开讨论。比如，西风、萨拉等几个学生常常爱用意大利语发问，而水平更高的李维常常负责解释。

一开始我还很开心，觉得有人帮忙解释能省不少事。后来就渐渐觉得不对劲儿，这样不仅太浪费课堂时间，而且使我处在一个比较被动的位置。其他不参与用意大利语交流和讨论的学生，比如罗巍，这种时候就常常自己看书，我观察了他的表情，多少有些不满和无奈。

这个问题该怎么解决呢？我觉得一来我在平时备课时应该充分预计到学生可能会遇到的问题，对这些问题有充分的准备；二来对重点语句和表达的讲解要力求简单、清晰；还有，在今天的课上我也首次强调了："以后上课的时候，认真听老师的例句和问题，有什么问题可以问老师，不要用意大利语互相问，实在不懂的问题可以课后再问我。"希望这些办法能够奏效。

（陈蓉）

（二）

今天学完生词以后，本来打算学习课文，但是学生们都希望能先学课后的补充生词。所以我就按他们的要求临时改变了教学计划。因为这些补充生词的意大利语注释并不能帮学生很好地理解词义，再加上课文生词和补充生词里有很多组近义词，所以学生读完补充生词以后问题特别多。幸好我早有准备，所以我讲解了这些近义词的区别，并结合着课后练习让学生们操练。

学生要先讲补充生词,我就详细讲了补充生词。我原本的计划是让学生先学习课文,再在具体的语境中接触并慢慢深入学习生词,这样下来,整节课都是在讲生词,我也有点儿被学生"牵着走"的感觉。好在由于课前准备得充分,所以这节课上得还不错。

我之所以答应学生们的要求,是因为他们有比较强烈的辨析近义词的愿望,再加上这一课的补充生词的确比较多,我也有点儿担心学生理解课文时有困难。其实,我答应学生先讲生词的时候就估计到会出现这种情况,所以辨析生词时我尽量关联到课文中的内容和句子,尤其是讲到"休闲、闲暇、假期、丰富多彩"这些词的时候,我引导学生讲了很多假期的活动,也就是课文的第三段,希望以此来弥补整节课全都在讲生词这个问题。

(许舒焙)

分析

"教育中要防止两种不同的倾向:一种是将教与学的界限完全泯除,否定了教师主导作用的错误倾向;另一种是只管教,不问学生兴趣,不注重学生所提出问题的错误倾向。"教育家陶行知先生的话语,同样适用于语言教学课堂。语言教学课堂固然应该以学生为主体,但教师应该像一个优秀的导演,可以隐身幕后,但不能缺席,不能轻易被影响,而乱了节奏和章法。

案例(一)反映出新手教师一个较为常见的问题——教师缺位,具体包括:将某一时段完全交给学生,任由甚至完全授权学生用母语或媒介语帮助翻译解释,自己成了旁听者;进行某项课堂活动时,不进行有效的巡视和指导;在进行某项课堂活动前后缺乏指导、分析和总结等。教师缺位会引发一系列问题,如课堂效率低下,目的语的有效输入、输出减少,教师失去威信等。值得肯定的是,这位教师观察到了其他学生的不满,反思了自己作为教师的被动和失职,并努力通过在备课中预见问题、增强输入可懂性等办法来改变这一状况。此外,这位教师也应该意识到,中级班的学生在课堂上已经可以只用汉语进行交流,教师放任其用母语交流,会减少学生对目的语的使用。该教师还应该进一步反思培养学生认知方法、改善学习风格的重要性,尽早开始帮助学生摆脱母语的依赖。

案例(二)反映了新手教师另一个较为常见的问题——教学失控,包括:频繁询问学生的意见,而不是通过观察和反馈调整教学模式;为了回答学生一个接一个的问题顾此失彼,准备不足,难以应付,乃至偏离教学内容太远而"覆水难收";被学生临时提出的教学要求严重干扰,无法完成原定的教学内容和计划等。这位教师课前准备充分,临时调整教学前进行了思考而不是盲从,并能在教学中再次进行调整以达到原定教学目标,因此没有将自己置于失去章法、手忙脚乱、专业性受到质疑的危险中。这个班级可能仍处于师生磨合期，在今后的教学中，教师可以进一步考察和反思学生提出要求的原因，了解学生的水平和认知特点，以此为依据调整教学。有经验的教师会通过不断的"微调"实现对教学内容、教学程序的控制，让学生对教学内容和程序充满信心——相信在教师的安排下难点和问题都会被逐一解决，相信教师的安排一定是有原因的，是合理、科学、专业的。

思 考

1. 面对下列教学情况，哪些处理方式或认识是适当的？哪些是不适当的？仔细分析并完成表格。

教学情况	适当的处理方式或认识	不适当的处理方式或认识
安排学生自行朗读		
安排学生分组对话或活动		
关于教学顺序和程序		
有学生提出了重要但与本课内容关系不大的语法问题		

A. 每次课都安排5~10分钟，以便大家熟悉课文后再指定学生读课文或回答问题。

B. 教师可以在讲台上准备随后的教学内容或离开教室，这段时间可以交给学生。

C. 教师需要在教室巡视以便及时发现问题、提供帮助，确保教学的顺利进行。

D. 如果是教成年人，在教学中应该尽量尊重和征求学生的意见，保持民主平等的气氛。比如上课时可以经常问学生："下面是做练习还是再读两遍课文？我们今天先听写还是先复习？"

E. 如果学生提出的问题很有价值，就应该给予充分的说明或是进行练习巩固。

F. 如果学生提出的问题很有价值，尽管教师没有提前准备，讲解起来比较吃力，但还是试图回答。

G. 这个环节不必每次课都安排。要完成"熟悉课文"这一目标，除朗读、齐读、分组读等方式之外，还可采取分组或集体排列顺序、填空、听后复述大意等方式。

教师可以结合学生的水平、学习特点和课文情况进行选择和设计。

H. 通过观察学生的反应和反馈，记录和反思教学情况，决定教学程序、方法、内容的调整。

I. 教师应该有效回答学生的问题，但应注意分清主次，确定教学重点才能保证回答有效。有价值但不太相关的问题可以课下单独辅导，这样也可以避免被学生牵着鼻子走，偏离当课内容，出现教学失控的情况。

2. 高老师是一位有一定经验的汉语教师，有一套相对固定、成熟、有效的教学程序和方法。但是在学期末的评估问卷中，有好几位学生表达了这样的意见："我们每天做一样的事情，太无聊了。""读完生词我们一定读课文，读完课文一定是回答问题，回答完问题我们一定开始写句子。"试着从不同的视角分析这一情况并完成下面的图表。

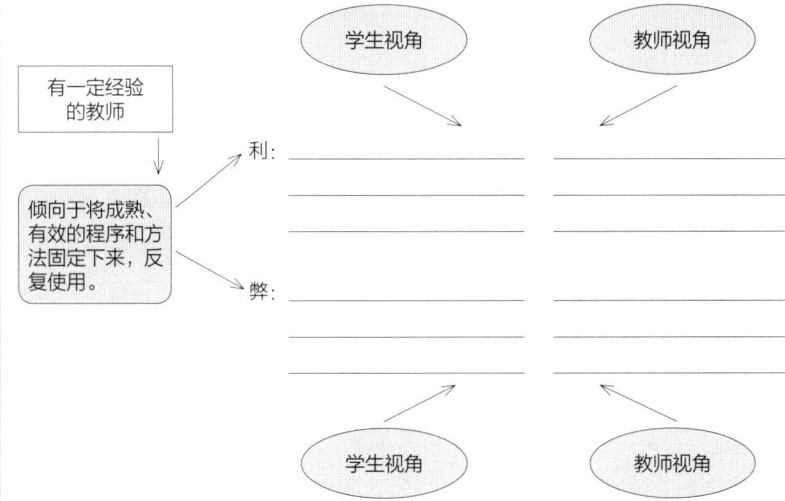

阅 读

1. 周明朗，符平. 教师在语言课堂中的作用（三、四）. 世界汉语教学，1998(1).
2. 杨惠元. 课堂教学理论与实践（第四章"教师的课堂教学意识〈二〉"）. 北京：北京语言大学出版社，2007.
3. 吴勇毅. 对外汉语教学法（第五章第四节"教学模式的构建与选用"）. 北京：商务印书馆，2012.

案例 24 面对质疑

（一）

教学地点： 意大利罗马　　**教学对象：** 成人中级业余班

　　一次练习课，我让学生用一两句话说出每段课文的意思，这样做，是觉得他们的作文语言拖沓冗长，叙述不扣主题，我希望他们能在总结中有意无意地熟悉课文的叙述方式，并找到叙述主题。我觉得总结能力的培养对学生写作中的谋篇布局、提纲挈领肯定会有帮助。可是这个任务刚说完，我马上就被"质疑"了，一个中年女学生 Federica 说："做这个有什么用？"说实话，她当时的态度让我有点儿烦她，可是我又不能在课堂上跟学生生气。这种时候，我觉得当老师真没劲，要压抑自己的个性，要是生活中遇到这么傲慢、自我、不给别人留一点儿面子的人，我肯定是不会搭理的，可是在课上，我还得笑着跟她解释我的用意。

　　过了几天，我在仔细备课后觉得学生应该在背景知识激活后练习课文的快速略读，学会在短时间内捕捉文章的大意信息。我决定让他们先不看词汇表默读课文，再回答我对关键信息的提问，然后再进行课文精读。课上我布置了课文快速略读步骤，没想到我的话音刚落，Federica 又立刻毫不客气地说："为什么不让我们先看生词表，不看我怎么能读懂？"我当时心里一惊，但是马上镇定下来，走到她身边说："你看报纸也不一定必须有词典的，这篇文章不难，即使有你不认识的生词你也一样能理解大意的。"她说："你上课都是这样吗？我们以前都是先学词汇再学课文。"我回答道："我现在不能告诉你是不是整个学期都是这样，不同的课文有不同的学习方法，如果适合用这种办法，我还是会采用的。"她说："你是老师，你说什么我就得做什么。"我没再跟她纠缠。等学生读完后，我按照事先的准备提问了几个问题，学生回答后，我说："这就是你们刚才读一遍的效果，这样就达到目的了，现在我们一起仔细看看课文。"

　　很庆幸，我这次没有慌乱，越是受到质疑，表现越良好。在接下来的讲解过程中，不论是解释词语还是回答学生的问题，我都比平时更能想出容易理解的例子，更能引导启发他们自己说出为什么。那个先前质疑我的学生，我特意给了她几次回答机会，让她亲身体会一下很多词汇不是非要看词汇表才能明白，看她一脸高兴的样子我就知道自己已经打消了她先前的疑虑。

（孙岩）

（二）

教学地点：中国西安　**教学对象**：成人初级国际班

我班里有一个零起点学生，他学习非常积极，上课回答问题时总能说出一些还没学过的词汇或句型，但他经常在课堂上提出对教材的质疑，怀疑课文语法的实用性。开始我没有在意，可他在课堂上流露出的不满越来越多。有一天，我们刚开始学"时间"这个词，他就问我"时间"和"时候"是否一样。考虑到"时候"这个词还没学，我只简单地告诉他以后会学。他当时的表情非常不满，像是在怀疑我根本不能解答。

真正到了小测验或阶段考试的时候，他又总是错误百出，成绩只是徘徊在及格线上，与他平时的积极表现非常不符。我知道这中间肯定有问题，所以我对他进行了格外细致的观察。我发现他的课后练习题都写得密密麻麻，甚至已经做完了没学过的课文的练习题。他的作业中偶尔还会出现非常地道的表达方式，而这些都是零起点学生无法做到的。于是我判断，他一定有"枪手"。

在课下交流时，他告诉我，他有一位中国朋友，是和他同专业的一名大三学生。这个朋友每天晚上陪他练习一个小时的口语，教了他很多地道的表达方式，他跟别的中国人聊天的时候，说几句"亲，包邮哦亲"之类的话，总会让对方非常感兴趣，也很容易让他交到更多朋友。他很喜欢这样的学习方式，感觉自己融入了中国，所以他对这位学习伙伴非常信赖。那个中国学生对留学生使用的汉语教材非常感兴趣，经常翻看他的课本和课堂笔记，并凭借自己的感觉，对汉语教材提出了诸多批评，认为教材中很多地方不符合中国人的语言习惯。他记下了这些问题，在课堂上提出来，看到其他同学疑惑不解的眼神，他觉得自己比别人学得快、学得好，很有成就感。

（苏磊鑫）

分析

案例（一）中的教师起初受到了学生态度的干扰，颇有负面情绪，对自己的身份和价值都产生了怀疑。可贵的是她很快进行了调整，坚持了正确有益的教学方法，化压力为动力，以专业的教学水平，良好的教学表现，满意的教学效果化解了矛盾。

案例（二）中的教师通过细致观察并与学生及时交流，试图了解影响某位学生学习过程的各种因素，没有将对学生的了解仅局限于课堂。因此，教师及时发现了出现该状况的成因，细致深入地探究了学生的心理，这是非常正确和及时的做法。接下来该怎么做呢？面对该学生和状况，可行的对策是：

1. 先充分肯定该学生的学习能力和热情，肯定他善于从生活中学习，坚持与中国人交流的学习方法。

2. 单独回答他在学习中的困惑，比如"时间"和"时候"的差别，用实践证明教师的知识、能力和水平。

3. 重建信任后，可以给他看一些初级学生或零起点学生模仿地道汉语的视频，例如网上常见的某某球星说汉语的视频，明确地告诉他，不打好基础，只学几句地道的汉语取巧，只能赢得片刻的惊讶和赞赏，无法真正准确、高效地完成交际任务，也无法获得真正的交际能力。

4. 简要向他介绍影响教材编撰的多个因素，由专业教师编撰的教材在语言习得方面，一定有外行的中国人看不到的科学性，该学生求知欲很强，多少会接受合理的说法和解释。

5. 最重要的是，该学生的核心问题是对教材实用性的怀疑，教师必须在教学中增强对教材内容的改造，使之贴近学生的生活场景和交际需求，为教材的词汇、语法等设计更多功能性的练习，帮助学生完成从语言知识向语言技能、交际能力的转化。

总之，教师的专业水平和能力，是解决此类问题的关键。此外，教师也应该注意，一般不要与学生谈论教材的不足，学校课程设置的不足，其他教师的不足，教学管理规定的不足，也不要在课堂上和学生发生争执，这些都是简单粗暴且很不专业的做法。

思 考

1. 想一想，如果在教学活动中，你遭到了以下质疑，你将如何处理？
（1）课堂上，你换了一种教学方式，有学生立刻说这个方法不好，他不适应。
（2）课堂上，学生提出了一个问题，考虑到不是授课重点，你回答说现在时间不够，以后会讲到，但学生态度不佳地表示他怀疑你根本无法解答这个问题。
（3）有学生在课后多次表示，你对汉字教学过于重视了，他们认为没有必要花大气力学汉字。
（4）有学生是中小学外语教师，有时会向其他学生评论你在教学中的不足。
（5）你教授商务汉语课，但没有任何商务活动实践经验。课堂上，一些真正的商务人士会指出你在专业知识上的不足。

(6)一些学生喜欢课堂上的游戏和活动,但是另一些学生却觉得这种活动既幼稚又浪费时间,不明白你为什么要进行此类活动。

(7)有学生认为你偏爱某些学生,没有公平地对待大家。

2. 不少赴海外教学的汉语教师或志愿者最大的不适应就是当地人对教师的普遍态度与中国迥异,存在巨大的文化差异,教师经常遭到学生或家长的当面质疑。请咨询有海外教学经历的教师,或搜索有关资料(如国际汉语志愿者的博客、微博),并就其所反映的某一问题提出你的解决方案。

阅 读

1. 朱芳华. 对外汉语教学难点问题研究与对策(第五章第二节"影响课堂教学效果的几个问题及化解"). 厦门:厦门大学出版社,2006.
2. 李云霞. 美国学生汉语课堂教学策略探讨. 云南师范大学学报(对外汉语教学与研究版),2007(1).
3. 李树峰. 教学失控的非线性因素分析. 教学与管理,2007(34).
4. 国家汉语国际推广领导小组办公室. 国际汉语教师标准(模块五,标准10.5). 北京:外语教学与研究出版社,2007.

案例 25 敏感问题？四两拨千斤！

教学地点： 中国北京　　**教学对象：** 成人初级国际班

最近，中国和菲律宾因南海争端，关系较为紧张，几乎每天都能看到相关事件的新闻报道。学生们都关注到了这一情况，但是没人主动提起。我一边自然控制着课堂使一切如常，一边又暗暗地留心观察了菲律宾女生安妮的情况，见她也和往常一样认真学习，积极参与，笑容灿烂，看来暂时没有找她单独谈话的必要。课间或休息时，我与学生的延伸交流也照常进行。

可惜的是，争端情况暂时未见好转，反而略有升级，国内媒体也报道了菲律宾游行等新闻。终于有一天的课上，刚读到生词表里"担心"这个词时，安妮就突然举手说："现在我在中国，因为中国和菲律宾的关系不太好，最近我妈妈非常担心。"她的话音刚落，全班学生立刻鸦雀无声，都齐刷刷地瞪圆了眼睛，竖起耳朵，要观察我的反应。

出现这样的情况，我已早有准备。我很坦然地面对所有人的目光，带着和平日课堂上一样的自然的笑容问："那你在中国，你自己觉得担心吗？"安妮认真地回答："我告诉妈妈别担心，北京什么也没有。""对啊，"我指着教室里的地图说，"世界很大，每天，每小时，每分钟，很多国家都可能有这样的问题，对不对？"环视全班，我望着印度尼西亚和马来西亚的学生，两人先后点头："是啊，马来和印尼也有海的问题，常常打。"再看教室的另一边，泰国学生和柬埔寨学生也不由得相视而笑。最爱开玩笑的尼泊尔学生又调皮起来："老师，为什么你和安妮不打，我们希望看。"我和全班学生都笑了，"那马来学生和印尼学生为什么不打架，还每天一起吃饭？"在大家的笑声中，我在黑板上写上"担心"二字，又用红色粉笔在前面划了一个大大的"×"，再指着生词表里刚讲完的一个词"不管"。我说："不管两个国家有什么问题，在我们班，老师都希望你们不要担心，一起好好学习好好吃饭好好喝酒。那你们呢，你们会担心吗？"我把手一挥，做了个"说完整句子、长句子"的动作，"训练有素"的学生们立刻齐声回答："不管两个国家有什么问题，在我们班，我们都不担心！"

（张京京）

分析

国际关系风云变幻，有很多情况和变化是教师不可控制的。教师所能够掌握和应该掌握的就是调节好班级内的"小气候"，使之不受外界干扰，保持良好、友好的气氛，从而保证教学的顺利进行。

教学中如果遭遇国与国关系恶化，教师首要对学生可能出现的情绪、态度有所预见并做好准备,比如学生有可能会感到担心、忧虑,甚至可能有不满、敌意的情绪。如果学生的表现较为正常,没有影响学习,可暂时不主动提起,也不要对相关国家的学生突然表现出异于往常的主动关注与关心,对学生来说,"一切照常"就是最好的"定心丸"。一旦必须直接面对这些问题,最重要的是表现出坦然、真诚的态度,明确"外界是外界,教室是教室,我们是我们"。特别是在成人课堂上,学生其实都能理解国家间的争端异见其实是世界的常态,他们所关注的往往只是作为中国人的教师持何种态度。

课堂上学生提出此类问题,也属于课堂上的"突发状况",教师要注意结合教学内容,在心理上和语言上都给予正确、巧妙的引导。此外,教师要注意把握时间,以免把话题说开,偏离教学内容,浪费教学时间。本案例中的教师时间控制比较得当,并适时以新语言点作为话题结尾,尤其值得新手教师借鉴。

思 考

1. 周老师在国内教成人预科班,班里主要是来自日本和韩国的学生。有一天,周老师发现班里的韩国学生涂改了教室里张贴的世界地图,把地图上韩日争议海域都按韩国方面的观点做了标注。如果你是周老师,你该如何处理这一情况?

2. 小吴是赴海外教中小学的志愿者,有一次当地家长提起他们对西藏和新疆的迥异看法,小吴急于申明和陈述中国的立场,却被对方嘲笑说他已被洗脑了,结果说着说着就不欢而散了。想一想,你有没有更好的处理办法?

阅 读

1. 亓华. 美国意识形态对汉语教学的渗透及我们的对策——从普林斯顿大学编写的汉语教材说起(第三、四部分). 北京社会科学,2000(1).

2. 杨福亮. 汉语教学中的"敏感问题"及应对策略(第三部分). 三峡大学学报(人文社会科学版),2009(S1).

3. 王晓华. 国际型师生关系与独特的对外汉语教师角色. 西安电子科技大学学报(社会科学版),2011(2).

4. 陈莹. 国际汉语文化与文化教学(第七章第三节"如何处理文化教学中的'冲突'"). 北京:高等教育出版社,2013.

案例26 不肯回答问题的学生

教学地点：中国上海　**教学对象**：大学中级口语班

中级口语课上班里新来了一个美国学生，叫杰克。他的汉语流利，发音不错，课下也喜欢跟其他中国老师交流，但是章老师却发现他在口语课的表现有点儿特殊。

上了几次课，章老师就发现杰克在口语课上不愿意开口回答问题。他从不主动回答老师的提问。有一次章老师为了鼓励他说话，就点名让他回答，没想到杰克竟然说："我不想在这里回答，如果你想知道我的答案，我可以下课之后告诉你。"为了公平地对待每一个学生，章老师很严肃地向杰克指出："在我的课堂上，谁也没有特权，如果你不回答，请说明你的理由，如果你没有理由，那么请你回答我的问题，谢谢。"杰克不得不回答章老师的问题。可是没想到，下一次上课时杰克还是拒绝回答问题。"在别的课上我可以不回答的，"他说。章老师坚持说："别的老师的课上你可以选择不回答，可是在我的课上你必须回答。"杰克最后很无奈地回答了。经过两次的交锋，杰克似乎感觉到章老师在这个问题上是不会向他妥协的，因此以后章老师让他回答问题时，他还算配合。

（刘弘）

分 析

除不回答问题外，学生的"不配合"还可能表现为：消极应对课堂活动，如分组活动时出工不出力；故意迟到或缺勤以逃避测验或考试；上课时自己看书或自学，放弃跟大家一起学习某些内容等。这类状况有时是偶发的，有时会长期存在，成为教学中的困境。

学生的"不配合"是一个表面现象，原因可能是"不愿"，可能是"不敢"，也可能是"不能"。教师不能过早下结论，更不能因为师道尊严被冒犯，就直接归咎于学生的态度。发怒和冲突都是不可取的，首先需要的是细致的观察，反思自己的教学和管理是否存在问题。特别是当多个学生出现"不配合"现象时，当某个学生总体愿意学习，但是在某些时刻、场合、阶段却不配合时，教师需要观察和反思以下方面：

1. 是不是教师的提问、活动、测验太难，超过了学生的现有能力和水平，造成学生不能配合？

2. 是不是教师在教学和管理中的某些做法使学生产生了误解或不良情绪，因此不愿配合？

3. 是不是提问或举例无意中涉及了对方的隐私或文化禁忌而使学生不

配合?

4. 是不是教学强度太大,趣味性不足,或重复率太高造成了学生的倦怠和不配合?

5. 是不是班级气氛、同学关系出现问题,导致学生不配合?

6. 是不是该学生过于焦虑,或怕犯错,因此不敢配合?

7. 是不是该学生对某些课型、活动、教学内容、教学方法有不同看法或错误认识,以不配合来消极应对?

除此之外,教师还应该与学生直接、真诚地进行沟通。在课堂上,不要因为一个小的突发状况,就跟学生发生正面冲突。本案例中的教师采取了一定的强制手段要求学生回答问题,但如果这名叫杰克的学生仍坚持不回答,章老师该如何应对呢?个性倔强的学生并不少见,有的学生甚至以顶撞教师、使教师处于尴尬的境地为乐趣,一旦课堂上和此类学生出现僵持不下的局面,教师又该如何应对呢?若是继续强硬,会浪费时间,甚至会导致课堂失控;若是不理服软,则有损教师的威信。更何况学生不配合的原因是多方面的,有限的课堂时间可能不足以探明原因,即使学生迫于压力暂时妥协,也没有真正有效、彻底地解决这个问题。实际上,案例中的杰克第一次说"我下课告诉你"的时候,教师也可以暂且答应杰克的要求,但在下课后一定要及时与他沟通交流,寻找问题的原因和解决方案。

当然,确实有一部分学生的不配合是由于个性使然,这类学生喜欢试探教学规则的执行力度和教师的底线,要故意塑造特立独行的形象,爱挑战教师权威,并期待以此获得关注度,得到社交满足。教师的规则和制度执行得不彻底和不统一,就给他们创造了制造状况的好机会。若真如案例中的杰克所言,在其他教师的课上可以不回答问题,那解决矛盾的关键还在于教师们的统一标准和行动。

关于课堂提问的原则、策略和方法,可以参考本书第一章第三节"课堂教学"部分的内容。关于如何降低学生输出时的焦虑,可以参考本书第六章第一节"听说技能教学"部分的内容。

思 考

1. 回顾你的学习经历,作为学生的你是否有过"不配合"或"不想配合"的情况?为什么?当时你尝试和你的老师沟通了吗?教师主动和你沟通了吗?该情况最后是如何解决的?

2. 马老师发现讲课时总有学生频频摆弄手机影响教学效果，于是明确要求学生在课上不能使用手机，但这个要求一提出，马上就有两三个学生表示离不开手机上的翻译工具。如果你是马老师，接下来你会怎么做？

3. 不肯回答问题的学生会让教师感到头疼，但太喜欢回答问题的学生有时也会给教师带来负担。在上海任教的张老师遇到了这样一个学生，他叫博拉，来自土耳其，在课堂上特别喜欢回答问题。每次张老师提问，他总是积极思考，踊跃发言。起初张老师很高兴，觉得博拉就是个催化剂，可以带动其他学生发言，可是时间久了，张老师发现，博拉比较自我，对于回答问题的机会从来都是当仁不让，以至于其他学生产生了反感情绪，甚至越来越孤立他。面对这种情况，你认为张老师该如何处理？

阅 读

1. 唐思群，屠荣生. 师生沟通的艺术. 北京：教育科学出版社，2001.

2. 黄晓颖. 对外汉语教学的课堂组织管理艺术. 云南师范大学学报（对外汉语教学与研究版），2005（4）.

3. 姜丽萍. 对外汉语教学论（第九章第五节"教师课堂纪律的维护"）. 北京：北京语言大学出版社，2008.

4. 祖晓梅. 汉语课堂的师生互动模式与第二语言习得. 语言教学与研究，2009（1）.

5. 闻亭，常爱君，原绍锋. 国际汉语课堂管理（第三章第二节"学习者的个体因素"）. 北京：高等教育出版社，2013.

案例 27 班级中的"另类"

教学地点: 中国上海　　**教学对象:** 大学中级国际班

陈辰老师发现班上的马丁在做小组活动时从来不参与,只是在一边冷眼旁观,而且还总是流露出很不屑的神情。但是马丁又很喜欢向陈老师提问,总是认真地记录下来陈老师的回答。不过有时陈老师请其他学生把答案告诉马丁时,他就会变得很不高兴。在日常教学中,陈老师观察到马丁其实挺喜欢学习汉语的,对教师和教材都没有什么不满,所以陈老师很想了解他为什么不喜欢和其他学生合作。在一次陈老师设计的"同学互相提问回答"的教学活动中,有个学生问马丁:"为什么你不喜欢和我们一起上课?"他回答说:"因为我来中国是学习汉语的,我要跟中国人说话,我不是为了和你们说话才来的。"马丁的话一说出口,课堂气氛立刻变得非常尴尬,所有的学生都感受到了马丁的"敌意"。

从此以后,陈老师有意识地设计了好多能让大家都能参与进来的教学活动,有很多活动还带有一定的竞争性,比如表演短剧、辩论比赛、抽签找朋友完成一项任务等。陈老师在设计活动时注意细化活动要求,有时甚至会仔细分配好每个人的角色和任务,避免学生游离于这些活动之外。在这些活动中,马丁也慢慢发现班里有的学生的汉语水平其实并不比自己差多少,逐步改变了自己原来的学习态度。

(刘弘)

分析

本案例中这名叫马丁的学生所表现出的"另类"有多重原因:自我认知、性格和社交风格都存在问题;对于小组活动、合作学习的意义存在错误认识,片面地认为在这种活动中,自己不能得到提高,而只是在帮助水平更低的学生。教师也许一时难以改变其自我认知、性格和社交风格,但可以通过交流和沟通,尽快改善其对合作学习的看法。

一些学生受到传统语言教学观念的影响,认为跟其他外国学生说话会影响自己的发音,或者跟水平低的学生交流会影响自己的语言习得,这些认识都是不正确的。在第二语言或外语教学中,学生之间的对话只要是"意义协商"(negotiation of meaning),就能有效地提高学生的口语能力。Bailey(2008)指出:在意义协商的过程中,学习者似乎会根据他们的水平对听到的语言进行调整,使其变得易于理解。为了让别人理解自己的意思(口语或写作),学习者必须尽量使自己的言语准确。也就是说,学习者必须斟酌正确的词汇、合理运用语法规则、小心单词的发音等等。

如果教师将这些新的语言教学理念和研究成果告诉学生，使学生了解到跟其他水平较低的学生交流时，特别是在帮助其他学生时，自己的语言能力也能得到提高，如此一来，他们参与活动的积极性就会大大提高。

此外，教师要时刻注意课堂小组活动的设计，不但要保证其意义和趣味性，要保证每个小组成员都能够平等、有效地参与，更应该使活动的完成客观上要求全部小组成员的参与。在口语课堂上，有的教师在进行两人一组的角色扮演活动时，会给两名小组成员分发不同的角色卡，比如一人为手机销售员，另一人为顾客，"手机销售员"的卡片上注明了手机的价格、保修期、赠品等信息，"顾客"的卡片上注明了需要询问的问题，而双方并不知道对方卡片的内容。这一设计，造成了交际双方信息的不对等，可以很好地模拟真实交际，保证双方的有效参与。

思 考

课堂上学生有哪些不当行为需要教师干预，否则会影响其他学生的学习？根据下列分类和提示，讨论并列出学生的相关表现，然后试着分析一下教师该如何进行干预。

内隐型：走神儿＿＿＿＿＿＿＿＿＿＿，＿＿＿＿＿＿＿＿＿＿＿＿＿＿，

＿＿＿＿＿＿＿＿＿＿＿＿＿＿＿＿，＿＿＿＿＿＿＿＿＿＿＿＿＿＿。

外显型：和同学聊天、制造杂音＿＿＿，拒绝参加小组活动＿＿＿＿＿，

＿＿＿＿＿＿＿＿＿＿＿＿＿＿＿＿，＿＿＿＿＿＿＿＿＿＿＿＿＿＿。

高危型：独占发言或提问机会＿＿＿＿，模仿他人的不佳发音或口音＿＿，

＿＿＿＿＿＿＿＿＿＿＿＿＿＿＿＿，＿＿＿＿＿＿＿＿＿＿＿＿＿＿。

阅 读

1. Jennifer Ewald. A Classroom Forum on Small Group Work: L2 Learners See, and Change, Themselves. *Language Awareness*, 2004.
2. Beiley. 口语教学实用技巧. 花蕾，杨硕 译. 南京：译林出版社，2008.
3. 李会民. 英语课堂小组活动的障碍因素分析. 教学与管理，2009（15）.
4. 杨峻. 论小组学习活动在外语教学中的展开. 海外英语，2010（6）.

第三节
教学管理

案例 28 千方百计求"上座"

（一）

教学地点：意大利罗马　教学对象：成人初级业余班

　　我的两个班到现在为止，出勤率都非常稳定了。两个班各有一个因为发现实在跟不上而不来了的学生，其余的学生都能保证没有特殊情况时肯定来上课。我觉得这与我在他们身上做的努力分不开。我每次都好好备课，尽量让他们觉得学有所得，来得值。如果有缺勤的学生，我会给他们发个邮件告知上课内容并表达一下关心，他们下次来上课时，我会在课间或课后跟他们聊天，以开玩笑或鼓励的方式表明希望他们尽量每次都来上课，我还会主动询问落下课的学生需不需要帮助。我觉得，大家都希望自己被重视，如果我真诚地表现出对他们的重视，他们就一定会尽可能地克服困难或懒惰情绪来上课的。

　　对那两个觉得跟不上而不来了的学生，我一直有种愧疚感，要是在国内，我不像现在这么忙的话，我肯定不会轻易让他们这样放弃的。我曾有过好几个这样的学生，我觉得教师的帮助与鼓励尽管不一定会让这样的学生跟上学习进度，但是有可能不让他们对这门语言兴趣尽失，也至少会让他们从心理上对这种文化有种亲切感，而兴趣和亲切感也许不知道什么时候就会对习得发挥积极的作用。

（孙岩）

（二）

教学地点：意大利罗马　教学对象：成人初级业余班

　　从前当英语老师时，续报率是学校评估教师的一个很重要的指标，我习惯了上心对待学生，也习惯了内容满满的课堂。现在在汉语课堂上，如果缺勤率高，我下意识的反应就是：我得让你主动来上我的课，我得让你不好意思不来上课。当然，现在不是为保证续报率,而是希望我精心准备的课让每个学生都受益。

让学生主动来上课的前提是他们一定能从课上收获什么:知识、快乐、关注、放松、甚至友谊……比如,初级汉语班的老爷爷Pietro就说:"我本来也可以放弃的,反正我也听不懂,但是我喜欢这个氛围,我觉得自己好像置身于音乐的世界。"正是因为每个学生会有不同的需求,所以我一般会因人而异,不断增强他们的满足点,而不是一味地要求多学快学。让学生高高兴兴地来上汉语课,老师肯定先要高高兴兴的,我只要走进教室,就一直都保持笑容满面、精神奕奕的状态。要知道,快乐的情绪是很容易"传染"给学生的。

我还会想办法跟学生交朋友,我们互相发邮件、课间课前聊天、开玩笑……最重要的是我会主动帮助他们,而且绝对不让他们感到我在故意帮他们。比如,如果有谁不来上课,我发邮件时一定不会问他为什么不来上课,而是告诉他我们学了什么,把相关资料发给他,最后还要加一句"如果你有问题,可以随时给我发邮件"。

我记得初级班刚开始上课时也会有人不来上课,针对这些不来上课的人,我都给予了特别的关注,我跟他们聊天,上课时想办法让他们开心,如果是性格开朗的学生,放学告别时我会说:"下次见啊,我可等着你哈!"等到全勤时,我就在下课时用意大利语半开玩笑地说:"我们下周见,所有人啊!"如果迟到和缺勤的人少,大家就都不好意思缺勤了。

(孙岩)

(三)

教学地点: 中国上海　　**教学对象:** 来华短期留学生

陈老师担任某短期项目初级1班的班主任,关于如何保证教学纪律,他走过不少弯路。

第一学期,对于学生上课迟到的问题陈老师没有太在意。每天早上8点打铃后,学生总是陆陆续续地走进教室,考虑有很多学生住在校外,早上8点上课确实有一定困难,大家又是成人,应该有一定的自觉性,陈老师只是简单说了一两次。一个多月后,迟到和缺勤的问题越来越严重,早上常有人迟到二十分钟以上,旷课和请假的学生也越来越多。每天准时来的学生也对陈老师抱怨,说不想因为别人而耽误自己的时间,陈老师终于意识到了这个问题的严重性。

第二学期,面对新的班级,陈老师在开学之初就写了"课程说明"发给学生,其中特别设计了一个"小组绑定"的策略来保证学生的出勤:两个学生一组,构成利益共同体,所有的教学活动,如出勤、作业等都以小组为单位来打分。陈老师觉得,学生们会出于小组荣誉感而尽量出勤,互相提醒、督促,这样就可以保证整体出勤率了。

一开始,这个办法的确有点儿效果:开学前两个星期出勤率都是100%。但是好景不长,从第三周开始,有四名学生就开始无故迟到或缺勤第一节课。他们的"队友"纷纷抱怨"小组绑定"规则的不公平，陈老师只好在第四周取消了这个规定，又回到了以往的课前逐个考勤的老路上来。这样一来，出勤率开始一如既往地走低。

面对这样的情况，陈老师决定采取新的对策。首先，他坚持提前到岗，做好布置教具、设计板书等工作，8点整他会锁上教室的后门，准时上课。学生如果到得早，他就大力夸奖；学生哪怕迟到一分钟，也得敲门，从前门进来，在众目睽睽下"无可遁形"。其次，他改变了过去上课后首先复习旧课的惯例，直接进入新知识的学习。到了第二节课，才复习巩固过去学过的内容。再次，在临近期中和期末的时候，他会把针对考试的复习指导拆散，放在早上第一节课的开始讲授。最后，他还做了很多意在增强班级凝聚力、归属感的工作，如制作班级欢迎海报，制作作业展示栏，设置留言墙，用电子邮件进行热线答疑，为学生举办生日庆祝会等等。

在陈老师的努力下，迟到与缺勤的情况慢慢地得到了改善，按时上课的学生越来越多。最后，只剩两个学生仍然习惯性迟到或缺勤。班里的大部分学生觉得自己班水平高，学风也好。学期结束时，好几个学生当面夸奖陈老师是位很好的老师，很多学生还给他赠送了礼物和贺卡。

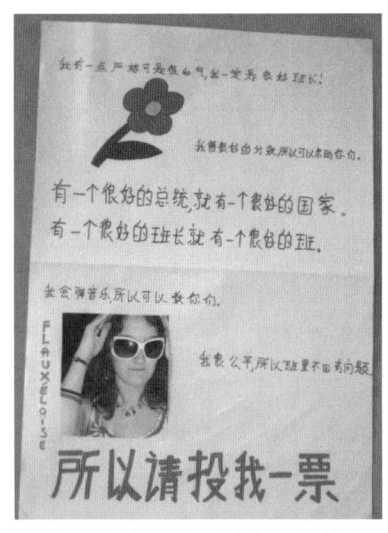
能够增强班级凝聚力的活动（法国左拉）

能够增强班级凝聚力的海报（澳大利亚）

（刘弘）

分析

维护教学秩序，调控和管理学风，杜绝缺勤、迟到早退等现象，是很多教师都会面临的挑战。以上三个案例生动形象地展示了教师们经历过的困难、困惑、挫折感和"斗争史"，也展示了形式多样但异曲同工的解决策略和技巧。

学生的迟到、早退、旷课、中途退学放弃等情况，成因复杂，主要包括：

1. 学习者群体往往是一个金字塔形结构。随着时间的推移,学习过程的深入,学习难度的加大,专业性的增强,新鲜感的降低,放弃的人越来越多,留下的人越来越少,"三天打鱼两天晒网"的人越来越多,始终坚持的人越来越少。汉语学习也难以避免这种常见现象。

2. 教师没有意识到严格和艺术地进行教学管理对于保证教学秩序的重要性。事实上,语言教师仍然是教师,其职责不仅包括教学,还包括管理;包括教书,还包括育人;包括帮助矫正不良学习风气,包括对学习者进行监督和敦促。

3. 教学安排和程序的影响。有些教师在上课最初十分钟都安排复习、热身或测验,从不讲新课;有些教师为了"顾全大局",将重点和难点内容都安排在大部分学生全勤时再讲,有时甚至为了"等等其他人",在出勤不佳时安排唱歌、看电影、聊天等活动,使学生产生"反正老师会等我们""法不责众"的心态。

4. 教学内容、形式、教学法令某些学生失去兴趣,确实有待改进。

5. 学生学习动机不足,成就动机(achivement motivation,指个体追求自认为重要的、有价值的工作,并使之达到完美状态的动机)不强。有些学生学汉语是父母、工作单位的要求或安排,并非自己的自主抉择;有些学生的学习机会并非来之不易,放弃的成本很低;有些学生看不到汉语学习的价值和意义。

6. 学生对某些困难有意无意地规避,比如当天的小测验、对该学生来说有难度的学习内容、班级里不太和谐的人际关系等。

7. 学生主观认为某种课型或某些学习内容没用、没意思。

8. 中国的作息时间与该国作息时间差别较大。

9. 学生个体原因,包括年龄、健康、工作干扰、家庭或情感状况干扰、穆斯林等一些宗教教徒的斋戒、自控能力、习惯作风和性格等。

学生的迟到、缺勤等现象,可能是以上任何一种或多种情况同时导致的。这些现象是教学中难以避免的,因此教师要保持宽容、积极的心态,综合考察原因,寻找和反思改进的方法,不要对自己的教学或学生悲观质疑。放任不管、纵容、只归罪于自己或学生都是不可取的。

面对学生的迟到、缺勤等现象,教师的应对策略和技巧有:

1. 有"法"可依。制度要严格明确,教师应该在第一节课就明确教学制度和规定,向学生发放或在教室固定位置展示书面规定。对迟到、缺勤等违纪情况做明确定义,不要做"上课铃响后五分钟未进教室为迟到"这种边界模糊、纵容学生的规定。教师可以参考所在年级、学校、学区、国情的惯例,将成绩与出勤对应起来,例如韩国的大学都有此类规定,韩国学生对这种管理方式习以为常。

2. 有理有力。日常执行时要坚持标准,统一标准,不因人因时因事而异,也不要日益放松，使规定不了了之，使学生对教师的公平性和威信产生怀疑。教师不能因为教学对象是成人而过度寄希望于学生的自觉性，更不能因为"国情""风俗""住得远"等理由为学生的不良行为和习惯开脱。毕竟，大多数人对学习都有惰性，出勤的情况，也往往是"取法乎上，仅得其中"，如果教师首先降低要求，最后的出勤率、迟到率将不堪设想。

3. 有情有"义"。学生是否来上课，是否迟到，最终取决于其自身，压力不如动力和吸引力更能改变他们的行为。一个人是否从事某种活动，动力来自于该活动能否使其某种需要或诉求获得满足：或者是知识、能力、进步和发展带来的成就感，或者是在良好环境中与人互动带来的社交快乐。案例（一）中的教师，以自身的努力和对学生真挚的责任心、关心，赢得了学生们的理解和认同，在出勤上见到了成效；案例（二）中的教师用善意、温和、幽默的方式不断提醒着学生，让课堂充满"正能量"，每个学生都能发自内心地感觉到这个课堂能让自己有所收获；案例（三）中的教师及时发现了自己教学管理的不足，从形式和内容上改进了教学安排和教学环境，并加强良好出勤行为的正面强化，最终获得了师生都满意的局面。这些教师从不同的角度，最终都调动了学生的学习积极性，提升了学生出勤的主动性。

教师的考勤记录表

思 考

1. 以下是一些教师对教学管理的认识或做法。其产生均有客观原因，但基本都弊大于利。请分析讨论这些认识或做法的弊端和危害，注意其中可能存在的文化差异和对师生关系可能产生的影响。

(1) 罚迟到的学生唱歌或表演节目。他们不好意思了,下次自然就长记性了。

(2) 我们班师生之间、学生之间关系非常融洽,每天迟到的人负责买糖果请大家吃。

(3) 要求同住一栋宿舍楼的学生互相"叫早",互相督促。

(4) 当众追问学生迟到、旷课的原因。这是教师的责任,也能对学生形成压力。

(5) 对成年人的汉语教学不同于对儿童的教学,出勤等问题应该以学生自觉为主。

(6) 我是专业人员,不是服务人员。讲好课最重要,考勤等问题不重要,也不是我的责任。

(7) 不来上课就是不对的,无论什么理由。如果有人三次不来,以后也不用来了。

2. 回忆你自己的求学经历,想一想哪位教师的管理方式给你留下了最深刻的印象,为什么?

阅 读

1. 姜丽萍. 对外汉语教学论(第九章第五节"教师课堂纪律的维护"). 北京:北京语言大学出版社,2008.

2. 周小兵. 对外汉语教学入门(第二章第二节"课堂教学五、六"). 广州:中山大学出版社,2009.

3. 闻亭,常爱君,原绍锋. 国际汉语课堂管理(第六章第二节"规则的实施"). 北京:高等教育出版社,2013.

案例 29 作业，想说爱你不容易

教学地点：意大利罗马　**教学对象**：成人高级业余班

开课已经快一个月了，这个班的学生总体来说不错，课堂上也很积极。但是课后作业和复习的情况总是不佳，这令我非常苦恼，毕竟语言学习需要学习也需要巩固。

经过交流，学生们坦白告知原因：每周有两次课，第一次课是周二，第二次课是周四，周二和周四之间的时间太短了，他们星期三还得工作，所以基本上没办法完成周二的作业。

根据学生们的情况，我调整了教学安排——把需要书写或查阅资料的作业放到周四布置，周末的时间足够他们完成，而小测验等也都基本安排在周二（周末休息之后）。结果没有令我失望，"改革"以后，学生们的复习情况果然好多了，加上每次课前我都带大家一起复习，他们也开始自觉复习。今天的课就充分证明了这一点。我带学生一起复习公司的组织结构和人员名称，关羽、美莎都能配合我一起说出来，虽然有的地方仍需要看笔记提示，但是能做到主动复习对他们来说已经是一大进步了。

复习的情况改善了，但笔头作业仍然不是每个人都交。为了鼓励他们，我会在每次课上表扬做了作业的学生，并跟所有学生说，大家交来的作业我都会认真批改，如果有不懂的地方，可以来办公室问我，我会一一讲解。我的这番话一是表示我对作业的认真、重视、负责，二是激励和督促所有学生认真对待作业。果然，下几次课上，交作业的学生多了。我批改后，他们会问我为什么这样说不对，怎么说更好，有时还会主动问我布置的作业是不是要落实到笔头。

但是我很快又发现了新问题，一些学生在作业中的错误被我指出了，但在做对话复练时，他们仍会出现同样的错误。因为作业返回给学生后，大部分学生根本不仔细看。我的本意是对话练习后我即时点评进行纠正，学生写作业时再自我纠正，然后我批改作业再次

泰国学生合作完成的作业（泰国曼谷）

韩国学生用PPT做的作业（中国长春）

纠正。我原本希望通过这三次纠正，学生完成交际任务的准确性能有所提高。但是目前看来，教学的效果和我想象的不一样。今天我尝试让学生在对话复练前先用5~10分钟看上次的作业，再听我集中讲解他们在作业中出现的典型错误，然后再准备对话复练，我觉得这样一来，他们对话的准确性及内容的拓展性应该都会更好。

但是这次的效果还是不好，他们在展示对话时，之前的错误仍然照犯。我发现他们在看我改后的作业时只是泛泛地看看，并没有特别关注错误。这是不是因为我们是第一次这样做，他们还不太适应？

（孙岩）

分析

"作业问题"让教师常常为之伤脑筋，学生完不成作业，作业完成的质量不高，作业对学习的巩固效果不佳等都是常见的问题。作业是教学活动的一个重要环节，也是学生学习过程的一个重要组成部分，因此教师要有重视作业、组织好作业、充分发挥作业作用的意识。

本案例反映的是业余学习者的作业问题。业余学习者跟在校学生的作业情况有所不同。给在校学生布置课后作业理所当然，而对于业余学习者，教师需要布置作业吗？答案是肯定的，业余学习者课后的自学、完成作业是对其有限的课堂学习的必要补充。总体来说，成人业余学习者学习一般比较自觉，但是由于他们大多忙于工作，因此课后几乎没有时间学习，这是他们完不成作业的客观原因。因此教授业余学习者，要求教师了解学生的工作学习时间，有针对性地调整作业的形式、布置和完成的时间等。比如周末时学生完成作业的可能性会更大，那么在靠近周末那次课上可以多布置一些作业；在流行戴耳机的今天，泛听的作业学生在上下班的路上就能完成。

既然业余学习者完成作业如此"不易"，教师更应该充分发挥作业的作用，有布置有检查，让学生对出现的错误有反思有改正。笔者曾经跟一个外国学生聊天，说起课后作业的事情，他说不喜欢作业。我问为什么，他告诉我他的老师从来不检查作业，有一次他把作业交上去，老师居然都想不起来曾经布置过作业。这显然是应该避免出现的事情，作业的目的是督促学生复习、消化所学内容，也是一种重要的输出形式，教师应该在课下多花一点儿时间批改作业，在课上多花一点儿时间讲解作业，让作业能真正帮助学生提升学习效果。

思 考

1. 本案例中的学生不认真改正作业中出现的错误,让教师很头疼。想一想,面对这种情况,还有哪些好办法?

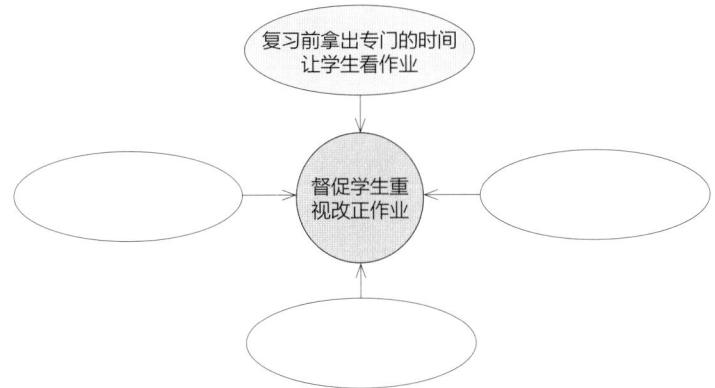

2. 给成人业余学习者布置作业,你会采用以下哪些形式?

A. 抄写汉字、生词、句子、课文。

B. 针对指定范围进行自由复习,第二天测验。

C. 造句和写作文。

D. 将对话体课文转写为叙述体,或反过来转写。

E. 做PPT,并集中展示。

F. 对中国人进行调查,制作表格或撰写短文。

G. 完成教材中的练习,直接写在教材上。

H. 完成教材中的练习,写在作业本上并交给老师。

I. 其他_____

阅 读

1. 宋秋前. 有效作业的实施策略. 教育理论与实践, 2007(9).

2. 杨俊仙. 作业,想说爱你不容易. 科学大众, 2009(2).

3. 李孝贞. 对外汉语教学作业的布置与批改研究. 东北师范大学硕士学位论文, 2011.

案例 30 一视同仁最重要

（一）

教学地点：意大利罗马　　**教学对象**：成人中级业余班

今天我做了一件欠考虑的事。西阳上次课没来，下课时，我把上次课的材料给珊珊让她带给西阳，并亲自写了该课的对话让西阳自学。当时恰好杰西卡也在，她上次课也没来，今天问她，她说前几天身体不好，可是我并没有给她准备上节课的材料，她会不会觉得我不重视她呢？真希望不会。

回家后收到西阳的邮件了，她已经看到了我带给她的材料，非常感动，说自己一定会好好自学补课的。看来我又给了这个优秀的学生一个更努力的理由。可是再想想杰西卡，我心里怎么也不能平静。以后也许我真的应该注意关心每一个学生，而不仅仅只是那一两个自己最欣赏的学生。

此外，我也许还应该给学生调换一下座位。这个班上很多人之前就是大学同学或好朋友，他们坐在一起形成一个个小团体，一方面不利于课堂秩序的维持，另一方面，我的注意力也容易被小团体吸引，而忽略了其他学生。可是我又担心，明天忽然宣布调换座位，他们能意识到我的用意吗？而且开学已经这么久了，现在再通过换座位表现出"一视同仁"，是不是有点儿晚了？

（孙岩）

（二）

教学地点：美国乔治梅森　　**教学对象**：大学汉语选修课

这个学期有个学生比较特殊，汉语课开始前几天该学生就来到我办公室，找我说明情况。他是亚裔学生，虽然跟家人在美国生活多年，但对亚洲、对汉语一直很有兴趣，所以希望从大学一年级学习汉语。这个学生的特殊之处是，他先天视力缺陷，双眼视力只有0.2。这个学生还带来了大学残疾学生服务办公室（ODS：Office for Disability Services）写给我的一封信，信中详细说明了他的困难，并且对我上课应使用的字体大小、试卷字体大小等提出了建议。在国内虽然有不短的教学经历，却从没遇到过这种"身残志坚"的学生，我也为其学习汉语的热情所感动。

这个学生的学习积极性比较高，基本上能在班里处于中间水平，我对他的进步也比较欣慰。但是渐渐地，就有学生开始很客气地给我提意见了。比如，那个学生回答问题的时候我给他思考的时间和提示太多,并不公平。开始我并不以为然,我还耐心地给提意见的学生做解释:一方面这个学生毕竟有特殊性,希望其他学生能理解;另一方面,我并非刻意"照顾"这个学生。但是,令我没想到的是,后来这个学生也找到了我,委婉地提出——他就是众多学生中的一名(I am just one of your students),他很感谢我,但是不希望给我带来"压力",所以不用在课堂上对他回答对的问题给予那么高的评价,我在小组活动时那么频繁地到他所在的小组旁听和指导,这会让他觉得尴尬,对别的学生也不公平。

这次换作是我感到尴尬了,原来自己的一点点"私心"不自觉地在课堂上表现得那么明显,也没想到学生对"公平"是如此看重。再到后来,我了解到,残疾人与正常人拥有相同的权利和待遇是美国法律的一大精神。而我在校园也慢慢看到,坐轮椅、挂拐杖甚至用导盲杖探路的学生比比皆是,头发花白的老年学生也并不鲜见。所以我一方面叹服美国大学的包容性,另一方面也改变了自己固有的教学观念。

(王蕾)

分析

教师能否用公平、平等、一致的态度对待全体学生,往往是学生们最看重的问题。"老师很少叫我回答问题,只喜欢叫某某同学""老师给我们的练习机会不一样",都是学生对教师的评估中,比较常见的抱怨。换位思考一下,学生对"公平"的重视,非常可以理解。自己是否对"好学生"不由自主表现出了太多欣赏、偏爱和额外关注,是新老教师都要时时反省和警惕的情况。案例(一)中的教师通过自我反思,能意识到自己被"小团体"吸引过多,也非常值得肯定。"关注一部分人,忽略另一部分人"有时不太容易引起教师自身的注意,但和"只关注个别人"同样危害很大。

还有一些教师,往往对个别学习进度较慢、学习困难较大的学生表现出了过多的关注,例如,课堂上频繁对其提问和纠错,课堂下额外帮助其补习。即使教师的初衷是好的,这一做法也可能会造成一些不良后果,对个别学生的"抓住不放"很可能会对其造成压力,还有揠苗助长的可能;班级中的其他学生也可能因此感觉受到忽视,在班级气氛不佳、同学关系较为紧张的情况下,这种不满情绪尤其可能被放大。

为了保证对学生持续一贯的"一视同仁",教师首先要端正心态,明确公平、公正是自己作为教师的神圣职责之一;其次要时时监控和反思自己的行为和语言,在教学的始终都不能掉以轻心。为了让学生切实体会到教师发自内心的"一视同仁",教师应注意以下几个方面:

1. 课堂提问、发言等依据一定的顺序,例如先从左到右,然后从前到后,再按座位的单双数等这样既能保证每个学生练习频率均等,教师也不易遗忘和遗漏,又能使顺序富有变化。

2. 与全班所有学生进行目光接触,身体朝向也不要单一。

3. 结合学生情况进行举例说明时,尽量兼顾整体,不要总是使用某几个学生的事例。

4. 避免只使用某些国家的事例,特别是某些强势、主流国家和文化,例如有的教师经常使用美国新闻作为阅读素材,就引起了一些学生的不满。

5. 谨慎表达自己对学生情况的了解,慎重接受学生的邀请、参与学生活动。例如,在某两次课上号召大家为过生日的学生唱歌,忽视了其他学生的生日,这种做法就很可能为师生关系埋下隐患。

6. 在课堂上尽量使用汉语,而不是部分学生的母语。

思 考

1. 有的教师认为,"一个班能教出几个好学生就可以了,我作为老师精力有限,只能保质不能保量",还有的教师认为"与其浪费时间在能力一般的学生身上,不如重点培养精英"。对这些观点,你有什么看法?

2. 皮特在班里汉语水平较差,在课堂上很沉默,很少回答问题,这让吕老师感觉很头疼。有一次,吕老师分别将问题1、2、3提给了皮特、艾米丽、金容镐三个学生。皮特要求换一下要回答的问题,他想回答问题3,吕老师觉得皮特愿意回答问题本身就是进步,于是答应了皮特的要求。最后只好由金容镐回答问题1,没想到他很不高兴地说:"为什么让我回答问题1,我本来是要回答问题3的,老师这样太不公平了!"如果你遇到和吕老师一样的情况,你该怎么处理呢?

阅 读

1. H. Jerome Freiberg. *Universal Teaching Strategies*. Boston: Allyn & Bacon: 4th Revised edition, 2004.

2. 杨惠元. 课堂教学理论与实践(第三章"五、教学对象的意识"). 北京:北京语言大学出版社,2007.

3. 卢华岩. 对外汉语课堂教学行为的理论与实践(第六章第三节"公平控制策略"). 北京:北京大学出版社,2011.

案例 31 不会放弃你

（一）

教学地点：中国郑州　**教学对象**：大学中级国际班

因为是口语课，我每节课都提醒自己要注意让学生开口练习。一般简单、基础的问题我都会让学生一一练习回答。有一个叫山姆的美国学生，学习比较散漫，时常迟到，作业也不怎么做，课上每次轮到他说时，他都支支吾吾地说不出来，后来我就让别的学生先说，把他留在最后说，这样可以多给他一些思考的时间。但别的学生在我的引导下都能回答得很不错，他即使在最后回答，还是说得不够理想。遇到需要成段表达的话题，我一般会在课堂上先提供一些思路和关键句，然后让学生课后准备，下次上课时再练习表达。山姆每次都好像完全没有准备，吞吞吐吐说不出来，要是我给他一点小提示，他就像挤牙膏似地说出来一些，但是说得很生涩，句子既不完整也不连贯。从公平的角度考虑，我觉得我不能因为他说得不好就不给他说的机会，可是让大家就这样一直等着他真的很浪费时间，别的学生也很着急，这对他自己的心理来说也是不太好的体验。

班里总有这么一个学生，无论是对教师还是对别的学生都会有影响。我觉得应该先弄清楚他出现这种状况的原因，下课以后，我找山姆谈了话，他说其实每天下课以后也不是完全没有时间，但他也不知道自己为什么没有复习、写作业。我认为这个学生的自我管理意识很弱，他不知道该怎样安排自己的学习，不知道要做什么。从那以后，每次下课之后我都特意再去提醒他，今天的作业是什么，该怎样准备，要是他有什么疑问，就及时帮助他。

慢慢地，山姆的情况有所好转，在一次课堂讨论中，他表现得很不错，发言比较积极，表达也相对准确，当时我及时地在班里表扬了他，从他的表情和眼神中可以看出他很高兴。当堂课他的表现一直很积极。下课的时候我还单独找到他，对他课上的表现给予了肯定。

有一次课上讨论的话题是"你觉得最好的付款方式"，我让学生们采用采访的方式，然后再总结，要求每个学生采访四个人，要采访和自己来自不同国家的学生，还要注意采访不同性别的学生。别的学生几乎都离开自己的座位找采访对象去了，只有山姆在自己的座位上坐着不动，只是被动地等着其他人来找他。这说明他在学习中的主动性不太强，可能他并不抵制学习，也想学好，只不过更需要外力的推动。

在以后的学习过程中，山姆还是会有反复，有时会迟到，有时能参与话题讨论，有时他的表达还是让人不知所云。我想到了用另外一种方式和他深入沟通一下，于是我给他写了一个纸条:"有时候老师真想让自己有种神奇的力量,可以让大家的汉语水平一下子就变得很棒,可惜这是不可能的。老师很想让大家都学得很好,所以每次课都很努力地准备,认真地上课。可是,只有老师的努力是不行的,学生也必须很努力才能学好。"我觉得这是我的一次自我敞开,我想让他知道,作为教师,我是很在意他这个学生的,是真诚地想帮助他学好的。

收到这个纸条后,他没有对纸条上的内容做出任何回应,但我发现他现在上课比较积极,会时不时和我会有目光对视,也能主动回答问题,感觉和以前不一样了。最近早上8点的课,他也没有迟到,我不知道是不是自己的努力有了效果,真希望他能保持下去。

(宋海燕)

(二)

教学地点: 意大利罗马　**教学对象:** 成人初级业余班

很多初学者在学习一门新的语言时,都会羞于开口,最大的原因就是怕丢脸,怕说错,这也是为什么同在一个班里开朗、外向的学生常常会学得更快的原因。作为教师,固然不可能改变学生的性格,但是可以通过培养学生的自信心,让他们在课堂上不再羞于开口。

第一节课上,我尽量利用各种机会鼓励、夸奖学生。在语音学习阶段,我的原则就是"严格纠音、不吝夸奖"。如果学生发音很标准,我都会先夸他们"bravo(太棒了)",这是对他们开口的夸奖,之后我会让他们继续跟我念,发对了以后我会再次夸奖说"molto bravo(非常非常棒)"。不过,这也是因为意大利人本来就擅长赞美和表扬,在他们眼里,夸奖别人是再自然不过的事情,一个中国人即使用不怎么标准的意大利语说"你好""再见""我叫……",他们也会夸个不停。所以,对意大利学生来说,课堂上的夸奖是必不可少的。

此外,因为我的意大利语也是半吊子,所以我会先自嘲我的意大利语,让他们觉得老师也常常说不好意大利语,他们说错汉语没什么大不了的。另外,也有些学生犯错是因为害怕同学们笑话自己,所以一方面,我通过一些活动和游戏让学生互相熟悉起来,让他们觉得犯错没那么不好意思;另一方面,我对发音实在有困难的学生会稍微放松一点儿要求,多鼓励他们,让他们觉得自己发得不错,对于发音不错但很害羞的学生我就大力夸奖,鼓励他们多说、大胆说。

(许舒焙)

分 析

克拉申（Stephen Krashen）在情感过滤假说中指出，语言习得虽然主要依靠可理解的输入，但同时也受到情感因素的影响。学习者的情感状态或态度像一个可以调节的过滤器，情感过滤越强，可理解的输入能进入学习者大脑的语言系统、转化为语言能力的比例越低。反之，情感过滤越弱，可理解的输入转化为语言能力的比例就越高。

影响情感过滤的因素包括：动机和动力、自信心、焦虑感。这三个因素固然首先取决于学习者自身，教师的作用也至关重要。优秀的语言教师，不仅是知识的传授者，也应该像心理医生、朋友甚至父母，集多种角色于一身，通过各种手段，随时发现和掌握学生在学习中的情感状态，培养学生的学习热情和信心，降低他们的焦虑感。学习者的动机和动力往往随时间推移而下降，学习者的自信心和焦虑感也会因难度、阶段、状态而不断变化，教师在任何时候都不能掉以轻心。

案例（一）中，教师多次通过表达对一名学生的关注、关心，给予了该学生更多的学习动力，还通过对该学生公开的肯定和表扬，有效增强了他的成就感和自信心，减少了他的焦虑。相信在这位教师的课堂上，每一次眼神的交流都会带给这个学生温暖的力量。

案例（二）中，教师首先通过自己的状态传递了积极向上、乐观开朗的情绪，又有意识地通过各种活动努力营造出亲切和谐的班级氛围，用真诚的肯定和赞赏极大地鼓舞和提升了学生的成就感和信心。学生在这样的班级中学习，情感过滤一定可以降到最低。

需要注意的是，对学生的肯定和赞赏要真实、真诚、具体，一定是真正用心观察到了学生的进步，肯定和赞赏才能真正有效，如"这个句子用到了三个新学的词，不错"。空泛地进行夸奖会导致赞美变得很"廉价"。有些教师会将"好""很好"作为口头禅不停地说，这样的方式已经不可能起到鼓舞学生的作用，其效果尚且不如一个充满肯定和鼓励的真诚的眼神。

此外，课堂上，焦虑对学习者习得汉语的负面影响主要体现在口语表达方面。关于教师降低学习者焦虑具体方法，可进一步参考本书第六章第一节"听说技能教学"部分的内容。

思 考

1. 回顾你自己的学习经历,哪位教师给你的鼓励和激励最大?为什么?

2. 回顾你的外语学习经历,在不同的阶段和情况下,"情感过滤"对你的外语学习产生过哪些影响?

3. 新手教师小王的班上有一名学生很努力,但是由于基础太差、学能不佳等原因,她的成绩一直不好。小王非常想帮助和鼓励这个学生,因此在课堂上经常叫她回答问题,纠正她的错误时耗时更多,也更仔细。你认为这种方法妥当吗?请分析利弊并提出解决方案。

4. 想一想,下列哪些教师行为有助于降低学生的课堂焦虑?

A. 设计的问题难度合适,并给学生足够的思考时间。

B. 把不同难度的问题给不同水平的学生。

C. 提问时多采用集体回答问题的方式。

D. 根据学生的特点进行奖励或批评,比如尽量不直接批评日韩学生。

E. 教学过程中注意趣味性。

F. 上课时面带微笑,经常用眼神鼓励学生。

G. 课堂上尽量不进行持续性的纠错。

H. 上课语速适中,用语难度合适。

I. 尽量保持幽默感,对学生友好耐心。

J. 对于不喜欢回答问题的学生顺其自然。

K. 减少课堂测验的次数和频率。

阅 读

1. 钱旭菁. 外国留学生学习汉语时的焦虑. 语言教学与研究,1999(2).

2. 国家汉语国际推广领导小组办公室. 国际汉语教师标准(模块五,标准10.5). 外语教学与研究出版社,2007.

3. 张红蕴. 对外汉语教学中的师生关系研究. 云南师范大学学报(对外汉语教学与研究版),2008(6).

案例 32 遭遇"爱情"

（一）

教学地点：中国西安　**教学对象：**成人初级国际班

　　有一次上课的时候，我请班里的韩国女学生上台为大家跳一段舞蹈"nobody"，每个人都兴高采烈，随着音乐节奏为那个女生打着拍子。我站在讲台旁边欣赏舞蹈，又感觉到背后"炽热"的目光，回头一看，果然是他。这名学生来自非洲，学习很努力，人也很聪明，可是不知道从什么时候开始，我发现他的目光总是跟随着我，眼角眉梢"温柔尽显"。作为有五年工作经验的汉语教师，这种情况已经不是第一次遇到了。留学生们独在异乡为异客，生活上会遇到各种困难，学习上的压力也不小，还要承受心理上的孤独感，很容易对朝夕相处且处处照顾他们的教师产生感情。直接拒绝？置之不理？冷嘲热讽？明显都不是好办法，只能旁敲侧击。

　　下次课时，我戴上结婚戒指，准备了自己的结婚照来做造句练习，提问"你家里有几口人？""你有爱人吗？"之类的问题时，我特意提问了他。我对他和其他学生一视同仁，并不疏远他，也不会给他额外的照顾。随着时间的流逝，他对留学生活越来越习惯，我明显感觉到上课时他将注意力更多地转移到了学习上。第二学期，他的妻子和孩子都来到中国陪读，从此"天下太平"了。

（苏磊鑫）

（二）

教学地点：中国北京　**教学对象：**成人高级国际班

　　帅哥王老师生病了。因为王老师尚未结婚，家又不在北京，于是决定回老家休养一段时间，汉语课由我来上。这可把班上的一位日本女同学山田急坏了，据说山田特别喜欢王老师。这也不奇怪，女学生正是情窦初开的年华，喜欢高大帅气、知识渊博的男老师是可以理解的。可能是因为特别想念王老师，最近山田上课的时候常常注意力不集中，总是若有所思的样子。

　　通过课堂观察和个别了解，我基本上掌握了具体的情况，我决定跟山田谈一谈。下课以后，我对山田说："老师有个日语问题想请教请教你。"于是我先是问了一个同形词的问题，然后不动声色地问起大家对王老师的看法。山田说大家都很喜欢王老师，王老师不能来上课她很难过。我说我也很难过，不过王老师的身体已经越来越好，很快就会痊愈，说不定半个月以后就能回来了。山田听了很高兴,谈话以后她在汉语课上的表现也积极多了。

(黄河源)

分 析

曾有一个"联合国班"的学生商量在学期最后一节课上给汉语教师献花,班长是个泰国女孩儿,她本以为自己应该作为代表献花,但是几个美国学生立刻就表示:"这太奇怪了!你是女生,老师是女老师,我们没有这样献花的!"最后,大家还是听从了他们的建议,选了一个男生代表给女教师献花。

在中国儒家伦理中,教师被赋予权威、尊崇和神圣感,例如古代有"天地君亲师"的文化认知。因此,很多中国教师,以及一些来自深受汉文化、儒家文化熏陶影响的地区的学生,对教师的性别等社会角色非常不敏感,在他们看来,教师首先是和父母一样的社会角色。

然而,学生具有不同的文化背景,在有些国家和民族的文化中,师生的界限和秩序并不像中国文化中那样严格。在中国教师基于自己的身份和责任,出于师者父母心,对学生倾注心血、付出关爱之时,学生作为不同的文化背景中的不同个体,则有可能基于对此类情感的不同理解和解读产生依恋和移情。甚至可能会有学生将教师对学生普遍、一贯的关注和关心,误读成对自己与众不同的"另眼看待"。

超越师生界限的感情,无论是美好纯粹,自作多情,还是无心错爱,只要处理不当,都会打破教学的井然有序和学生的平等平衡。正如2003年诺贝尔文学奖得主,南非作家库切在作品《耻》中所写:"作为教师,我们是握有权力的人。"师生交往和领导与下属之间的交往具有相似性:一方处于弱势。因此,一些国家禁止领导与下属发展感情,也禁止教师和学生发展感情,防止一旦弱势一方提出诉讼,往往职位上、地位上强势的一方和用人单位都要承担责任。

此外,来自不同文化背景中的不同学生个体,感情的外显程度不同,感情的表达方式不同。即使教师感觉到异样,也可能仅仅是文化差异的一种表现,不必对此过于紧张。学生有时还可能因为语言水平的局限,出现令教师、学生误解的表达。面对学生的"异常",案例(一)中的教师坦然平和,一视同仁,平淡处理,不失为一种最佳的解决方案。教师也可以在教学的第一天就坦然、自然地告知大家自己的家庭情况,因为珍爱家庭是世界上毫无争议的共同价值观。

案例(二)中反映的情况在实际生活中时有发生,代课教师比较细心,及时发现了这个情况,并且不留痕迹地予以妥善处理,值得称赞。当然,问题其实并没有真正解决。学生喜欢教师是个敏感问题，由于伦理道德的约束，教师是不可以跟自己正在任教班级的学生发生恋爱关系的。遇到这样的问题，教师要慎重，案例（二）中所提到的王老师重返教学岗位后应予以妥善处理。

思 考

1. 请综合分析造成以下状况的原因，思考对策，分析时注意其中可能存在的文化差异、学生的汉语水平等因素。

（1）年轻的男教师小刘赴韩国任教，在一次学校安排的师生集体就餐活动中，忽然有名韩国女生拿着苏子叶包烤肉，坐到他身边要喂给他吃。小刘非常不好意思，红着脸拒绝了。

（2）小丁是一位年轻的新手女教师，与学生的关系很融洽。但是，初级班有名男生，经常直接夸奖她漂亮。国庆节长假中，这名学生还给她发短信说："老师，我想你。"小丁感到非常尴尬和不知所措。

（3）小冯是一位在阿拉伯国家任教的男教师，有次对班里的一名男学生说："你的太太很漂亮，以后你们的女儿也一定很漂亮。"当地华人提醒他，这句赞扬很不妥当。

2. "移情（transference）"这个术语来源于精神分析学，指的是接受心理分析和寻求心理咨询的来访者在这一过程中对心理咨询师所产生的情感投射。请阅读相关知识，讨论师生关系中是否也存在类似情况，说说你觉得应该如何处理。

阅 读

1. 郅庭瑾，曹丽. 美国教师伦理与职业道德教育的发展及启示. 全球教育展望，2009（5）.
2. 吴勇毅. 对外汉语教学法（第十二章第一节"良好的职业道德"），北京：商务印书馆，2012.

第四节
海外教学与合作

案例 33 面对委屈,选择坚强
教学地点: 意大利罗马   **教学对象:** 成人中级业余班

(一)

今天到学校时,我一下想起周三时承诺给 Federica 拿的课程发票忘在家里了。唉,怎么就忘了呢?可能是昨天跟学生聚餐回家太晚倒头就睡,今天一大早就赶来上课,于是把这件事忘得一干二净。况且,Federica 就是那个从第一节课就挑衅我,每次课都有各种问题的学生。

见到 Federica,我就说:"Federica,你的发票我拿到了,但是我早上出门时忘在家里了……"还没等我说完,Federica 就用意大利语大声地冲我喊:"你怎么能忘了呢?这么重要的东西,你们怎么都觉得不重要?我现在就需要,2011 年马上就结束了你不知道吗?……"末了,她还居然用了句意大利语骂人的话冲我喊了起来,接着她又冲着别的学生数落我和办公室不给她发票……

我当时真的惊呆了,第一次有学生骂我!我真是又气又委屈!眼泪就忍不住地流出来了……她说两个月前就跟我说了,可我现在也没给她。事实上她是一个月前跟我说的,我第一周没给她拿是因为她没有告知办公室。虽然当时她就不高兴,可是的确是她的原因,她当时也没对我怎样。后来她打电话到办公室时,两个秘书都不在,我也当面跟办公室说了几次,他们总是应着,但就是不快点儿做,这个发票是这个星期三我专程到办公室接连催促着才做好的。

我也想今天的课上带给她,但是最近是学期末,真的是忙得不得了,而且谁没有忘事的时候呢?我帮她拿发票是看在她是我学生的份上,体谅她平时上班没有时间过来才帮她的,她却认为我有义务为她服务,连个客气的话都没有,还冲我发脾气骂人!我说:"你别喊了,我下课回家给你拿!"别的学生也看不过,都说她,她这才停下。

我定了定神,我还得上课啊。我在心里跟自己说:"孙岩,专业点儿,你是老师,再大的事情也不该影响上课!"我做到了,上午的课还是上得很顺利,该她回答问题的我还是让她回答,她有问题我还是解答,但是办公室办事不力和学生的不讲道理都给我造成了很大的心理伤害。

最近我遭遇了各种外来的困扰,合作伙伴自以为是地跟领导打我小报告,说我上课时也应该给她一些时间让她说话,我明明有非常好的教学效果,学生、家长个个喜欢,我还得接受不专业的人的无理取闹!说实话,心理脆弱时就觉得想放弃。在海外教学,面对最多的就是不专业的汉语教师。难道别人错了,我也必须跟着错吗?再加上这里办事没效率,还有很多奇怪的官僚做法,有时我真的觉得很没意思。好在大部分学生都很可爱,想想除了问题学生之外的人,想想他们的进步,我还是觉得自己的付出很值得。

(孙岩)

(二)

班上有一个女学生,从第一天上课到现在,她一直有很多问题:学习跟不上,总是打断我的话,要求我把说的每句话、每个字都为她写在黑板上。虽然她问题多,态度不礼貌,别的学生对此也很不满,但我还是尽量及时地在课堂上回答她提出的问题。别的学生在课下对我说:"老师,你对她的耐心,真让我们吃惊。"

今天的课一开始她就很暴躁,声音很大,而且用的是一如既往的质问的口气。我每说一句话,她都要求我将其写在黑板上,并注明拼音。我写了两次之后,对她说:"别人都明白,只有你不明白,所以下课我再告诉你吧。""不行,你必须现在告诉我,否则我听不懂,这一节课都跟不上你,"她非常生气地说。班里另一个学生看不过去,跟她吵了起来。接下来的两个小时,差不多每过几分钟,她就这样闹一次。今天的课,就是在她不断的叫喊中度过的。课后,其他学生跟我说:"老师,我们很抱歉,遇到这样的情况,我们也没想到会有这样的人,她太自私、恶劣、不尊重人。"

对于这样一个影响课堂进度、不尊重教师的学生,考虑到她的年龄、性格和理解力,我一直强忍着,但是没想到今天会发生这么大的冲突。

(王硕丰)

分析

受到众多因素的影响,海外各地孔子学院的发展程度迥异,再加上中外合作、海外生根的这一特点,孔子学院的办学模式和教学风格难免受到当地风俗习惯、民族性格等因素的强烈影响。在这种情况下,联系中外两端的海外汉语教师就显得尤其重要。很多地方的孔子学院无论在办学风格还是教学风格方面的特点都非常鲜明,中国教师在工作中常常会遇到很多无法想象的困难,本案例中的教师在遭遇挑战（甚至是挑衅）时对自己"职业素质"的提醒是非常可贵的。

但是，面对案例（一）中的状况，教师应当思考：学生的不良情绪是对事还是对人？是对教师还是对其他工作人员？学生的失控行为可能是对教师本人的不满，可能是对其他工作人员办事风格的不满，可能是有怨气无处发泄只好针对教师，也有可能像案例（一）中提到的，是该学生自身存在性格缺陷。多了解情况，多和其他教师交流，取得支持，教师才有可能更加从容地面对挑战。

此外，还有一个值得思考的问题：中国教师在海外进行汉语教学的过程中，如何把握与海外孔子学院教学风格相融合的"度"。是抛弃在国内多年的理论学习和实践积累形成的路子，迎合当地的行事作风和教学方法？还是不顾他人的阻力，坚持自己的理念？就自身和孔子学院的长远发展来看，一定程度的妥协是必要的，毕竟目前海外孔子学院还是新生事物，特别是在当地既定风格已经形成的情况下，"对的"并不一定是"最优的"，教师需要一定的时间和教学环境来磨合。总之，海外任教应尽量避免造成"一人抵抗世界"的局面。

从反馈的情况来看，案例（二）的那名"问题学生"是有一定性格缺陷的。面对这样的学生，教师在课上要尽量克制，课后找她谈心，把她的问题以及同学们的意见告诉她。如果仍然没有效果，应该及时跟所在教学机构的管理部门沟通，由管理层面去想办法解决问题。

思 考

1. 你觉得案例（一）中的教师在该事件中有没有值得反思的地方？你觉得什么样的师生关系是有益于教学的？
2. 如果你遇到案例（二）中的"问题学生"，你会如何应对？

阅 读

1. 项茂英. 大学英语教学中的师生关系. 外语界，2004（4）.
2. 国家汉语国际推广领导小组办公室. 国际汉语教师标准（模块五，标准10.4 10.5）. 北京：外语教学与研究出版社，2007.
3. 黎海英. 中国教师与吉国学生的文化冲突与适应研究. 新疆师范大学硕士论文，2011.

案例 34 海外教学更要因材施教

（一）

教学地点：意大利罗马　**教学对象**：成人中级业余班

第一堂课的问题很大。学生自我介绍时我就发现，他们的水平差别很大，有两个学生甚至连"你为什么要学中文？""中文哪些地方很难？"都听不懂。学生们习惯了以前的老师说意大利语，对我整节课都用汉语教学没有马上适应过来，甚至，他们都不知道为什么突然要换老师。

第一个课时过后的休息时间，那两个学生竟然吵着要换回原来说意大利语的老师，但另外四个学生跟下来却是没有问题的。学生分成了两派，在激烈地争论着。我只好跟他们说，可能是直接学课文太难，下一节课我们从生词开始学习。就这样，我慢慢地从生词开始教，放慢语速，才算是把第一天的课上下来了。虽然第二个课时那两个学生能跟上了，但是我自己感觉对另外那四个学生来说，教学内容又显得有点儿简单了。

第二天我向办公室说明了相关情况。我也才了解到，那四个水平较高的学生反映过以前的老师意大利语说得比较多，她们希望换一位全程说汉语的老师。原来是学生内部的需求本来就有矛盾。其实这是一个根据学生不同语言水平来分级教学的问题。我觉得，对于那些水平差一些的学生，我可以适当放慢语速，关键的内容可以多重复几遍，多给他们一些关注。总之，一堂课下来，要让每个学生都有收获。

（陈蓉）

（二）

教学地点：意大利罗马　**教学对象**：成人中级业余班

第一节课开始前我先跟学生们交流了一下，了解他们来学习汉语想学到什么，听说读写的能力想重点培养什么。结果发现大部分中老年学生和需要做研究的学生希望提高阅读能力，有部分人似乎没什么明确的目的，就是想继续接触汉语，保持并提高自己的汉语水平。问到口语能力时，他们表示希望能用汉语交流，希望口语也有所进步。我也给他们介绍了我设想的上课方式，最后大家一起决定，重点是阅读写作能力，同时兼顾听说能力。

在课堂上，针对学生语言水平不同因而需求不同的问题，对水平一般的学生（这些学生占班里学生大多数），我会讲练一些简单的句子；而对水平较高的学生，我会补充一些比较难的内容。这样安排教学,效果还不错,学生比较满意。

(孙岩)

(三)

教学地点: 意大利罗马　**教学对象:** 高一学生必修课

这段时间我同时教两个班,一个是成人业余培训班,另一个是某中学的高中班。我发现教这两个班时,自己是两个不同的教师:作为成年人班的教师,我更注意满足学生的求知欲,把握好时间让他们多学多练,娱乐是次要的;作为高中班的教师,我更注重让学生快乐学习,让他们在从早上八点到下午两点的苦学过程中换种学习方式。在给高中生备课和上课的时候,我似乎都没意识到自己已经把"快乐学习"作为重要的教学原则,但是回顾、对比时觉得还是有道理的。想起以前在中国教英语时,学校的老校长整天说"备课要备学生",当时真不懂自己该怎么做。现在想来,教师在备课和上课时都要"以学生为中心",要时刻进行自我反思,多思考怎么做才能让学生想学、能学、学好。

教师在给成人业余培训班上课(意大利罗马)

(孙岩)

分 析

案例(一)和案例(二)反映的这种学生水平良莠不齐的情况在各个地方都会存在,孔子学院作为一种社会办学形式,学员来源较广,因此学生间的差异可能更大。就像案例(一)中提到的,因为生源的问题,六个水平参差不齐的学生也只好将就分在一个班。针对学生不同的语言水平和学习需求,教师做出适当的调整和变化是非常必要的,该课程的性质、学生的构成和汉语水平都是教师需要考虑的因素。教师可以给高水平学生难一点儿的任务,甚至给他们布置一些难一点儿的作业,防止他们"吃不饱"。此外,教师也有必要在课前或者课后找学生分别谈一谈,利用这种个别谈话的机会,鼓励水平低一些的学生努力学习,尽快赶上去。

案例(三)反映的是教师的反思意识。教师应具备对自己教学进行反思的意识,具备基本的课堂教学研究能力,能够对自己的教学实践及教学效果进行反思，并据此改进教学。目前国际汉语师资培养在一定程度上与实践脱钩。尽管已学习了汉语本体知识，学习了一些课堂教学原则、方法和技巧，同时也具有一定的教学实习经历，但在真正的课堂教学中，新手教师依然面临着如何将理论知识和教学实践相结合的困惑。因为在实际教学中，新手教师不仅仅需要"课堂教学的基本原则"等抽象问题的指导，他们更需要知道"此时此地我该如何教"。反思作为一种专业化发展的策略，可以很好地弥合理论和实践之间的分离。通过反思，新手教师可以深入挖掘各种问题形成的原因并采取相应的策略，在改进教学的同时，还可以加深对实践背后理论的理解，不仅会成为理论的接受者，还有可能成为理论的建构者。

总之，在教学过程中时时反思自己，反思教学，是一名国际汉语教师必备的素质。在学习阶段所接受到的那些自认为正确但也是理所当然的知识，只有在亲身实践的时候，才能真正领会其内涵，真正使知识在这一阶段得到升华。

思 考

1. 如何才能尽快了解和掌握所教班级内学生的汉语水平及个体差异？在教学中你会如何把握因材施教原则？
2. 教学日志是培养反思意识的有效方法，试着从网络资源中找出几例教学日志，并分析其写作方法。想一想，除了教学日志，你还知道哪些培养反思意识的方法和途径？

阅 读

1. 国家汉语国际推广领导小组办公室. 国际汉语教师标准（模块五，标准10.1）. 北京：外语教学与研究出版社，2007.
2. 王添淼. 成为反思性实践者——由《国际汉语教师标准》引发的思考. 语言教学与研究，2010（2）.
3. 朱勇. 汉语国际教育硕士培养中的若干问题. 海外华文教育，2011（3）.

案例 35 中外教师多沟通

教学地点：意大利罗马　**教学对象**：高一学生必修课

（一）

前几天，Luna 突然说，我们现在这样上课由我主导不太合适，她举了个例子说比如可以由她来讲词汇，然后我在旁边举例子。尽管我不同意她的想法，但是她的话真的引起了我对合作授课的进一步思考。如果要合作授课，一定要合作备课，即便充当举例子的角色，教师对教学内容也一定要经过提前考虑，而不能在课堂上随意、即兴地教。目前的情况是语法课 4 节，会话课 3 节，如果按照培养学生听说读写综合能力的要求，语法课的目标应该重在读写，会话课则应重在听说。会话课上为什么要安排两位教师合作授课呢？假设目的在于语言上的协助，包括授课语言和解释问题的语言，那就会过度使用学生的母语，而且这样也会降低会话课上目的语沉浸的程度，干扰学生对目的语的接触。初级汉语课到底适合不适合母语教师和目的语教师合作授课呢？如果适合，应该采用什么样的方式呢？同堂教学还是分开教学？另外，在外语教学的不同阶段，合作的方式是否应该有不同？

中国教师与法国教师

（孙岩）

（二）

我开始渐渐意识到我跟 Luna 的合作有问题。这周的课我应该组织教材第 8 课的口语练习，但是开始上课前，我突然发现 Luna 已经讲到第 9 课了。我问 Luna 关于教学进度的问题，她说觉得学生都会了，课后练习也都做完了，再练就没意思了，她还说："你不能少练一节课吗？"但是上课一看学生的掌握情况我就失望了，这一课讲的是爱好，可是学生居然连"喜欢"这个词还不熟悉。我觉得上课有时不需要每句话都用意大利语讲，学生需要在我的提示下（有时完全是汉语，有时则是汉语和少量的意大利语）尝试理解教学内容，但是我在尝试建立这种默契时，Luna 总会马上就用意大利语给他们解释了，这让我很恼火。

还有,我每次的活动其实是有联系的。比如,我希望复现相关补充词汇时,学生能通过活动的联系回忆起这些词汇。举个例子来说,我教了学生一首歌谣,其中有一句"你拍六我拍六,六个小孩踢足球"("踢足球"是这课的重要补充词汇);之后在进行爱好类词汇的头脑风暴活动时,如果有学生忘了"踢足球"这个词,我就会再次念这句歌谣,旨在帮助学生回忆起并记住该词。实际情况是,还没等到我再次念歌谣,Luna马上就在黑板上写出意大利语解释了。再如,有学生发言时,我希望大家都注意听,她却在给其他学生解释别的东西,这给发言的学生造成了干扰,也影响了提问的学生听课。我觉得可能我和Luna都是很有主见的人,所以上课时容易出现"帮倒忙"的情况。两个教师合作授课的方式应该会有很多优势,但是在哪些方面合作,以什么方式合作则需要考虑。

中国教师与意大利教师进行沟通

(孙岩)

分 析

随着世界范围内学习汉语的人数逐渐增加,汉语师资成为一个大问题。在汉语作为外语的教学环境下(Chinese as a foreign language),汉语教师本土化正呈上升趋势。随着本土教师的增加,他们和中国教师就会有合作,有合作就可能发生问题。

教师沟通不足,容易造成混乱。从案例(一)和案例(二)中可以明显地看出中外教师合作存在着沟通问题。中外两位教师对于口语课应该由谁来主导,学生母语在口语课上的作用,甚至是否有必要合作授课都已经产生了严重的分歧,这样的合作就不会事半功倍,而会适得其反。由此可见,管理方应对谁跟谁合作有科学的安排。Perry & Stewart(2005)在日本对14名参与团队合作教学工作的教师进行了调查研究,"这项研究中的参与者一致明确地提到了三个独立的因素:经验、性格和工作风格以及关于学习的理念。访谈显示,这些因素对教学伙伴的影响程度取决于他的合作伙伴是谁。"所以合作者的经验、性格、工作风格以及关于学习的理念,甚至年龄、性别、外语水平都是影响合作的因素。如果需要合作教学,在可能的情况下,教学机构应对合作双方公开中外教师的相关情况,并在确定合作前让合作对象有一两次见面的机会,以利于教师们在选择前做出更好的判断。教师自选比统一分配更能够保证中外教师之间的和谐。如果互不认可,也没有共同的教学理念,中外教师合作就会很难顺利进行下去,甚至会矛盾重重。

思 考

1. 下面是一位中国教师的教学日志,想一想遇到这种情况你会怎么处理。

　　学校安排了一位法国教师和我分别负责讲解和操练。我觉得中国教师和法国教师的授课时间的分配有不合理的地方。初级阶段时,法国教师跟中国教师按照1∶2的时间分配还是比较合适的。但是到了中高级阶段,这一比例显然就不太合适了,因为学习内容增多而且难度加大了,这时明显需要更多的时间来操练。所以实际教学时,往往是操练的教师追着讲课的教师,有时法国教师已经开始讲新课,我还没完成前一课的操练。

2. 你觉得应该如何处理案例(二)中提到的"帮倒忙"的情况?

阅 读

1. Perry, B. & Stewart. T. Insights into effective partnership in interdisciplinary team teaching. *System*, 2005 (33).
2. 朱金花. 发挥中外教师特长 提升外语综合素质——上海大学中外教师合作外语教学模式理论与实践探索. 外语界, 2006 (5).
3. 柏桦, 牟宜武, Lydianne Loredo. 中外教师合作教学对学生和教师能力发展的作用研究. 外语教学理论与实践, 2009 (4).
4. 朱勇. 海外环境下的中外教师合作教学. 语言教学与研究, 2014 (3).

案例 36 中外合作相得益彰

教学地点：意大利罗马　**教学对象：**成人初级业余班

关于中意教师合作，我一直以来的观点是，在初级汉语阶段，合作一定有它的优势，不过实际操作中，这种优势有没有发挥出来就有待商榷了。根据我目前的观察，问题主要集中在三个方面：1. 教学任务的分工。比如每个教师布置自己的作业，我之前的想法是无论哪个教师布置的作业，下一次课前就应该完成，但是意大利学生的习惯是谁布置的作业要到谁的课前才完成。这就造成了一些混乱，哪些作业应该先完成，哪些作业需要稍后再做，教师不明确，学生更不清楚。最后的结果通常是应该讲解作业的时候，学生却没有完成。这是沟通上的问题，但是要把这个问题完全沟通清楚，似乎也不太容易。2. 有些语法问题意大利教师自己也拿不准，跟中国教师的讲解出现不一致，双方都很尴尬，学生不知所措。这个问题到中高级阶段更加明显。3. 是否用意大利语解释，这当然是有待商榷的。首先，讲解规则是意大利教师的职责，中国教师再用上课的时间讲规则，肯定会耽误进度，而且中国教师的意大利语肯定不及意大利教师，反而容易让学生产生混乱。其次，学生报中意教师搭班的课，就是想从中国教师那里听到汉语而不是意大利语解释。在跟有经验的教师交流的过程中，他们也表示中国教师应该明确自己的分工，多带领学生操练，少说意大利语。

中意教师合作本来应该是可以达到良好效果的，但是必须建立在双方充分沟通、实时监控、意大利教师的语言水平和教学水平有保证的基础上，否则目前的混乱局面不会得到任何改善。

（钱茜）

分析

提高汉语教学质量，达到最佳教学成效的关键在于如何寻找中国教师与意大利教师的最佳结合点。中外教师各具特色，各有所长，中外教师的相互交流、相互学习、相互配合对教学是十分有益的。

如何加强互动，有两点值得重视：

1. 真诚沟通，相互信任。正如 Perry & Stewart（2005）发现的那样，"很显然，沟通可以夯实这种合作关系。即使教师的个性和教学风格非常不同，他们也可以很好地共事，因为他们对于自己的角色是什么、对课程的期望是什么有共识。"

2. 建立例会制度。例会制度可以保证中外教师交流的通畅。通过例会讨论本周或下周的教学内容、教学方式，交流上次课的焦点学生和焦点事件，便于双方及时掌握课堂情况。除了例会以外,每次课前应该提前联系一次,或开个简单的碰头会,或采用电话沟通的方式,告知对方自己的授课进度和课堂情况,便于合作方掌握教学进展。这种定期和不定期的交流对于教学将大有裨益。

思 考

1. 以下是孙老师的一段教学日志,想一想如果你遇到了这样的情况,你会怎么处理。

下了课,我跟 Luna 产生了激烈的争论。她说我给学生的成绩太高,可是如果学生的确做得好,得8分9分为什么不行? 有一次我为了表扬学生准备时的认真努力,给全班学生都加了1分。还有这次在所有学生都不主动先做练习时,我说先做的人可以奖励1分。我觉得对学生的情感鼓励也是教师调动学生积极性的一种重要教学手段,教师的目的绝对不仅仅是判作业、给分数。而 Luna 说鼓励学生是家长的事,教师只要判断好坏、给分数就行了。

2. 关于思考1中提到的孙老师遇到的情况,一位志愿者教师表达了自己的观点。你同意他的观点吗? 为什么?

意大利汉语教学开展得较早,有一批从事汉语教学有一定年限的本土教师,在教学理念上相当强势。关于中外教师合作中的冲突问题我也没有特别好的想法,只是觉得只要不是原则性的问题,还是搁置争议比较好,为了一个奖励分而产生激烈争论,不知道会不会对后面的合作产生影响。

阅 读

1. Perry, B. & Stewart. T. Insights into effective partnership in interdisciplinary team teaching. *System* 2005, (33).
2. Carless, R. D. Good practices in team teaching in Japan, South Korea and Hong Kong. *System*, 2006, (34).
3. 柏桦,牟宜武,Lydianne Loredo. 中外教师合作教学对学生和教师能力发展的作用研究. 外语教学理论与实践,2009(4).

第三章 汉字教学

第一节
初教汉字

案例 37 第一堂课要"短、平、快"

教学地点：中国北京　**教学对象：**成人初级国际班

　　当我收到项目部的排课通知，并得知我的教学生涯将从汉字课开始时，我的头脑一阵发懵。汉字课的任课教师要求有扎实的汉字学功底和灵活生动的教学方法，而我刚刚走上讲台，能上好第一堂课吗？

　　我赶紧把教材从头到尾翻阅了一遍，又找了很多书籍和论文仔细研究，但对怎么上课还是没有把握。于是我决定向前辈张老师请教。张老师说，对于非汉字文化圈的学生来说，第一堂汉字课，最重要的就是要让他们快速对汉字产生兴趣，而不是畏难情绪，要想达到这样的效果，精髓就是"短、平、快"。那究竟什么叫作"短、平、快"？汉字教学又怎么做到"短、平、快"呢？

　　我把我准备好的课件拿给张老师看，课件包含了我第一堂课要讲的主要内容：汉字的起源、汉字的笔画、汉字的笔顺和学写汉字四个部分。"关于汉字起源的讲解要简短，"张老师边说边把我之前准备的课件中关于汉字起源的一大段文字删掉了，"否则汉字课就变成中国历史课了。"这时我明白了，所谓"短"就是简洁、简短，虽然汉字的起源是第一堂汉字课必不可少的教学内容，但是只要让学生明白，汉字的演变过程是从具体到抽象的过程就可以了，否则，若是细细讲来，恐怕一节课也讲不完！

　　看了我准备的课件，张老师笑着说："你准备的内容很丰富，但是要讲的东西太多了，学生在一节课内是不可能消化的。"我这才发现，我的第一堂课的课件竟然有一百多页！这怎么可能讲得完呢？我接受了张老师的建议，把派生笔画留在了第二堂课，第一堂课只介绍基本笔画，这样调整后，我的课件一下子就精简多了。

那什么是"快"呢？"'快'就是要在每个知识介绍完以后快速插入实例和练习，让学生快速直接地把汉字知识和实际的汉字结合起来。比如基本笔画一共有五个[1]，但是不能在五个基本笔画全部介绍完以后再举例子，而应该在介绍完'横、竖'这两个笔画后就给出汉字，如'一、二、三'就只有'横'这个笔画，而你的姓'王'就是由'横、竖'两个笔画组成的，学生只要学会一两个笔画就能写出好多汉字，这样他们就会觉得汉字既有趣又简单。"张老师的建议给了我很大的启发，我立刻在汉字起源知识后加入了几个象形文字，又在每个基本笔画后加上了带有这个笔画的简单汉字，然后又把班上所有学生的名字打印出来，设计了一个让学生在自己的名字里找基本笔画的活动。这样，每个知识讲解完以后都快速地跟进汉字实例和练习，学生也就不会觉得汉字枯燥无味了。

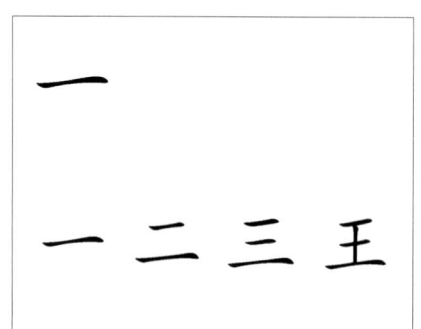 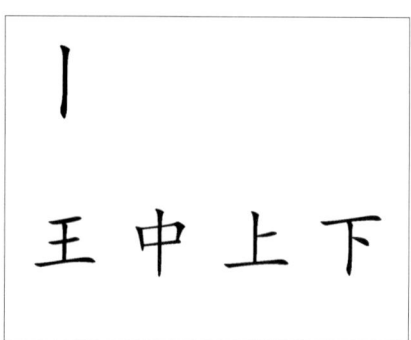

用于介绍基本笔画的 PPT

经过张老师的指导，我的第一堂汉字课顺利完成了！学生似乎对方方正正的汉字产生了很大的兴趣，下课的时候他们还在兴奋地数着同伴名字中的"横、竖、撇、捺、点"。一个学生对我说："虽然汉字有点儿难，但是现在我觉得很有趣。"

（王迪）

分析

第一堂课具有一定的导入性质，需要涉及的方面一般比较多。具体到汉字课，第一堂课就需要让学生对汉字产生感性认识，了解一些汉字的基本特点，比如汉字的表意性、方块结构、基本结构单位等。具体的教学方案是有多种选择的，像本案例中的教师这样选择汉字的演变和基本笔画作为切入点是可取的，教师不需深入讲解有关汉字的知识性内容。

另外，教学的时候应把握循序渐进的原则，这是人类认知的基本规律。汉字中派生笔画比较多，都是从基本笔画发展出来的，如果将基本笔画和派生笔画放

---

[1] 也有人将基本笔画归纳为六种。

在一堂课上介绍，未免显得繁复、重点不突出，也容易让学生产生畏难情绪。将派生笔画放在第二堂课上是比较合理的做法，这样一来，学生在第一堂课上学习的基本笔画就会成为"i+1"中的"i"，派生笔画就是"1"。

任何知识的消化、吸收最终还是要靠学习者自身。教师如果满堂灌，学生就只能被动地接受，很容易觉得枯燥。因此教师应谨记"以学生为中心"，让学生动脑、动手、动口，全方位地动起来。在汉字教学中，教师要注意汉字练习的及时跟进，也要根据学生的情况来确定练习目的和形式。有的学生只需要能够认读汉字即可，而有的学生需要掌握如何书写汉字，针对不同的学习需求，教师要制订不同的教学方案。

思 考

1. 苏老师在中国给日企员工上课（学生 7 人），钱老师在美国给高中生上课（学生 18 人），他们都要讲授初级汉字课。请考虑国别、年龄、学生人数等因素，分别为他们设计第一节汉字课的教学方案。
2. 有的教师在第一节课常常会结合简单的对话（如"你好、谢谢、不客气"等）来教授"你、好、谢、不"等字，将意义和形式结合起来进行教学。你觉得这样安排教学好不好？为什么？

阅 读

1. 张静贤. 谈谈对外汉语教学中的汉字课. 语言教学与研究，1986（1）.
2. 张航. 关于第一堂汉语课的语言模式创建. 语言教学与研究，2003（5）.
3. 刘珣. 对外汉语教育学引论（第 174 页"输入假说"）. 北京：北京语言大学出版社，2000.

案例 38 汉字教学从哪里开始?

教学地点：意大利罗马　　**教学对象**：混合年龄初级业余班

（一）

马上就要正式上课了，最近我看了一些汉字教学的材料，有两点对我挺有启发的，教汉字的时候我应该铭记在心。第一，写汉字就像画画。汉字与西方的字母文字有天壤之别，对西方学生来说，汉字确实不容易书写，但是，他们又觉得汉字很有意思，大部分外国人刚刚接触汉字的时候都会觉得中国文字就像画画一样。教师应该利用这一点，在教授汉字之初，尽量选取一些象形字，比如"山、日、水"等笔画简单、意象鲜明的汉字。第二，汉字有难易之分。要注意的是，一般的汉语教材开始就会出现"你好、谢谢"等汉字，这时候就要注意选择性地教给学生，像"谢"这样结构较复杂、笔画较多的合体字就不应该过早出现在汉字教学环节，那样的话学生会觉得汉字非常难写，就会"画"出令我们哭笑不得的"汉字"。

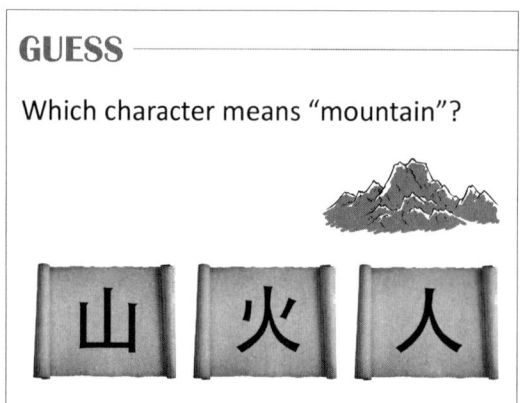 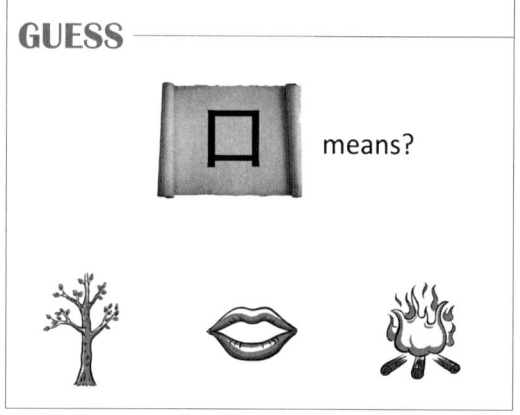

用于第一堂课的汉字教学 PPT（选自高等教育出版社海外教师培训资料）

（朱勇）

（二）

备课时我发现汉字部分的教学真让人不乐观。一是教材上对于汉字部分的讲解太难了，给出的例字有很多都不是常用字；二是学生本来就是刚刚接触汉字，甚至有很多部件他们都还没有学过，我又怎么给他们解释含有这些部件的字呢？所以，我觉得在处理汉字这部分的时候，可以先直接跳过教材上的讲解，只要求学生掌握当课的汉字和笔顺即可。还有，我觉得课后的汉字练习也应该做一些修改，让学生能够正确书写汉字即可，至于"拆分汉字"这样的题目，可以直接变成让学生练习笔顺的题目。

（李爽）

分 析

汉字分为独体字和合体字。独体字是由笔画直接组合而成的，其结构单位包含"笔画—整字"两个层次，如案例（一）中提到的"山、日、水"都是独体字。合体字可以进一步拆分成部件，部件由笔画直接组合而成，所以合体字的结构单位包含"笔画—部件—整字"三个层次。部件如果能独立成字，那就是独体字了，如"树"，其三个组成部件"木、又、寸"都可以独立成字。

现在通行的汉语教材多数是按词本位的原则编写的，参照词汇的常用度来选词，并没有照顾到汉字自身的规律，如案例（一）中提到的"谢"这样的合体字，出现在"谢谢"这个词里，由于"谢谢"的常用度非常高，所以"谢"字经常在第一课就会出现。教学时，教师可以根据实际情况做一些调整，采用"认写分流"的做法，简单的字要求学生会读会写，而较难的字可以先要求学生学会认读即可。结构复杂的字难写，却并不一定难认，区别性可能更强。初级阶段培养兴趣很重要，案例（一）中的教师打算先教授一些笔画简单、意象明确的常用字，这是非常可取的。但是我们也要注意，不能简单地说现代汉字像画画，因为古代汉字的图画性在隶变之后几乎完全消失了，正是因为图画性的消失，汉字才走向线条性、方块状，才这么讲究笔顺，这一点教师应该做到心中有数。

案例（二）中的教师觉得教材中给出的讲解和例字都太难了，于是想跳过教材上的讲解，把课后练习中的"拆分汉字"直接变成让学生进行笔顺练习的题目。这种做法不一定可取。教材的开篇讲解往往带有概论性质，意在让学生了解汉字的表意方法、结构规律，给出的例字多能让学生在宏观上对汉字的特点有更好的把握，并非真的让学生掌握这些例字的形音义。这位教师将教材上提供的"拆分汉字"的题目改作练习笔画之用，实际上跳过了汉字的二级结构单位——部件，忽视了部件的可组合性、生成性，不利于学生了解汉字构形的规律，可能会给学生带来笔画构字杂乱无章、无规律可循的印象。这一点也提醒我们，了解教材编写的意图对教师来说是很重要的。

思 考

1. 小贾要赴新西兰进行汉语教学，当地的孔子学院希望她过去之后先开一个试听课，形式不限，旨在让来试听的学生产生对汉语学习和中国文化的兴趣。有经验的志愿者对她说："十二生肖是汉语教学中一个很好的主题，学生在讨论生肖的时候既能了解中国文化和国情，又能练习写汉字、说汉语，还可以做剪纸手工。"于是她打算在这次试听课中将十二生肖与汉字学习结合起来。你觉得这个思路如何？具体该如何设计呢？

2. 假设你要赴欧洲某国任教，关于是否应该开设汉字课的问题，校长想征求你的意见，想一想你会如何作答。如果校长希望你开设汉字课，你会如何安排课时和教学内容，如何处理汉字课与其他汉语课型的关系？

阅 读

1. 李大遂. 简明实用汉字学（第五章"汉字的结构"）. 北京：北京大学出版社，2013.

2. 万业馨. 应用汉字学概要（第七章"汉字特点与部件教学"）. 北京：商务印书馆，2012.

3. 李大遂. 汉字的系统性与汉字认知. 暨南大学华文学院学报，2006（1）.

4. 江新. "认写分流、多认少写"汉字教学方法的实验研究. 世界汉语教学，2007（2）.

5. 王秀荣. 国际汉语汉字与汉字教学（第一章"中国符号——汉字"）. 北京：高等教育出版社，2013.

第二节
笔画、偏旁等的讲授

案例 39 汉字的笔顺
教学地点：中国西安　**教学对象**：成人初级国际班

如果问留学生汉语学习过程中最难的是什么，他们十有八九会说是汉字。汉字难认、难写、难记，这似乎已经成为留学生的"共识"。为了教好汉字课，我查了很多资料，也咨询了很多同行。各种常见问题我就不再赘述，对于初级班汉字课我只想强调一点：一定要让刚开始学汉字的留学生在教师的关注下写汉字。因为学生的母语不同，很容易受到自己母语书写习惯的影响，若教师只是简单地布置抄写作业，效果未必好。

我有个学生非常刻苦，下课之后自己很勤奋地主动抄生词、抄课文，一抄就是二三十遍，看起来抄得工工整整。但是我在课堂上却发现，他在写横的时候，是从右向左写的，写竖的时候是从下往上写的，写左右结构的汉字时往往也是从右向左写。比如"明"字，他先写"月"再写"日"，"月"字的那一撇，他会从下往上写。他的汉字书写习惯很明显受到了阿拉伯文书写习惯的影响。如果不在汉字课上观察，只看学生交上来的作业，根本不会发现任何问题。

发现这个问题之后，我在一段时期内，不再布置抄课文之类的家庭作业，转为在课堂上使用带有笔顺指示的"描红练习本"做练习，这样就能随时发现并及时纠正学生在初学汉字时的问题。刚开

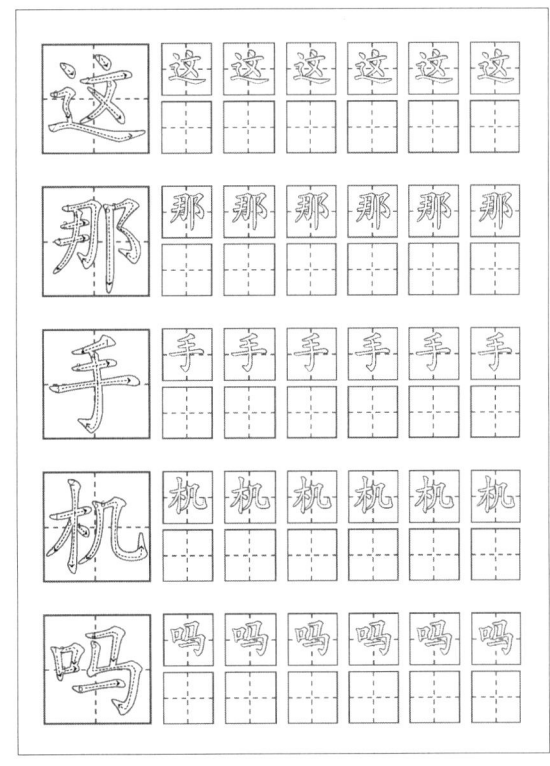

教师给学生提供的带有笔顺提示的描红练习页

始的时候要不厌其烦，一遍遍地强调，一遍遍地改。等学生掌握了正确的书写规则，养成规范的书写习惯之后，就可以对课堂教学内容进行调整了。

（苏磊鑫）

分析

对于很多初学汉字的外国学生来说，汉字就像图画或者一堆杂乱堆砌的笔画，让人不知道从哪儿下笔，这就凸显出了笔顺的重要性。汉字的笔顺包括两方面的内容：一是笔画的走向，如"横"要从左向右写，"竖"要从上向下写；二是笔画出现的先后顺序，如"月"的笔顺应该是"丿 刀 月 月"。

"先横后竖、先撇后捺"等笔画书写规则是在长期的书写实践中总结出来的，对具体的笔顺，中国也制定了相应的规范和国家标准。讲究笔顺，可以缩短落笔与提笔之间的笔程，利于把汉字写得匀称、美观，防止出现缺笔，也符合检索、利用笔顺输入汉字的需求，因此在教学中应该重视笔顺。由于笔顺只能在书写过程中才能体现出来，教师在检验学生汉字学习成果时不能只停留在静态的书写结果上，如果关注学生的书写过程就会发现一些错误的或不合规范的写法，如案例中这位教师提到的笔顺问题。笔顺书写不正确的问题在外国学生中比较常见，比如有的学生写"耳"时，第二笔写右边的长竖，左边的短竖反倒成了最后一笔。

但是教师要注意，并不是所有汉字的笔顺都能用道理和规则来解释，国家出台的规范也常有先后、甚至自身不一致的情况。比如"万"的笔顺是"一 丆 万"，我们很难解释为什么第二笔是横折钩而不是撇（这不符合从左到右的规则）；再如"及"和"乃"的字形很相近，"及"的笔顺是"丿 及 及"，"乃"的笔顺是"乃 乃"，我们很难解释为什么"及"的第一笔是撇，而"乃"的第一笔却是横折折折钩。对于这种情况，即使学生写错了，教师也没必要抓着不放。

由于这些矛盾的存在，教师自身对某些汉字的书写习惯也有可能和教材上的不一致。这要求教师在教授笔顺的时候要特别小心，尽量和教材保持一致，否则就可能给学生带来笔顺不重要的印象，甚至会引起学生对教师、对教材权威性的怀疑。

思 考

1. 你认为汉语母语教学中常用的汉字笔顺教学方法有哪些可以用于国际汉语教学当中？试举例说明。

2. 下列有关笔顺教学的认识可取吗？为什么？

A. 学生只要把整字写对了就不会影响交际，笔顺不正确其实没有关系。

B. 笔顺教学要在汉字教学初期进行，而且要把所有的笔顺规则同时教给学生。

C. 规则应该在练习中得到强化，教师没必要专门讲解、总结规则，只要带着学生反复练习就可以了。

D. 笔顺教学要结合具体的汉字进行，在举例时一定要把例外情况逐一向学生说明。

E. 对于笔顺易出错的汉字，教师可以将自己习惯的写法教给学生，没必要跟着国家规范走。

F. 教独体字时要强调笔顺，学生只要能把独体字写对，合体字的笔顺就不会出错了。

3. 试着用 PowerPoint 并借助网络资源制作"面朝大海春暖花开"这几个汉字笔顺书写的动态演示过程。

阅 读

1. 高更生. 笔画定序法的几个问题. 语文建设，1990（6）.

2. 张静贤. 现代汉字笔顺论. 第三届国际汉语教学讨论会论文选. 北京：北京语言学院出版社，1990.

3. 国家语委中文信息司标准处. GB13000.1 字符集汉字笔顺规范制定原则（征求意见稿）. 语文建设，1998（8）.

4. 张小衡. 汉字规范笔顺问题探讨. 语言文字应用，2008（4）.

5. 王秀荣. 国际汉语汉字与汉字教学（第四章附录"常见笔画顺序容易出错的汉字"）. 北京：高等教育出版社，2013.

6. 王秀荣. 国际汉语教师汉字教学手册（第1章第1节"五、汉字的书写顺序"）. 北京：高等教育出版社，2017.

案例 40 巧用名字

教学地点：中国北京　　**教学对象**：成人国际短期班

汉字课的头几节课，我要让学生掌握汉字的几项基本知识，包括汉字的笔画、笔顺和结构，而这些知识讲解完以后，都可以利用教师和学生的名字来进行练习。

比如，在讲六个基本笔画时，我便用我的姓"王"让学生理解"横"和"竖"可以组成汉字。在讲完派生笔画后，我让学生找出自己的中文名字所用的笔画，参照这些笔画试着写一写自己的名字。然后我让他们自己制作一张名片，写上自己的名字，并和同学交换自己的名片。大家都非常喜欢这个练习。

我还带着学生们一起来数全班学生名字的笔画，并找出笔画数最多的学生名字，我故意把笔画数最多的留在最后数，这样所有学生的名字都被我们数了一遍！在数笔画的过程中，我还有意识地强调了笔顺。

学生自制的名片

在讲解汉字结构的时候，我又把学生们做的名片拿出来，每讲解一种结构，就让学生们看一看自己名字中的某个字是不是这个结构。

几节课下来，我不仅牢牢记住了所有学生的名字，还让他们掌握了汉字的几项基本知识，我觉得这是一个不错的方法。

（王迪）

分　析

汉字笔顺、笔画自身和整字的意义并无关系，对笔顺和笔画进行练习很难获得实际的交际意义，但是案例中的这位教师却将其与学生潜在的社交需求结合在了一起，将笔画学习与名字联系起来，并配合制作名片的活动，挖掘了笔画学习的实用价值。

利用教师和学生名字的做法非常实用，因为这些汉字与他们的生活密切相关，每天都会出现很多次，复现率高了自然就更容易掌握。而且这些名字的发音对学生来说都是已知信息，学生学习这些名字中的汉字时认知负担也要少得多，学习起来会比较轻松。从另一个角度来说，迅速记住学生的名字对教师而言是一个基本要求，这位教师通过学生的名字教汉字，顺便把他们的名字给记住了，可谓"一石二鸟"。

思 考

1. 试着用你自己的姓名设计8~10分钟的汉字课，教授汉字的基本知识。
2. 除了名字以外，还有哪些素材可以被巧妙地用在汉字教学中？这些素材又该怎么用？

阅 读

1. 崔永华，杨寄洲. 对外汉语课堂教学技巧（第四章"汉字课堂教学技巧"）. 北京：北京语言大学出版社，1997.
2. 黄晓颖. 对外汉语课堂教学艺术（第三章第一节"对外汉语的汉字教学艺术"）. 北京：北京语言大学出版社，2008.
3. 王秀荣. 国际汉语教师汉字教学手册（第1章第2节"三、汉字教学方法"）. 北京：高等教育出版社，2017.

案例 41 点撇捺提

教学地点： 美国爱荷华城　　**教学对象：** 大学初级选修课

在给入门水平的学生教汉字时，我们都会带着学生一边逐笔书写汉字，一边让学生说出汉字的笔画名称。在这个过程中，学生常常会把"提"说成"撇"，把"点"说成"捺"。特别是非汉字文化圈的学生，他们对汉字并不敏感，往往不能准确辨别印刷体和手写体汉字中的一些笔画。不过如果是写毛笔字就不同了，仔细看毛笔字的笔画，你不难发现，不同笔画的形状是有明显区别的，教师只需稍加提示，学生就能发现它们的不同。

这学期第一次教笔画名称时，我带上了毛笔，一是为了提高学生的兴趣，二是为了让学生用毛笔写基本笔画，帮助他们区别"点"和"捺"、"撇"和"提"。我首先在PPT上依次展示了五个基本笔画。在讲每个笔画时给出例字，让学生在例字中找出该笔画。在每个基本笔画讲完后，我在PPT上用特大号字符展示了"丶丿㇀乀"，加强对学生的感官刺激。先引导学生观察"点"和"提"、"点"和"撇"、"点"和"捺"在形状上是否有区别，再让学生指出区别在哪儿，这样就加深了学生对每个笔画的认识。接着，让学生在自己的名字里找出这几个笔画，这个环节学生非常积极，都纷纷要展示给我看。之后我给学生简单讲解了怎么用毛笔，并用毛笔示范了这些笔画的书写方式，大家都跃跃欲试。我让学生一边用毛笔写自己的名字，一边说出笔画名称。

之后的那次课，我教学生学习了"我"字，然后同样用感官刺激法，在PPT上用特大号字符展示了"我"字，让学生仔细观察，提示他们注意第一画、第四画、第六画和第七画。十秒钟之后，我请学生说出这几个笔画的名称，学生基本都能准确辨认这几个笔画。

用毛笔写出的"我爱你"

（杜丹丹）

分析

汉字又被称为"方块字"，现在的通用汉字有5 000~8 000个，这其中大概有3 500个常用汉字。数量众多的汉字要相互区别，要依靠笔画的形状、数目和组合关系等。在汉字教学之初，教师有必要向学生做一些说明，让他们对汉字的基本情况有一定的了解。

本案例说的是汉字的笔画问题。汉字笔画主要有两种分法：一是五类分法

(横竖撇点折),可用"札"字代表;二是八类分法(点横竖撇捺提折钩),可用"永"字代表,即"永字八法"。本案例中的教师使用的是八类分法。以"提"和"撇"为例,尽管书写这两个笔画的动态过程完全不同,但静态结果却相似,再加上教材排版字号的限制,笔形上的区别就更不明显了,这种区别尤其需要教师特别强调。要让学生将相似的笔画区分开来,教师可以从笔顺着手,带领学生学习从提笔到落笔的过程,再就是可以加大字号,让学生观察笔形的差异所在。教师可以在板书或PPT上加大字号,这是常规的做法,如果能像案例中这位教师用毛笔这样的传统书写工具辅助教学,效果或许更好。

思 考

1. 本案例中的杜老师用适当的办法帮助学生区分了相似的笔画,收到了良好的教学效果。不过,课后有一名爱提问的学生跑来问她:"中国人为什么要区别'提'和'撇'?老师帮我们区别这两个笔画有什么意义?"如果你是杜老师,你准备怎么回答?

2. 有的教师用毛笔将自己的姓名一笔一画地写在纸上(能让学生看出先后的笔顺),作为将来的备用教具。你觉得这种做法怎么样?

3. 赵老师喜欢在教汉字时教形近字,但李老师觉得这种教法比较容易引起学生的混淆。你觉得哪位老师的做法或看法有道理?

阅 读

1. 卞觉非. 汉字教学:教什么?怎么教? 语言文字应用,1999(1).
2. 刘社会. 对外汉字教学十八法. 汉语口语与书面语教学——2002年国际汉语教学学术研讨会论文集. 北京:北京大学出版社,2004.
3. 朱志平. 汉字构形学说与对外汉字教学. 语言教学与研究,2002(4).
4. 王秀荣. 国际汉语汉字与汉字教学(第四章第三节"笔画"). 北京:高等教育出版社,2013.

案例 42 从图画到汉字

教学地点： 美国华盛顿　　**教学对象：** 大学中级选修课

对于习惯了 26 个英文字母的欧美学生来说，每一个汉字就像一幅画，看起来又复杂又难记。如何让学生更快地记住汉字呢？一般认为，汉字的表意性很强，古人造字很讲究理据，可以利用汉字的这一特点来记忆汉字。但是汉字经过漫长的发展、演变、整理、简化之后，我们现在使用的汉字，很多部件的表意性已经不那么明显，甚至已经消失了，多数汉字很难让人根据字形讲清理据。

我上课时习惯把课文要求掌握的汉字进行分类，如果是合体字就将其拆分成偏旁加上另一部分（多为独体字），并将独体字的演变过程给学生呈现出来，同时进行简要讲解。往往看上去越复杂的汉字，表意特点越突出，越应该把它拆分到表意的最小部件。这种做法并非让学生记住每个汉字的演变过程，增加他们的学习压力，而是给他们一种视觉冲击，让他们大概了解每个汉字的由来，帮助他们更快、更好地记住每个汉字。这是一种长期才能见效的做法。经过一个学期的训练，很多学生都对汉字的组成有了新的认识。

（蒋楠）

分 析

李大遂（2002）认为，合体字的偏旁之间存在两种结构关系：外部结构关系和内部结构关系。外部结构关系指偏旁在形体上的配合关系，如上下结构、左右结构等，是可以直接用眼睛观察到的；内部结构关系则是指偏旁之间在表示字义、字音方面的配合关系，是用眼睛无法看到的，如会意字中部件和部件的义义组合关系、形声字中声符和义符的组合关系都体现了汉字的内部结构关系。

本案例中的这位教师非常重视对汉字字形的分析，教合体字时，一般将其拆分成"偏旁加上另一部分（多为独体字）"（按照李大遂的定义，这"另一部分"也属于"偏旁"的范畴）；教结构复杂的汉字时，会拆分到最小的表意部件。这种重视汉字内部结构关系的做法对于学生了解汉字的结构及内在规律自然有较大的帮助。如果这位教师在讲解汉字的过程中能适时地进行归纳总结，再系统一点儿，学生对汉字规律的认识会更快、更好。

李大遂（2006、2007）对汉字的系统性问题有较为深入的研究。他认为，汉字的形、音、义都是有其系统性的：汉字字形的系统性主要体现在偏旁与其形系字族字的联系上，如"马"字形系字族就有"冯、吗、闯、妈、驽、驾"等字；汉字字音的系统性主要体现在表音偏旁与其音系字族字读音的联系上，如"交"

字音系字族就有"郊、茭、姣、绞、狡、较"等字；汉字字义的系统性主要体现在表意偏旁与其义系字族字意义的联系上，如"心"字义系字族就有"志、忑、忒、忐、忘、闷"等字。他将自己对于汉字系统性的研究应用到汉字教学实践中，取得了不错的效果。总之，如何将汉字的系统性用于国际汉字教学值得每位一线教师认真思考。

思 考

1. 请以让学生掌握下列汉字的认读和认写为目的，设计一份教案。（参考授课时间：20~30分钟）

我　她　明　天　姓　名　北　京　老　师　马　上

2. 常老师在新加坡一所业余学校授课，班里有个酷爱中国文化的学生。这个学生之前有学繁体字的经历，他认为学繁体字比学简化字更有意义。为此他还举出了很多例子，比如繁体字"愛"中间有个"心"字，简化字"爱"没有；繁体字"麵"里有个"麥"字，比简化字"面"更具表意性；繁体字"雞"比"鸡"更具表音性。如果你是常老师，你准备怎么回应这个学生？

阅 读

1. 李大遂. 简论偏旁和偏旁教学. 暨南大学华文学院学报，2002（1）.
2. 李大遂. 汉字的系统性与汉字认知. 暨南大学华文学院学报，2006（1）.
3. 李大遂. 汉字系统性研究与应用. 语言文字应用，2007（3）.
4. 王秀荣. 国际汉语教师汉字教学手册（第4章"部件分类教学"）. 北京：高等教育出版社，2017.

案例 43 偏旁部首教学

教学地点：美国爱荷华城　**教学对象：**大学初级选修课

学生对汉字的空间结构是很敏感的。但是在书写汉字时，常常会出现左右换位、上下颠倒的情况。因此我们讲部首时，除了讲解它的意义，也应该强调它的位置。比如讲心字底时，要告诉学生"底"是"bottom"的意思，所以我们把它放在汉字的下面；讲草字头时，要告诉学生"头"是"head"的意思，所以它总是被放在汉字的上面；讲"……旁"时，要告诉学生"旁"是"旁边"的意思，所以我们把它放在字的左边或右边。经过一段时间的学习后，我会带领学生做一次复习。复习时会有这样一个活动：把部首给一个学生，让他/她说出这个部首的意思，再让其他学生说出含有这个部首的汉字；说汉字的学生同时要写出所说汉字的另外的部件，然后拿着这个部件，根据这个汉字部件在汉字中的位置站到拿着部首的学生旁边。具体来说，比如给学生A一个卡片"艹"，学生A说出草字头是和花草相关的，接着学生B说一个字如"花"，然后在纸片上写出"化"，把卡片"化"放在卡片"艹"下面。

偏旁部首的教学要有持续性，不能讲完了就算了。在讲生词时，如果汉字里包含教过的部首，我都会在PPT上把这个部首圈出来，让学生说出这个部首的意思和位置。经过数次的复现，学生就能将短时记忆变为长时记忆。

用于汉字教学的PPT

（杜丹丹）

分　析

部件异位、偏旁窜乱是留学生在书写中经常出现的偏误（石定果，1997），肖奚强（2002）称之为"镜像变位"，并将其分为有理据与无理据两类。有理据的镜像变位，多产生于较高水平的学习者，如将"邮"的左右部件写颠倒，之所以说"有理据"是因为"阝"（阜部和邑部）用于左边构字和右边构字的频率相差无几，学习者出现偏误是受系统压力的影响；无理据的镜像变位多产生于初学者，如将"较、站"等字的左右部件写颠倒，因为"车、立"在左右结构中从不位于右边，"交、占"也很少用在字的左边（"郊、效、战"等字除外）。对于有理据的书写偏误，我们当然要特别注意，对其进行总结、分析，以预测、避免偏误；无理据的偏误处于前系统阶段，会随着接触汉字的增多而自动消失，即便如此，教师也应该在学生出现偏误的时候进行对比、强调，引起他们对汉字部件相对位置的重视。

崔永华（1997）根据彭聃龄的心理学实验结果（语言因素能发音则记忆成功率高），提出假设：汉字拆分出的记忆单位的可称谓性越高，越利于识记汉字。他提出，希望能够对汉字的某些部件进行归并、改造，以使它们便于称谓。对于目前无明确称谓的部件要做这种努力，那么对于已经有明确、固定称谓的部件，教师当然应该好好利用其发音特性，以促进学生对合体字形体的记忆。特别是对于本案例中提到的"……字头、……旁"这样表示出位置的偏旁，如果在教学中不加利用就有点儿浪费了。

总的来看，我们从这个案例中应学习的是：1. 这位教师针对部首设计的练习能让学生动起来，帮助他们利用身体记忆，也能活跃课堂氛围，增强学习效果。2. 在整个学习过程中，持续对部首进行提示，有助于学生加深对汉字规律、特点的认识，对学生"字感"的培养很有帮助。

思 考

1. 试着以帮助学生掌握汉字的形、音、义和书写为目的，为"志、忐、功、草"四个汉字设计教案。（参考授课时间：10~15分钟，可以在教学中联系其他相关汉字。）

2. 有一天，周老师和崔老师在办公室里争论了起来。周老师认为："外国人学汉字，一定要练习书写，通过书写才能更好地理解字的笔画、结构。这和中国孩子从小要学书写是一个道理。"崔老师却觉得："现在计算机都这么普及了，大家都用电脑打字，中国人都很少写字了，更别说外国人了。汉语教学完全没必要教外国学生书写。"对这个问题，你有什么看法？

阅 读

1. 崔永华. 汉字部件和对外汉字教学. 语言文字应用，1997（3）.
2. 石定果. 汉字研究与对外汉语教学. 第五届国际汉语教学讨论会论文选. 北京：北京大学出版社，1997.
3. 肖奚强. 外国学生汉字偏误分析. 世界汉语教学，2002（2）.

第三节
汉字与文化

案例 44 剪纸和毛笔的妙用
教学地点：意大利罗马　**教学对象**：混合年龄初级业余班

在初级 B 班的课上，汉字一直是我很头疼的部分。班上只有 Giulio 比较喜欢写汉字，Alessandra 和 Federico 有的时候还会写一些汉字，其他学生基本上都是能写拼音就写拼音，尽量避免写汉字。我问过老爷爷 Giovanni："你为什么不写汉字？"Giovanni 只是很和蔼地笑笑，然后两手一摊，用蹩脚的中文说："太难！"我也请学生们在黑板上写过汉字，Silvia、Costanza 和 Valeria 写字的时候，都是照着书左一笔右一笔地"画"汉字，能"画"完整就不错了，就是这样照着"画"，有些笔顺都"画"不全！汉字对于他们来说，就好像我欣赏毕加索的画一样，除了"抽象"还是"抽象"。

不过，那天看了朱老师给我的有关汉字部分的教学日志的反馈之后，我茅塞顿开！对呀，毛笔！如果让学生用毛笔写字的话，肯定会有一种别具一格的感觉。他们会不会因此"不得不"写汉字呢？如果学生拿着毛笔再写拼音的话，他们自己也会觉得很奇怪吧。想到这里，我立刻决定这节课用毛笔来让学生们练习写汉字！不过，书上的汉字练习比较难，如果用毛笔写这些字的话，是没有办法保持学生的新鲜感的。于是，我就想到了自己从国内带来的十二生肖剪纸。因为第 14 课里有十二生肖的内容，当时我让每个学生都练习说自己的属相，他们对这种计算年龄的方式非常感兴趣，每个人都兴致勃勃地练习，而且记得很牢。只要我问："你属什么？"他们肯定都能答得出来，连老爷爷 Giovanni 都能流利地说出"我属虎！"所以我决定用生肖剪纸加毛笔的方式让学生写汉字。

课间的时候，我先和学生聊天，问他们还记不记得自己的属相，然后问他们会不会写，大家都记得自己的属相，但是没有一个会写的。Costanza 属鼠，当我问她会不会写的时候，她很害羞地照着书在笔记本上"画"出了"鼠"字。上课之后，我拿出了毛笔，这时，每个学生都眼前一亮，看来他们真的对毛笔很感兴趣。我问他们："毛笔怎么用，是不是和铅笔一样呢？"大家都露出猜测的表情，可见他们并不知道怎么用，只有 Giulio 很肯定地告诉我，毛笔的用法和一般的笔不一样，但他也不知道怎么用。我教给大家毛笔的用法，然后让他们每个人都在黑板上写一个字（用毛笔蘸清水），大家都跃跃欲试，写汉字的热情慢慢地高涨起来。接下来，我拿出了自己准备好的剪纸，一一展示给学生看，一节课能亲眼见到两种体现中国传统文化的东西，他们的兴趣更浓厚了，每个学生都非常认真地看着我手里的剪纸，猜测着剪纸上到底是什么动物。当他们看到自己的属相时，还很兴奋地说出属相的名称。接下来，我对学生们说："如果你们能写出自己的属相，我就送你们剪纸！"因为这节课的语法内容是双宾语句，所以"送你们剪纸"是板书，刚学过的知识学生记得很牢。其实，我本来也是准备把剪纸作为圣诞节礼物送给学生们的，我还事先准备好了祝福的纸条。Giulio是第一个要求写的学生，他属猪，"猪"字他写得很不错，笔画笔顺都没有错误。接下来是Valeria和Alessandra，Valeria属马，因为字比较简单，所以平时不喜欢写汉字的她这次也表现得很积极，Alessandra属兔，她平时字写得还不错，不过这次写的字少了一画，她写完之后，我又在黑板上更正了一下。Giovanni属虎，Costanza属鼠，这两个字比较难，所以他们写得不太好，Giovanni不太习惯用毛笔，还在讲台上问我究竟怎样握笔。Federico属蛇，他写的也没有问题，只不过第一次用毛笔写字，手一直在抖。写好之后，Alessandra、Costanza和老爷爷Giovanni以为自己拿不到剪纸了，还有点儿沮丧。不过，当我把剪纸给他们的时候，他们都很惊喜。我把事先准备好的祝福纸条贴在了每个生肖剪纸的后面，这个时候，大家都意识到了，他们是用自己的"劳动"换回了一份圣诞礼物。这节课他们既学会了写自己的属相，还得到了剪纸，很有成就感。

（李爽）

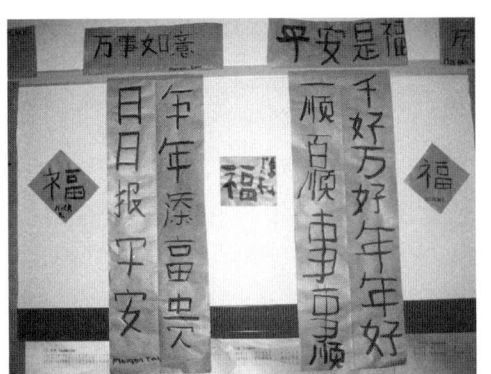

学生用汉字写成的对联

教师给美国小学生讲书法

分析

张占一（1983）把语言教学中的文化背景知识分为两类：一类是交际文化，这类文化与语言教学密不可分，本族人习焉不察，但在跨文化交际中却容易带来误解；一类是知识文化，这样的文化即使不了解，在跨文化交际中也不会对具体词、句的理解产生直接影响。现在学界基本达成共识：交际文化是语言教学一定要包含的内容，而知识文化若要教授，则应独立于语言课，若是在语言课上大讲知识文化，则会顾此失彼，走入误区。

书法、剪纸、太极拳等无疑属于知识文化，这类文化一般是通过选修课或者文化展示的方式传授的。本案例中的教师别出心裁地找到了语言教学与知识文化教学的结合点：将汉字教学与书法、剪纸有机地结合在一起，以传统文化形式为载体，提升了汉字教学的效果，调动了学生的动手能力，可谓一举多得。

思 考

1. 想一想，如何把剪纸融入汉字教学中去？请举出至少三个例子，并说明教学设计思路。
2. 除了书法、剪纸等颇具中国特色的文化形式可以用于教学之外，还有哪些文化形式可以利用？

阅 读

1. 张占一. 汉语个别教学及其教材. 语言教学与研究，1984（3）.
2. 张占一. 试议交际文化和知识文化. 语言教学与研究，1990（3）.

案例 45 汉字与文化

教学地点：中国北京　**教学对象：**成人初级国际班

汉字拥有几千年的悠久历史，它所承载的文化深深吸引着学生们。利用汉字介绍中国文化，利用文化讲解汉字内涵，往往会起到事半功倍的效果。讲解汉字所承载的中国文化时，除了实物，课堂上我最常用的就是汉字的古字形、图片和视频。

在讲"酒"这个字时，我给学生展示了"酒"字的甲骨文字形，它像是有酒篓伸进大缸的酒坛，后来再加上（水），变成，强调坛中饮料的液态性质。"酒"的甲骨文字形与现代汉字字形十分相近，对学生记忆字形有益。

在讲形声字的形旁"艹"时，我举了"药"字作为例子。我让学生猜猜为什么"药"字带有表示植物的"艹"。看大多数学生不明白，我随即展示了几种中药的图片，如枸杞、天麻、大黄，又用图片展示了这些中药未被采摘时的植物原貌，学生顿时就明白了，中医所讲的"药"原来都是来自各种各样的植物。

用于汉字教学的 PPT

在讲形声字的声旁"畐"时，我举了"福"字作为例子。中国的"福"文化是春节期间最有特色的文化之一，正值学期末，春节将近，我就利用几个视频给学生讲解了"福"字。我先给学生看了能说明"倒福字"来源的视频，让他们了解了中国人为何要把"福"字倒过来写；然后给学生看了"福"文化的宣传片，视频中有上百种"福"字的写法，"中华福爷爷"的形象憨态可掬，深入人心；最后我给学生看了一段视频，内容是春节期间记者在卖"福"字、鞭炮等新年货品的小商业街采访，看到视频中满大街红彤彤的"福"字和笑呵呵的人群，学生充分感受到了中国春节的气氛。

倒"福"字

（王迪）

分析

我们知道，拼音文字用字母来记录语言，如英语。在拼音文字中，字母及其组合完全取决于语音，和意义没有关系。而汉字属于表意文字，汉字部件经常和字义有联系，部件和部件组合与整字音、义之间的联系构成了汉字的理据性，如本案例中提到的"酒"字。

汉字是理据性极强的文字，这种理据性承载着中国文化：1. 中国人的思维方式。如"大、夫、天"等字都包含了"人"字形,这说明人在远古先民心中的崇高地位。2. 中国人的价值观念。如"信"字是人言为信。3. 古代中国人对世界的认识。如日落草中即是"莫"("暮"的古字形);又如"草、花"和本案例中提到的"药"等字与"杨、柳、柏"等字偏旁不同,显示出古人对植物分类的看法。4. 社会历史现实和变化。如"婚"由"昏"发展而来,说明最开始,婚礼是在黄昏时举行的;又如"贱、账、财"等字以"贝"为形旁,"币、帛"等字以"巾"为形旁,"钱、银"等字以"金"为形旁,这说明中国古代曾先后用过贝壳、丝帛和金银作为通货手段。

能够体现汉字理据性的会意字及图片(选自《国际汉语教师汉字教学手册》)

此外,汉字教学一般不是孤立进行的,一般都与其所代表的词联系在一起,而且有时候字义就是词义。案例中这位教师对"福"字相关文化的讲解并非来源于汉字内部结构的理据性,而是来源于"福"代表的词义在中国民俗文化中的地位。又比如我们都知道"上、下"是指示字,本义用来指示上、下的相对位置,在语素层面,"上、下"用在词中,如河流的"上游—下游",后来又引申出了表示时间先后的意义,如"上午—下午、上星期—下星期、上个月—下个月";

这种引申可能是基于这样一种比喻——时间如流水，河水从上游流到下游，时间从过去流向未来——所以用"上"来表示相对较早的时间或已经过去的时间，用"下"来表示相对较晚的时间或者未来。

在讲解汉字时，如果能适当地讲解与其相关的文化含义，往往能极大地调动学生学习汉字的兴趣以及对汉字和中华文化的敬意。一位留学生曾经对他的教师说，汉字所蕴含的文化让他"developed a great respect for this language"。但是我们同时也必须牢记，我们教的是现代汉字，汉字从古至今发生了很大的变化，已经有很多字很难找出理据，有些字即便找出了理据也有些勉强，对记忆字形并无帮助。如果在课堂上过度讲解字源，可能会让学生过高估计汉字的理据性，以为每个汉字都有道理可讲，而不愿意花力气记忆。我们必须承认，汉字的学习离不开重复的记和练，大部分母语者也是通过这样的方式学会汉字的。对于其他的相关文化，同样也要以服务现代汉字的教学为目的，如果讲得太多，可能会分散学生的兴奋点，对学习汉字字形无益。

思 考

1. 有的教师在讲解汉字时喜欢对一些汉字进行一些"戏说"，而有的教师则喜欢引经据典地追根溯源，对这两种不同的做法你有何评价？
2. 讲"休"字的时候，刘老师这样解释："休"字的部件表示人靠在木头上，所以"休"是休息的意思。可是有的学生当场反驳你，"为什么不是人拥抱一棵树？""为什么不是人死了躺在木头里？"如果你是刘老师，你会如何应对？

阅 读

1. 许慎. 说文解字. 北京：中华书局，1963.
2. 申小龙. 文化语言学论纲（第一章第三节"汉字与中国历史"）. 南宁：广西教育出版社，1996.
3. 卞觉非. 汉字教学：教什么？怎么教？语言文字应用，1999（1）.
4. 邢福义. 文化语言学——申小龙语言文化精论（第二章第一节"古文字与古代文化"）. 武汉：湖北教育出版社，2000.
5. 王秀荣. 国际汉语汉字与汉字教学（第六章第四节"字义与汉字教学"）. 北京：高等教育山版社，2013.

第四节
打通字词句及其他

案例 46 由字到词的练习
教学地点：美国爱荷华城　　**教学对象：**大学初级选修课

我在入门阶段就让学生通过利用已经学过的基本汉字组词，让学生明白汉字可以单独成词，也可以与其他汉字组成词。同时，我在入门阶段就开始培养学生猜词的能力。

我所教的入门班学生，每周有两次课。第一个月的教学重点是语音，从第二个星期开始，只在每周的第二次课用二十分钟的时间教七八个汉字，这些汉字大部分和课文没关系，所以没有给学生组词。第二周我教了"上、下、大、中、小、人、口"，第三周教了"国、学、习、汉、语、文、写、字"。根据课文的内容，学生只会把"学"和"习"组成"学习"。在第三周用生字卡复习汉字的时候，我以"学"字为中心，先让学生说出"学"的意思，接着我把"大"放在"学"前面，让学生猜一猜"大学"是什么意思。学生知道"大学"是"university"的意思后，我用"中"和"小"替代了"大"，再让学生猜是什么意思，学生很快就猜到了是"middle school"和"elementary school"。接着我把"上"放到了"学"前面，这一次我先问学生"上课"（已学过课堂用语"我们上课"）是什么意思，让学生根据"上课"想一想"上学"是什么意思。经过我的提示，学生明白了"上学"是"go to school"，然后我问学生"上课、上学"里的"上"是什么意思，学生立刻发现"上"有"开始"的意思。最后我问学生"下课"里的"下"是什么意思，学生也马上就回答"end"。这样在复习的过程中学生不仅复习了字形、字义，学会了用已知的字组词，还掌握了一些字的常用义项。

（杜丹丹）

分析

目前通用的国际汉语教材多是按照"词本位"的原则来编写的，这些教材对汉字的处理依附于词，出什么字完全取决于课文中出现了什么词，这样便不能照顾汉字自身的规律和特点。有些教材因此在第一课就要学生学习写起来相对困难的

"谢谢"。如果教学和教材不重视字义的教学，就会出现学生只知道词义、不知道构词的字的字义的情况。有一个笑话说的是：留学生学习了"鸡蛋"而不知"鸡"和"蛋"单独的意思，从而导致到商店买鸡的时候迂回地说要买"鸡蛋的妈妈"。

20世纪80年代末90年代初，"字本位"的理论由几位学者分别提出。一类以白乐桑先生的观点为代表，他所谓的"字"表面上看起来和"语素"的概念差不多，但是又有不同："语素"是从词里离析出来的，重视语素的一般做法是从词分析到字，然后再由字联想到其他的词；而白乐桑先生的"字本位"特别强调由字到词，尽量采用经济的原则处理字词关系，追求以最少的字生成最多的词，特别重视字的生成性。另一类以徐通锵先生为代表，认为"字"是汉语的基本语言单位，认为汉语中本没有词。徐的观点实际上是一种与"词本位"针锋相对的语法理论，而白的观点是从教学实际出发的。

本案例中这位教师的做法实际上就体现了"字本位"的教学思想，这样做一方面照顾到了汉字自身的特点，另一方面也可以提醒学生注意汉语词汇的构词方式、构词特点，从而可以为学生以后的汉语词汇学习打下基础。

除此之外，字的意义只有在词中才能得到具体化，所以教字的时候，也要注意字的"语境"。从这个意义来说，汉字教学最好能和词汇教学结合在一起。

思 考

1. 有学者说："我们强调先字后词，字词学习要以字为主。但词汇教学必须跟上，要成比例。有的汉字课本不太重视这个问题，错误地认为字会了，词也就会了。"你认为这段话有道理吗？为什么？

2. 找到一两本字本位教材（如白乐桑等编写的《汉语语言文字启蒙》），与词本位的教材做一些对比，看看两类教材在编写理念、编排方式、体例结构等方面有什么不同。

阅 读

1. 张朋朋. 词本位教学法和字本位教学法的比较. 世界汉语教学，1992（3）.
2. 王若江. 由法国"字本位"汉语教材引发的思考. 世界汉语教学，2000（3）.
3. 赵金铭. 汉语作为第二语言教学：理念与模式. 世界汉语教学，2008（1）.
4. 邢军. 汉字教学再认识. 国际汉语学报，2012（1）.

案例 47 汉字教学难吗？

教学地点：美国夏威夷　　**教学对象**：周末成人业余班

（一）

从我教授的三个班级和课堂观察的一个班级的情况来看，无论是什么年龄阶段，汉字的认读对于初级汉语学习者都是一个很大的挑战。对美国学生来说，拼音的认读很简单，通过大量的、有实际交际意义的、符合学习者认知过程的练习，学习者的听说能力基本都能在短时间内得到很大的提高。但是每当遇到汉字，学生们就产生了畏难情绪。当地大学的汉语初级班教材中的对话一般是将汉字和拼音分开，两个版本各占一页。每次读对话的时候，学生都直接认读拼音，根本不会看汉字。每课小考时，一遇到汉字书写或认读的题目，学生的成绩都不理想。

我以前采用的一个教汉字的方法是让学生手持生词卡（用汉字而不是拼音做的卡片），互相教认读生词，但是这个方法的效果并不好，他们认读句子的水平并没有提高多少。于是我把词卡改成句卡，将课文中的重点句子分为问、答两种形式，分别打印在两种不同颜色的纸条上面，比如问句用红色纸，答句用白色纸。拿到相同颜色纸条的学生分在一组，他们先在组内互相教读句子，然后去找另一组内和自己拿对应纸条的学生。这样，学生学会了自己的句子后，通过询问，会找到相应的问句或答句。在这个过程中，学生先是在组内互相教读句子；然后再通过信息差寻找同伴，既练习了听力，又能运用汉语进行实际交流。学生找同伴时，全班课堂气氛活跃，学生开口度很大，学习效果也很好。

（张然）

（二）

Gallery walk 是个不错的活动。这个活动是连续性的。上节课，我让学生练习了"打电话约时间"的对话，我给他们提供了用拼音写的对话提纲作为辅助材料。这节课，我要求学生根据拼音提纲就"打电话约时间"写一段对话。具体要求是：两人一组，各自负责自己的话轮，并合作完成一段完整的对话；对话中要包含两个人的名字、相约的时间和相约做的事情。学生用了约20分钟完成了写作，然后将对话都贴在教室的墙上。接着我给每个学生都发了一张表格，他们每个人都需要阅读墙上其他学生写的对话，将表中的"谁、什么时间、做什么"三个信息填写完整。我要求学生至少找到五段对话的信息，并根据自己找到的信息写出三个句子，如"马丁跟杰西卡明天六点要去看电影"。

我发现这个活动的效果很好。首先，在上节课中，我为这个活动做了充分的准备，用拼音帮助学生更好地掌握了说的技能，让他们熟悉了文段。这节课，我又通过用汉字写对话的练习，训练了他们的汉字书写能力。然后，我将学生的实际书写材料作为学生的阅读材料，让他们有机会阅读大量的文字，并从中找出信息。最后，学生通过自己找到的信息，用汉字"创造"自己的句子。整个过程做下来，就是一个"听说—写—读—写"综合性的活动，活动任务真实有效，既有输入又有输出，能帮助学生训练听、说、读、写四项技能。

（张然）

分析

对拼音文字背景的学习者来说，汉字的学习普遍存在着困难。拼音文字记录的是语言中的语音，书写形式与发音基本对应，也就是"我手写我口"，而汉字采用的符号却和汉语的发音没有太大关系，会说是一回事儿，会写又完全是另外一回事儿。这就等于说，和选择拼音文字语言作为第二语言的学习者相比，选择汉语的学习者多了一项学习书写的独特任务。再加上汉字笔画繁多，结构复杂，客观上确实存在难写、难学的问题，这就使外国学生的汉字学习更具有挑战性，对此我们毋庸讳言。当然我们无须对"汉字难"进行刻意强调，而应多强调汉字的内涵、独特性，精心设计汉字教学活动，激发学生学习的兴趣和探索精神。

案例（一）中的教师最开始采取的做法只有"学生互相教认读生词"这个环节，实际上这个活动只是让学生学习汉字形、音、义的对应关系，无法让学生产生交际动力，比较枯燥、机械。后来这位教师在此基础上增加了一个环节，让不同组的学生获得不同的信息（把汉字作为获得信息的工具），造成信息差，从而为学生之间的交流带来交际动力。学生要想成功地交换信息，必须首先对自己所持的信息具有较高程度的掌握，这就带动了学生在头一个环节学习形、音、义关系时的积极性。

案例（二）中的 Gallery walk，延续了案例（一）的优点：首先，教师让掌握不同信息的两个学生合作完成并书写一段对话，实际上还是利用了信息差；在之后看对话填表格的环节中，汉字被作为交际工具，用来获取其他组的信息，这种交际需求使学生在第一阶段合作完成对话时就要特别用心，掌握汉字形、音、义的对应关系自然是一个基本要求。对于刚刚接触汉字的学生来说，Gallery walk 这个任务其实也并不容易，为了使这个活动达到理想的效果，这位教师在之前的一堂课上做了充分的准备，利用拼音先让学生掌握相应的说的技能，以说带动后来的读写学习，体现了"语文分进"（语言教学与文字教学分开进行）、"听说领先"的思想，值得提倡。

通过这两个案例，我们可以看出，这位教师对"以学生为中心"的实践有着高度的自觉性，采用"合作学习模式"直接通过学生之间的合作完成学习任务，把枯燥的语言训练变成了实用的交际过程。在实际教学中，教师要注意的是，以学生为中心，同时也不能忘记教师的主导作用，无论是进行哪种类型的活动和任务，都需要教师精心设计、合理安排、有效引导和细心监控。

思 考

1. 中秋节快到了，吴老师打算举行一次以中秋节为主题的文化活动，你觉得这样的文化活动中有哪些细节设计可以将汉字融入其中，请举例说明。
2. 郭老师在国内一所高校教成人短期班，这学期为学生新开了汉字课。她几经挑选，为这门课选择了一本专门的汉字教材。起初，课上得还算顺利。不过她很快就发现，她的课和口语课、汉语课并行，由于使用的是不同的教材，在教学内容和进度上有矛盾的地方。有时汉字课教的汉字对学生来说明显有点儿难，好像增加了他们的学习负担；有时学生又会拿出很多在其他课的课本上出现的汉字问她。如果你是郭老师，该如何处理汉字课与其他课之间的关系？又该如何处理汉字课本与其他课本之间的关系？

阅 读

1. 左飙．"信息差"在外语教学中的地位及其应用．现代外语，1988（3）．
2. Fathman, A. K. and Kessler, C. Cooperative Language Learning in School Contexts. *Annual Review of Applied Linguistics*, 1992, 13: 127–140.
3. 张朋朋．语文分开、语文分进的教学模式．汉字文化，2007（1）．
4. 孙瑞，李丽虹．论合作学习模式在对外汉语教学中的运用．云南师范大学学报（对外汉语教学与研究版），2007（2）．

案例 48 该不该教学生查词典?

教学地点：中国北京　教学对象：成人初级国际班

学期快要结束了，我一直都在犹豫要不要教学生查词典。教吧，每个学生都有电脑、手机，那上面的电子词典又方便又实用；不教吧，查词典是汉字教学的六项基本知识之一，万一日后学生需要用到这项技能却不会，那就是我的失职了。终于我还是决定花上一课时教学生查词典。我提前一周让学生借一本《现代汉语词典》，并叮嘱他们认真预习，但是结果还是让我很不满意。

我遇到的第一个问题就是，用什么样的词典。我让学生借阅《现代汉语词典》，为的是统一查词典的标准。而学生却说，他们根本看不懂《现代汉语词典》，就算能查到，也看不懂带有那么多汉字的解释！

另外一个问题更为严重，学生带着很大的热情学习查词典，但是他们很快就发现了查词典效率之低，我用了15分钟时间才教会学生如何用音序法查出一个字，然而学生把那个字直接输入到手机词典之后，数十秒之内就检索出了拼音、常用字义、搭配和例句，结果可想而知——全班学生哄堂大笑。这节课简直太尴尬了！

各类汉语词典

（王迪）

分 析

目前比较权威的现代汉语字典、词典都是针对具备成熟"中文心理"的母语者编写的，释义和举例用词往往没有限制，用来解释的词语的难度甚至要大于被释词语本身。比如"呕吐"一词，《现代汉语词典》（2002年增补本）释为："膈肌、腹部肌肉突然收缩，胃内食物被压迫经食管、口腔而排出体外。"此外，对外国学生来说，此类字典、词典还存在不重视用法和搭配、例句偏少、难检索等特点，对外国学生尤其是初、中级学生来说显然不太适用。在国际汉语教学领域，教师目前急需的是针对非母语者的学习词典。20世纪90年代以来，先后有几部中型的学习者词典出版，不过收字、词有限，并不能满足各个级别的汉语学习者的需求。可以说，"对外汉语词典学在学科建设中仍是一块尚待开垦的处女地。"

（鲁健骥、吕文华，2006）

  在国际汉语教学中，我们应关注学习者的学习需求。在目前这种情况下，初、中级学生限于语言水平，一般会觉得现代汉语字典、词典既难查又难懂，这样现代汉语字典和词典也就失去了其辅助学习的作用了，如果专门教他们如何使用字典、词典反而会加重其负担。到了高级阶段，学生最好能够学着使用现代汉语字典、词典，教师可提供相应的指导，除音序法外，还应教授学生使用部首、笔画等检索方法，以使学生无论是在知音不知字还是知字不知音时都能检索到目标字。

  任何一种语言的词典，都有按音序排列的方法，所以用音序法查母语词典的知识应该很容易迁移到查汉语词典中来。本案例中提到，教师用了15分钟时间才教会学生用音序法查出一个字，这可能与学生对汉语拼音的音序还不十分熟悉有关。

思 考

1. 你会在什么情况下鼓励学生查字典、词典？你对字典、词典的态度和课型有关系吗？和字典、词典的类型有关吗？
2. 试着以在中国学习的成人中级班汉语学习者为教学对象，设计一份以查《现代汉语词典》为教学内容的教案。（参考授课时间：20~30分钟）

阅 读

1. 崔永华, 杨寄洲. 对外汉语课堂教学技巧（第175-176页"猜测词义"）. 北京：北京语言大学出版社, 1997.
2. 鲁健骥, 吕文华. 编写对外汉语单语学习词典的尝试与思考——《商务馆学汉语词典》编后. 世界汉语教学, 2006（1）.
3. 郑艳群. 理想的对外汉语学习词典模型. 辞书研究, 2008（2）.
4. 刘座箐. 国际汉语词汇与词汇教学（第六章"不会说话的老师——谈外向型学习词典的编纂"）. 北京：高等教育出版社, 2013.

第四章 语言要素教学

第一节
语音教学

案例 49 "揪住不放"要不得
教学地点：中国郑州　　**教学对象**：大学零起点国际班

  这个学期，班里有一个哥伦比亚的女生，32 岁。第一节课是声母教学课，我发现这个学生在学习声母时，j、q、x、zh、ch 都分不清，几乎都发成 x。我觉得这是第一节课，掌握标准的发音很重要，于是我非常认真地纠正起她的发音。先用带音法，让她发 z，然后让她把舌头卷起来发出 zh；同样地，让她先发 c，然后把舌头卷起来发 ch；发出 zh 后，我示范 j 的发音，让她仔细听并观察我的口形，然后要求她在发 zh 后把舌头向后运动，用同样的方法尝试发 j；再用同样的方法用 ch 引导发 q。在这个过程中，有时她能发出准确的音，有时发得还不够标准。于是我不停地让她模仿发音，并配上手势演示发音部位和发音方法，目的是为了加强她的感性认识，巩固纠正的结果。可没想到，随着一遍遍的纠正模仿，她的发音不但没有像我期待的那样变好，反而越发不好了，还发出了很多奇怪的音。

  五分钟过去了，班里其他学生开始有些不平静，这不平静里有着急、有费解，可能还有嘲讽。这个学生自己也有点儿焦虑了，表情很不自然，舌头似乎也不知该怎么放了。我忽然意识到，在这个学生的发音问题上，我可能有点儿急功近利了，只想一下子让她学会标准的发音，却没考虑到这是第一次语音课，我这样持续、机械地纠音对她的学习情绪和信心带来的冲击。于是我给学生们一个微笑，解释说第一次学习汉语的发音，感觉困难是正常的，以后多练习就会好的。然后我果断地结束了这几个声母的学练，开始练习别的声母。有几个声母，这个女生发得很不错，比如 r、g、k，我就多让她发几次，并且适时给予肯定和鼓励，以减少刚才的发音练习给她带来的挫败感，增强她的信心。

  在接下来的学习中，我注意不在课堂上持续纠正学生的发音错误，如果发现谁的错误特别明显,我就在课下单独帮他/她纠正。针对这个女生的问题,在词句学习中,每遇到一个含有这些声母的词,如"叫、去、酒、九、知、吃、住"等,我就课下专门帮她练习,并帮她把同类声母的字词归纳起来专门练习。这个过程中,她发音正确的次数越来越多,即便有时发不对,我也不像第一次课上那样表现出很在意、很"焦虑"的样子。差不多一个月以后,有一次课上我突然发现,她已经掌握了这些声母的发音,在读含有这些声母的字时都读得很好。

(宋海燕)

分析

在基础汉语教学阶段,一般会用两周或更长的时间集中进行语音训练,使学生比较准确地掌握汉语的声韵调系统,为下一阶段的词汇、语法学习打下基础。在这一阶段,教师对学生的语音应该严格要求。正如赵元任先生所言:"这种工作啊,只要开始两三个礼拜就应该把所有的困难都给战胜。因为两三个礼拜要是不给它弄清楚啦,以后你再学到文法、再增加词汇的时候啊,你就把这些错的音就老用了,所以不能不在最初的时候把这个习惯弄好。"

不过,教师纠正学生的发音错误时要注意方法,切忌抓住一个学生的发音错误不放,变纠音为"揪住不放"。这样做会让学生产生焦虑情绪,也会打乱课堂的节奏,浪费大家的时间。能不能准确地发音,受学习者个体差异(语言学能、努力程度等)的影响,也受学习者语言背景差异的影响。所以在一个国际班里,学生掌握某个音的程度有差别是十分正常的。要给学生一定的时间,"发音完全接近母语水平需要一段时间的适应,这是由学习的内在机制控制的"(施向东、丰琨,2008)。

要纠正学生的发音,教师自己必须对汉语的语音系统有比较深刻的了解,能够对理论进行具体化的、生动的处理。练习发音的方法有很多种,如演示法、对比法、夸张法、手势法、拖音法、带音法等,本案例中的教师就采用了带音法。Zh、ch、sh 和 j、q、x 是汉语里比较独特的两组音,教师经常使用带音法进行教学。在实际的课堂操作中,舌尖后音 zh、ch、sh 常常用舌尖前音 z、c、s 来带,但是要注意,发准 zh、ch、sh 并不是要夸张到"卷舌"的程度,关键在于要翘舌。j、q、x 发音部位是舌面前,用舌尖后音 zh、ch、sh 带是比较难操作的,更何况 zh、ch、sh 不见得就比 j、q、x 容易发音,这样带音处理是不妥当的。此外,像"舌头向后运动"这样的说法也会让学生不明究竟。发 j、q、x 这组音时可以利用舌面前元音 i 来带,发 i 的时候,保持发音部位不变,用 i—ji、i—qi、i—xi 的方式不断对比发音,成功率会比较高。

思 考

1. 以下是一些教师在语音教学中的不当做法,请从语音的客观属性、学生的语言背景、学生的情感和心理多个角度分析这些做法为什么不妥当。

A. 重复学生的错误发音。

B. 请一个学生为另一个学生纠音。

C. 教国际班时,只将汉语语音与英语语音对比,大量使用英语发音带汉语发音。

D. 过早地告诉学生有不少中国人发不好舌尖后音 zh、ch、sh,所以发不好也没关系。

E. 声韵调全部讲授完后,马上开始听写拼音的练习。

2. 语音教学作为汉语教学的起点,要严格要求,打好基础。但这是不是意味着对错误发音在纠音时间、方式上都要有"零容忍"的态度?下面是一位教师语音教学的心得,请结合案例分析中赵元任先生的话,试作对比和评析。

  学生新接触一种语言,对这种语言的语音系统是完全陌生的,不知道怎么发音也不奇怪。遇到发音错误,教师当然要纠正,但要注意纠音的方式和程度,有时还要对学生的语音错误有暂时的容忍度,不必强求一次纠正好、纠正完。随着学生对目的语感知体验的增加,随着听辨模仿的增多,学生有可能会在潜移默化中掌握正确的发音。当然,这并不是说教师可以忽略自己纠正提醒的义务,遇到学生的发音错误还是要及时纠正提醒,只是说教师可以不那么纠结于学生的错误发音,而是给学生熟悉、领会、调整的时间。

阅 读

1. 赵金铭. 简化对外汉语语系教学的可能与依据. 语言教学与研究,1985(3).

2. 程美珍,赵金铭. 基础汉语语音教学的若干问题. 第一届国际汉语教学讨论会论文选. 北京:北京语言学院出版社,1985.

3. 程棠. 对外汉语语音教学中的几个问题. 语言教学与研究,1996(3).

4. 石锋. 汉语语音教学笔记. 南开语言学刊,2007(1).

5. 施向东,丰琨. 对外汉语语音教学总体思路和大纲研究. 第九届国际汉语教学研讨会论文选. 北京:高等教育出版社,2010.

案例 50 语音教学小窍门

教学地点：意大利罗马　　**教学对象：**成人混合年龄初级班

（一）

语音阶段的教学，一般采用反复练习、反复纠音的方式，而练习的方式通常是读，如跟读、齐读、每个学生单独读等。由于教学形式简单，几节课下来，学生就能摸透教师上课的套路，而且每次两小时的语音练习课，多多少少会让学生觉得课堂单调乏味。针对这个问题，我的方法就是利用卡片，把声母和韵母分别写在卡片上让学生朗读，在做声韵拼合练习时，卡片既可以节约时间，还可以使展示方式多样化。

利用卡片进行拼合练习，我主要采取两种方式：一是拿着卡片分别说出声母和韵母，然后让学生拼读；二是把卡片发给学生，我读音节，让学生找出相应的声母、韵母卡片。

可能是第二种练习方式参与性较强，加上初级班的学生刚开始的时候学习兴趣非常浓厚，热情很高，练习的时候，每个学生都很认真地听，尽力选出他们自己觉得正确的声母或者韵母。如果遇到意见不统一的时候，大家还要求我再读一遍，然后再进行选择。有时大家还互帮互助，帮助举错的学生改正错误。经过两次课的拼合练习，我发现班上的女学生辨音能力比较好，尤其是Vivian和Consuelo，年纪最大的Giampaolo表现也很好。相比之下，男学生在辨音方面就稍显逊色了，Metteo在我这次课进行卡片拼合练习前还表现出很痛苦的样子，说："啊？又是这个！"我问他："你不想练习语音吗？"结果还没等他回答，前排的学生们就都转过头对他说："不！要练习的！为什么不练习？"然后又转过来表情坚定地对我说："老师，我们要练习，这个练习很有帮助！"看来大家还是蛮喜欢卡片练习的，那Metteo只能少数服从多数啦！

语音卡片游戏（选自《国际汉语教师课堂技巧教学手册》）

（李爽）

（二）

当涉及一些常用字的拼音的时候，我会告诉学生相应的汉语意思是什么。因为在单纯地练习语音时，我发现有几个学生在跟读后显现出疲倦态，毕竟他们已经连续上了快三个小时的课了，所以我决定用这些拼音的意思来吸引他们。比如，读到 bù 的时候，我就会告诉他们这个音在汉语中是什么意思，读到 yī 的时候，告诉他们这是汉语的"一"，另外还有一些简单的词语如"爸爸、妈妈、哥哥"等，不过教意义时我都没有涉及汉字的写法。

（许舒焙）

（三）

除了传统的个别读、跟读、齐读，我还设计了几个语音练习小游戏。

游戏一：将学生分成两组，发给每组一样的声调、声母卡片，然后我说一个音，学生举起相应的声调和声母卡片，并且重复这个音。这个游戏主要是帮助学生辨析声调和容易弄混的几个声母。

游戏二：发给学生写有 a、o、e、i、u、ü 和 an、en、in、ang、eng、ing、ong 的卡片，然后我来说一个复韵母，学生听到后要举起相应的韵母卡片，比如我说 ai，有 a 和 i 的学生要同时举起卡片，并且重复 ai。这个游戏的目的是让学生了解，复韵母虽然很多，可是一点儿也不可怕，都可以拼合起来。

游戏三：这个练习一般放在练完声韵调拼合之后进行，我先念不带声调的由声母和单韵母拼合的音，然后是声母和复韵母拼合的音，最后是声韵调结合的音。最后一种我练得比较多，这是由于学生对声调的听辨仍然非常不敏感。

每个游戏都会有学生出错，比如把 b 听成 p，把 d 听成 t（因为意大利语没有送气不送气之分）。这时候，我会多重复几遍，将出错的音进行对比，让学生再多听几次，直到他们体会到二者的不同之处。

因为这些游戏是集体活动，没有听清的学生可能会侥幸过关。为了防止有人"滥竽充数"，我也会让学生在课堂上听写，一般是每个游戏以后都安排听写，最后会把答案用 PPT 展示出来。但是，如果是考查声调的听写，我会在听写完一个音以后马上问学生是第几声，如果回答错误就让他们马上再听一遍，并和他们说错的声调相比较。另外，针对送气音和不送气音的辨析，我也会一组音一组音地让学生听写，并马上校对答案，然后让学生跟错误的答案对比，引导他们自己发现区别。

（许舒焙）

分析

语音训练，如果只是不断地跟读、朗读、拼读，形式单一，脱离意义表达，时间稍微长一些就容易让学生感到枯燥、无趣。如何提高语音教学的趣味性，提高学生的积极性，是很多教师面临的问题。尤其是当学生的学习动机本来就不强、主动性积极性较差时，语音学习阶段的枯燥乏味甚至可能使其放弃汉语学习。

目前，语音教学有两种通行的做法：1. 像案例（一）和（三）中介绍的一样，引入一些课堂教学活动，既能使气氛活跃起来，又能在学习中融入互动的元素。2. 引入有意义的学习，将一些常用汉字、词语、短句作为语音学习的素材，如汉语数字及其写法、"你好""谢谢"等基本交际语等。一方面，语音和意义的结合能够满足学生的交际需求；另一方面，这样的教学安排也引入了语流教学，学习者最终需要掌握的也是语流中的语音。当然这并不是否认大量单音训练的必要性，单音的基础打好了，语流教学才会水到渠成。

很多教学活动类参考书中，都列举了大量常见的语音教学课堂活动。在设计活动时，同一种活动可以经过灵活调整不断变化丰富。例如，听音辨音是语音训练的一个重要方法，其具体形式可以是听音后举卡片，也可以是听音后拍卡片，还可以是三四个学生一组，听音后分别举声母、韵母、声调卡片进行拼合。总之，在一个核心教学目标之下，要"万变不离其宗"。

教师应该尽量使学生的学习过程变得轻松、有趣，但也要对趣味教学有正确的认识。正如程棠先生所说："兴趣这个东西有它的两面性，正确发挥个人的兴趣，会有利于学习和工作，不正确的发挥则会妨碍学习和工作。"任何技能训练都不可跨越基本（动作）练习的阶段，这个阶段免不了会枯燥、单调。语音训练作为一种技能训练，自然也是如此，这一点应该让学生清楚。

思 考

1. 根据你对语音教学的理解，将下列语音教学的活动和内容按照先后顺序进行排序。

A. 将汉语语音与学生的母语进行对比，分析学生可能产生的难点，可能发生的正迁移、负迁移，以及近似音替代现象。

B. 举例说明汉语的声调有区别意义的作用，告诉学生声调非常重要。

C. 带领学生"唱四声"，在此过程中纠正学生的发音。

D. 将汉语语音与其他语言语音中的难点进行对比，帮助学生树立"每种语音系统都有难点"的观念。

E. 利用绕口令纠正发音，活跃课堂气氛。

排序结果：_____

2. 小高是赴泰国的志愿者，他的第一节课是教零起点的初中生，教学目标是让学生掌握六个单韵母和一点儿日常交际语。他打算在教单韵母时，结合具体的意义教学生几个汉字。不过选汉字时，他有点儿拿不准要选几个、选什么。请你帮他选择一下，并说明理由。

喔 窝 我 握　饿 俄 鹅 鳄　一 衣 医 乙　午 五 舞 雾　雨 玉 于 鱼

阅 读

1. 程棠. 对外汉语语音教学中的几个问题. 语言教学与研究, 1996（3）.

2. 施向东, 丰琨. 对外汉语语音教学总体思路和大纲研究. 第九届国际汉语教学研讨会论文选. 北京：高等教育出版社, 2010.

3. 鲁健骥. 对外汉语语音教学几个基本问题的再认识. 大理学院学报, 2010（5）.

4. 周健. 汉语课堂教学技巧325例. 北京：商务印书馆, 2009.

5. 王巍, 孙淇. 国际汉语教师课堂技巧教学手册. 北京：高等教育出版社, 2011.

案例 51 标调怎么教？

教学地点： 意大利罗马　　**教学对象：** 成人混合年龄初级班

备课的时候，我就在想，应该怎么讲标调呢？标调其实很简单，就是按照韵母 a、o、e、i、u、ü 在音节中出现的顺序来标，当然，iu 和 ui 除外。但是标调规则解释起来就有点儿难了，用英语解释的话，专业术语太多，怕把简单的规则解释复杂了；用意大利语解释的话，我的意大利语水平又不够。所以，最后我决定用"比画"的方法让学生自己发现问题的答案。

到底怎么个"比画"法呢？上课前，我先在黑板上写出了所有的声母和韵母，并且对韵母做了分类，具体板书如下：

这些板书的用途在于：1. 带学生复习所有学过的声母和韵母。2. 黄色笔标记的地方用以提醒学生在单用时需要用 y、w 代替 i、u，蓝色用来提醒学生在单用时要加 y 并去掉 ü 上的两点。3. 红色的地方用以提醒学生标调的位置。

在带学生复习过所有的声母和韵母之后，我就开始用"比画"的办法来解释标调的方法了。

首先指着红色韵母的部分告诉学生，这一行韵母的顺序非常重要，一定要记住。

然后开始在 ai、ei、ao、ou、an、en、in、ang、eng、ing、ong、er 这组韵母上标调。先说 ai，问学生应该在哪个字母上标调。这时候大家都七嘴八舌地猜起来，然后我在 ai 上标调 ài，公布答案。接下来我重复指红色韵母并强调顺序，学生们马上就能明白到底应该在哪里标调了。

最后我叮嘱学生一些注意事项，还是用已经分好类的韵母板书来给学生展示。第一组和第二组韵母很容易掌握。不过，后面三组韵母就需要注意了：一是不改写的时候怎么标调（当然还是按照 a、o、e、i、u、ü 的顺序）；二是用 y 和 w 改写后的标调顺序；三是 iu 和 ui 两个特例需要特别注意，因为这两个韵母原来应该是 iou 和 uei，只是写的时候写成 iu 和 ui,所以标调不受顺序规则的限制,只要遇到有 iu 和 ui 的音节,都要把声调标在最后一个字母上。

(李爽)

分 析

在教学过程中,教师如果能够通过直观的展示而不借助繁复的讲解来完成教学任务,自然是最好不过的。除了标调这一个项目外,对于具体的发音,直观展示的作用也很大,如利用手势讲解发音部位、发音方法等,往往更生动、形象,对学生来说吸引力更大。不只对语音教学,直观展示的作用对词汇、语法也是一样的。

我们知道,按照汉语拼音的标写规则,调号要标在主要元音上。由单韵母构成的音节,声调符号要标在单韵母上面;由复韵母构成的音节,声调符号要标在韵腹上,不同韵腹的标调顺序是 a→o→e;iou 和 uei 由于省写成 iu 和 ui,标调规则较为特殊。从输入的角度来说,拼音标调的位置对学生的准确拼读有一定的帮助。从输出的角度来说,如果学生发音是正确的,即使将调号标错了位置也是无妨的。标调并非一个语法项目,其本质是一个规范性的问题,标调规则是人为规定性的,而不是约定俗成的。很多声调语言的文字都是声调与音节(不带调)相分离,如越南的罗马字,这一点教师也应该了解。

标调顺口溜(选自《国际汉语语音与语音教学》)

思 考

1. 以下方式在语音教学中都是可行的,请尝试在课堂上进行实践。

A. 利用舌位图、口腔模型或其他教具向学生介绍发音部位、发音方法。

B. 利用手势模拟口腔和舌位。

C. 利用图示、手势、其他肢体动作表现声调调值和变化。

D. 利用纸片对比送气音和不送气音。

E. 利用钟声、音乐、句调等模拟汉语声调调值。

F. 用不同大小的字母强调复韵母的主要元音、开口度差异、标调位置，例如"iɑ"。

2. 下面是案例作者的课后小结。请你用这种"发现式教学法"设计一个 10 分钟左右的语音教案，具体内容是：为成人初学者展示几个零声母的音节，如 yí（移）、wǔ（五）、yù（遇）等，引导他们自己发现并归纳零声母现象和拼写规则。

讲解之后，学生的反馈是都明白了，而且后来的练习也表明讲解的效果挺不错。学生们自己总结规律，自己寻找答案，这种发现式教学方法不仅可以用于语音教学，也可以运用于语法教学中。

阅 读

1. 程美珍，赵金铭. 基础汉语语音教学的若干问题. 第一届国际汉语教学讨论会论文选. 北京：北京语言学院出版社，1985.

2. 张园. 手势在语音教学中的作用. 语言教学与研究，2002（6）.

3. 李小凡. 汉语拼音隔音、标调新探. 语言教学与研究，2007（2）.

案例 52 声调和语际对比

教学地点：意大利罗马　**教学对象**：成人混合年龄初级班

开始上课以后,我先带领学生复习课文,在初级 B 的阶段,学生的语音问题已经成了极其令人头痛的问题。除了个别已经形成良好语音习惯的学生,几乎每个人都有语音尤其是声调上的问题。特别是哲学专业的学生,可能由于此前学习的都是古籍和书面语言,他们完全意识不到声调的存在,在朗读和说话的时候根本不理会声调。班里有一位老年人 Fabio,读课文速度非常快,不光只看拼音不看汉字,而且连声调也不看,即便是我不断纠正,他也不愿意把速度慢下来。看来只利用上课的时间,真的很难把这个问题彻底纠正过来。

这节课开始,我继续使用"正音栏"的方式(我在黑板上专门留出一角,将学生一段时间内易读错的字词固定地写在该处),新来的学生也开始习惯这种方法。我着重写了"要、是、请问"等几个词,所有学生都把"问"读成"吻",我告诉他们"吻"在意大利语中是"bacio"的意思,大家都觉得很有意思。令我高兴的是,哲学专业的学生也很快适应了我的这种方法,我一指黑板,他们就立刻开始纠正发音。

自从我上学期开始用"正音栏"的方式之后,我发现意大利学生的声调问题大都出现在第四声上,如"是、叫、姓、要、问"等都是他们容易出错的音。

(钱茜)

分 析

如果不带上声调,汉语中的音节只有四百多个,如果没有声调分化、区别这些音节,很多完全不同的意义就要用同样的音节来表示,这就会使汉语表达效率低下,比如"坛子、摊子、探子、毯子"声母、韵母完全相同,但意义却完全不同。声调将这四百多个音节分化成了一千三百多个带调音节,这样就基本能够满足汉语表达意义的要求了。所以说,声调是汉语中表达意义的重要手段。这个道理应该让学生明白,学生不理会声调,实际上是没有给予声调足够的重视。

教师在教的时候,可以采用一些手段来强化声调的训练,本案例中的"正音栏"就是其中的一种,有时告诉学生一些"极端"的例子也会很有效果,如本案例中提到的"问"和"吻"。

再就是,教师应该注意,对于四声,不同国家的学生会有不同的难点,所以教学的时候不应该平均用力,应根据实际情况具体分析,抓住重点。

思 考

1. 如果学生的第四声发不准，你准备用什么方法来帮助学生找准调值？说说你的理由。

A. 让学生不断跟教师重复。

B. 用手臂用力向下或用踩脚的方式帮助学生"发力"。

C. 让学生用模仿叹气的方式发音。

D. 利用阴平的 55 调值找发音起点。

E. 利用阳平的 35 调值找发音起点。

F. 在词、句中纠正学生的发音。

G. 其他 _____

2. 下表是杨惠元老师设计的"二十个定调音节"，表中包括了所有双音节词语可能的声调组合方式，为学生提供了参照系，是教师课堂教学、学生自我纠音的重要工具。请完成这一表格，并试着参考这一表格，为你的学生设计一个个性化的定调音节表。

	都	还	也	在	的
听	都听（一声+一声）				
读					
写					
看					看的（四声+轻声）

阅 读

1. 程美珍，赵金铭. 基础汉语语音教学的若干问题. 第一届国际汉语教学讨论会论文选. 北京：北京语言学院出版社，1985.

2. 杨惠元. 对外汉语听说教学十四讲（第九讲"说话训练的方法〈一〉思维能力的训练和语音练习"）. 北京：北京大学出版社，2009.

3. 鲁健骥. 对外汉语语音教学几个基本问题的再认识. 大理学院学报，2010（5）.

4. 宋海燕. 国际汉语语音与语音教学（第十章第一节"声调偏误"）. 北京：高等教育出版社，2013.

案例 53 负迁移

教学地点： 意大利罗马　　**教学对象：** 成人混合年龄初级班

（一）

　　这次课的内容安排简单明晰，授课过程也很清楚，主要是针对上次课发现的学生在发音时"没着落"的表现，给他们找点儿"依靠"。

　　声母的难点部分，我采用了中意对比的方式帮助学生突破，给较难发的音在意大利单词中找一个近似的音，找一个学生说意大利语发音，我说拼音，大家一起找区别，然后再让学生试着跟我读拼音，这样一来学生似乎体会到了发音的具体方法。对比的目的就是给他们一个"拐杖"，帮助记忆，帮助学生在遗忘了该音的发音方法而教师又不在的情况下，能够有个发音参照。在发 c 这个音时，开始时他们就是发不好，我让他们仔细听我发几遍，然后问他们觉得这个音跟意大利语中哪个音相近，他们想了想，然后告诉我是 zucchero。我仔细听他们发了几次，结果真的发现，我以前发这个意大利语单词时竟然是不准确的，这可真是教学相长啊！在尝试发音时，学生们有时会展开讨论，发得好的学生会主动告诉大家一些关键要领。这个时候我不会打断，会给他们一定时间去体会，笑着看他们讨论，等他们再次抬头看我时，我会说："明白了？再跟我说一次——"

　　韵母的难点部分，针对学生受到母语负迁移影响造成的发复韵母音太散的问题，我把复韵母放到某个有意义的字中练习，让学生直接感受完整的音节。我的想法是，通过在音节中练习复韵母，也许不会让学生感受复韵母复合形成的过程，这样一来，学生母语复合发音的负迁移作用可能就会小一些了。

（钱茜）

（二）

　　我发现学生会反复出现的错误有：把 zh 发成 z，把 yu 发成 you，把 ke 发成 kai，把 shun 发成 shong，把 guo 发成 gou，把 shou 发成 shu，以及前后鼻韵母发音不准确。课后，我反复地想学生出错的原因。我想到自己学习意大利语时，在刚开始的三个月内，我也因为受汉语拼音和英语发音的影响出现发音不准确的情况，比如经常把 chi 发成 ki。结合意大利语的发音，我分析学生出错的原因有可能是这样的：把 zh 发成 z 可能是因为意大利语中的 h 不发音；把 yu 发成 you 一方面可能是受汉语拼音规则的影响，另一方面可能是由于意大利语中没有 yu 这个音；把 ke 发成 kai 的音应该是受意大利语中 e 音的影响；发错 shun 一方面是受 uen 省写的影响，一方面也可能是受意大利语发音的影响……如果我猜得没错的话，学生的这些错误现在仍然需要有错必纠，不过，我想随着学生对汉语越来越熟悉，这些错误最终应该能纠正。

（孙岩）

分析

Lado（1957）提出的对比分析假说认为，学习者在第二语言习得中会把母语的语言形式、意义及其分布，连同与母语相联系的文化迁移到第二语言系统中去。两种语言结构特征相同之处会产生正迁移，两种语言的差异会导致负迁移。差异越大，就越容易迁移。但是第二语言教学的经验和相关研究都告诉我们，最容易产生负迁移的，往往是语言间的一些相似特征，也就是说，差别越小，就越容易带来混淆。在案例（一）中，教师通过在意大利语中找近似音的方法帮助学生掌握汉语发音，使用此方法时需要特别注意，一定要提前做好对比分析，找出汉语发音和近似音的差别，否则反而"促成"了负迁移。汉语语言要素中，"母语语音的干扰最先要排除，也是很难被彻底排除的"（施向东、丰琨，2008）。因此，语音教学的任务就比较艰巨，教师必须一开始就帮助学生尽力排除母语的干扰。

拼音文字背景的学生音素拼合能力都很强，但是拼音文字的音素合成往往是跳跃的，用案例（一）中这位教师的话来说，就是"比较散"。而汉语中一个音节不管包含几个音素，发起来给人的感觉就是一个单位，干脆利落。有些学者如顾筝、吴中伟、陶炼甚至主张"音节教学法"，即以音节切入进行语音教学的方法，区别于以音素为开端的方法。

教师应该意识到，在语音教学中，负迁移是经常发生的。如果教师能了解学生的母语是最好不过的，这样就可以提前进行对比分析，预测难点，或者在学生出错后进行偏误分析，找出偏误的来源。如果一个班里的学习者语言背景不同，教师要了解所有学生的母语是不现实的，在这种情况下，如果想了解学生偏误的来源，可以查阅相关资料，也可以对学生进行访谈，了解困难所在。但无论如何，教师首先应该对所教授语言的语音系统有比较深刻的了解，这也是最根本的一点，对比分析、偏误分析都要建立在这个基础之上。

思 考

1. 面对母语背景不同的学生，有的教师尝试用一些共性较强的、近似的语音现象引导学生体会汉语的声调，比如用独词句的句调来带声调。下面的四张图片是否能用来启发学生学习汉语声调？它们分别代表哪种声调？又有哪些不足和局限性？你有什么更好的建议？

2. 小胡是一位新手教师，目前作为志愿者教师在德国教学，他在教授语音课后写下了下面的小结。请对其中的观点进行评论。

　　由于母语和目的语的不同或者说近似而导致的负迁移，我觉得解决办法有两步：首先，要明确对比两种语言的语音（如德语是什么，汉语是什么）；其次，要在允许出错的前提下重复纠正学生的错误。现在想想，其实刚开始几次课时，作为新教师的我虽然会一点儿德语，但是避免学生产生母语负迁移的意识还是比较弱的，甚至对学生出的此类错误都不够敏感。随着课程的逐步展开，我对此类错误的感知也越来越清晰，我感觉学生的问题在逐渐集中并突显出来。我想，这也许是由于教师对教学对象和教学内容的认知不再是停留在表面上，或纯粹理论层面上，也不是停留在别人的经验上，而是在实践中感知并总结出来的。

阅 读

1. 李雪梅. 对意大利学生进行汉语语音教学浅谈. 汉语口语与书面语教学——2002年国际汉语教学学术研讨会论文集. 北京：北京大学出版社，2004.

2. 顾筝，吴中伟. 留学生入门阶段语音教学研究. 云南师范大学学报（对外汉语教学与研究版），2005（2）.

3. 王建勤. 第二语言习得研究（第二章"对比分析与偏误分析"）. 北京：商务印书馆，2009.

4. 王韫佳，邓丹. 日本学习者对汉语普通话"相似元音"和"陌生元音"的习得. 世界汉语教学，2009（2）.

5. 龙藜. 意大利汉语学习者的语音偏误分析. 世界汉语教学学会通讯，2012（1）.

6. 宋海燕. 国际汉语语音与语音教学（第十章"语音教学常见偏误与对策"）. 北京：高等教育出版社，2013.

案例 54 发音练习小插曲

教学地点：挪威卑尔根　　**教学对象**：高中生

在挪威，大部分的高中生在升入高中前已经接触过至少三门语言。首先是自己的母语——挪威语。第二种就是英语，这里高中生的英语水平基本上能够达到中国大学英语四级的水平，而且他们的听说能力水平可能还会更高一些。第三种就是他们的第二外语，所有的学生都会在上初中时学习德语、法语或西班牙语等一些欧洲较大的语种，其中学习西班牙语的学生最多。因此，在他们学习汉语语音时就会受到先前学过的语言的影响。比如在练习汉语拼音中 si 这个音的时候，许多之前学习过西班牙语的学生会受到西班牙语的影响，把这个音发成介于 si 与 xi 之间的一个音，而且一两次的纠正很难见效，需要反复地纠音。但是之前第二外语是法语和德语的学生则没有这种问题，基本上经过三次练习后就能够正确地掌握 si 的发音。

此外，在练习 fang 的发音时，出现了意想不到的情况。在发一声和二声的 fang 时，学生们的情绪都表现得非常正常，但是在练习到三声和四声的 fang 时，许多学生开始不停地笑，一些男生故意大声地练习，而一些女生则沉默不语。我立刻留心记下了这一现象。经过调查发现，汉语拼音中的 fang 在发成三声和四声的时候与挪威语中的一句脏话非常相近，因此许多学生就会故意把这个发音练习当作脏话念出来。当我确定学生们已经正确地掌握了 fang 的不同声调的发音后，就不再继续反复练习了。

在练习 zhi、chi、shi 的时候，学生在单独练习的时候都可以发得很标准，但是一旦将这三个音连在一起发的时候，很多人都会发成 shi、shi、shi。经过一番思考，我决定不再将它们放在一起练习，而是让学生分开认读，然后搭配其他音节发音。经过一个月的分别练习后，我再将它们放在一起让学生练习认读，正确率达到了 100%。以此类推，zi、ci、si 我也没有让学生放在一起区分学习，而是让他们分别认读，一个月以后，学生也能很自然地准确区分出来了。我认为，对于易混淆的发音，不必让学生一开始就学习准确地分辨，可以让他们循序渐进地分别掌握，经过一段时间的体会和学习，反而能更好地掌握这些发音。

（李菁菁）

分 析

零起点的第二语言学习者并非绝对的"零起点"，他们已经掌握的语言知识会迁移到正在学习的语言当中，但这种迁移更多的是积极的，如本案例中提到的学过德语、法语的学生对 si 的掌握。对于已学过的语言带来的负迁移我们应进行好好分析，了解偏误来源，找到直观、易懂的方式来展示正确发音。

练习发音时常常需要成组练习，可按发音部位分组，也可按发音方法分组。本案例中的教师提到，把 zhi、chi、shi 放在一起的时候，很多学生会发成 shi、shi、shi，这说明，学生在发音部位上并没有遇到什么困难，主要是发音方法的问题。这种情况下，就可以按发音方法分组，将不送气塞音 b、d、g、z、zhi 分为一组，将送气塞音 p、t、k、c、chi 分为一组，而将擦音 h、si、shi 放在一组。这样练习实际上就是强化 zhi、chi、shi 的区别。另外，练习发音时不能急于求成，要给学生一段时间适应，前文也提到过，"发音完全接近母语水平需要一段时间的适应，这是由学习的内在机制控制的"。

再就是由于音义结合的任意性，同样的语音在不同的语言中会被赋予不同的意义。由于语音是语言的物质外壳，学生很容易由发音联想到意义。所以教师应该尽量避免使用在学生母语和第二语言中被赋予不雅意义的语音。汉语中声韵的组合可以多种多样，还有声调与之相配，我们并不用担心因为回避了某个具体的发音而影响学生的语音学习，比如本案例中说的 fǎng 和 fàng，学生只要学会了 f 和 ang 的拼合，也知道上声和去声的调值，自然能发出目标音。

思 考

1. 欧美学生很容易把汉语中的 b、d、g 等发成浊音，你有什么方法帮学生纠音？
2. 韩老师为训练学生的发音准确度，喜欢在语音教学的基础阶段引入绕口令，比如针对 si—shi 不分的"四是四，十是十，十四是十四，四十是四十"，又如针对日本学生 f—h 不分的"红凤凰，粉凤凰，粉红凤凰花凤凰"。聂老师则认为，在语音教学的基础阶段，这种绕口令的教学成效甚微，甚至会让学生产生畏难情绪，学生即便把绕口令说熟了，在其他场合还有可能会说错这些音。你怎么看待这个问题？

阅 读

1. 顾筝，吴中伟. 留学生入门阶段语音教学研究. 云南师范大学学报（对外汉语教学与研究版），2005（2）.
2. 周奕. 略论对外汉语语音教学的"难点频现"原则. 语言文字应用，2006（S2）.

第二节
词汇教学

案例 55　生词讲解，爱你真不容易！
发生地点：意大利罗马　　教学对象：成人商务汉语班

　　我第一课的生词讲解是完全失败的。我原以为学生的汉语表达已经没有问题，所以准备的生词基本上都是"招聘、中介公司"等比较抽象的词，这些词既跟他们的生活没有关系，又不具有什么生成性，连让学生造句都很困难，怪不得我上起课来觉得那么无力。

　　我反思了生词讲解的问题，发现如果采用别的方法，"招聘、中介公司"这样的词其实很容易讲解。举一个简单的例子，之前我准备"猎头公司"这个词的讲解时，我的备课笔记上是这样写的：高级人才委托招聘业务，又被称为"猎头服务"。专门从事中高级人才中介的公司，又称为"猎头公司"。"头"是指智慧、才能集中的地方，"猎头"指猎夺人才，即发现、选择人才。猎头公司只对企业收费，只为能力强、有职业道德的人服务。

　　经过专家指点和同行听课点评我才发现，对大学汉语专业三年级的学生解释以上这段话，其难度远远大于"猎头公司"这个词本身，这无异于给自己的授课设置障碍。

　　最近我在讲生词时有了一点儿进步，我能把生词和实际生活中的一些事结合起来了，比如讲到意大利生产的巧克力的时候，就说到了我在佩鲁贾的经历，并用之前学过的词把要讲的事情串联起来，这样也能让学生复习旧词。但是这样讲下来，我发现学生忘得很快，一个对话就有接近二十个词，任凭是天才学生也记不住吧。

（钱茜）

分析

　　在得到有经验的教师的指导后，本案例中的教师对案例中反映的问题做了进一步的反思，她在教学日志中写道："生词讲解应当贴近生活，增强实用性，而不是纯粹就商务解释商务。没有必要给学生带入过多的商务知识，在学生语言水平没有达到的情况下，这样只会加重他们的理解负担。教师应该把商务场景转移到现实生活中，以旧带新，提高教学效率。"

确实,生词教学是一个基本功,也是新手教师的难点之一。有的新手教师会直接使用《现代汉语词典》中的解释,这些解释有很多时候要比目标词更难懂,学生会越听越糊涂。其实教生词有很多方法,比如图片法、情境法、表演法等。

鉴于商务汉语课程教学内容多、时间紧的特点,教师应该合理控制时间的分配,不需延伸的内容大可不必延伸,而是要留出更多的时间让学生练习。比如有的教师在讲解"调研"的时候,分别解释了"调查"和"研究",它们在逻辑顺序、学术意义上的区别等,学生听得十分吃力,也浪费了不少时间。

关于词汇教学有几点需要注意:1. 可懂输入的重要性。解释生词的时候一定要用比生词容易的词语去解释,教师的输入要可懂、易懂。2. 生词教学要与语言运用的实际相结合,要跟生活联系起来,这其实也是一种以旧带新的方法。3. 生词讲解不必面面俱到,一般来说,只需要讲解该词在本课语境中的意义即可,不要试图把词语的所有义项"一网打尽",试图"毕其功于一役",其结果往往会适得其反。

思 考

1. 讲解生词主要有哪些方法?请以"猎头、椰子、尴尬、印象、化妆、继续"等词为例说明。
2. 专门用途汉语教学(如商务汉语教学)是否可以从零起点开始,应该从哪个阶段开始,这仍是学界有待深入讨论的问题。有的教材编写者和教师认为,初级商务汉语应该专注于商务场景,学习者需要掌握商务交际任务的通用汉语词汇。请分析 HSK 四级词汇,列出你认为符合这一条件的通用汉语词汇。

阅 读

1. 彭小川,马煜逵. 汉语作为第二语言词汇教学应有的意识与策略. 语言文字应用,2010(1).
2. 李明. 对外汉语词汇教学与习得研究(第四章第四节"词义教学策略和方法"). 北京:中国大百科全书出版社,2011.
3. 刘颂浩. 国际汉语词汇与词汇教学(第二章第一节"词汇教学的原则"). 北京:高等教育出版社,2013.

案例 56 词汇处理的原则

（一）

教学地点： 意大利罗马　　**教学对象：** 成人混合年龄提高班

以前我只知道生词讲练时要挑那些对学生来说的重点词、难点词，至于哪些是重点、难点，全凭自己的主观意志，一些自认为不是重点、难点的生词往往就被我忽略了。现在我才体会到，对重点和难点的判断要根据学生的实际水平。

现在我会把生词分为三个等级：对那些明显很容易的生词，带读即可；一般难度的生词，会简单解释一下生词或与生词有关的词组的意思；对那些明显的重难点生词，特别是讲解了几遍学生还是不懂的生词，则要给出大量的例子和练习。举例子时，可以把典型的、简单的句子写在黑板上，便于学生做替换练习。

还有就是，学生的难点要一个一个排除，千万不能为了赶进度而忽视学生的问题。

（陈蓉）

（二）

教学地点： 意大利罗马　　**教学对象：** 成人商务汉语班

课间的时候朱老师来到我们班准备听下一节课。他刚好看到了我上一节课写在黑板上的例句，是"怕"和"虽然"这两个词的例句。"怕"我给了两个例句："学生怕老师"和"我怕晚上自己走"。朱老师的建议是：这两个例句还是不太典型，而且后一个句子结构有点儿复杂，学生掌握起来比较难。这两个例句是我在课堂上临时想出来的，虽然想例句的时候也有意识地贴近生活，但仔细想想，这两个句子的确不算是最合适的例子。

之后，朱老师看了一下教材，一课大概有二十几个生词，他认为我这样每个词都讲的话内容太多，学生掌握起来不容易，我的备课量也太大。朱老师向我介绍了他处理生词的方法——把生词放到课文里去讲，学生自己能够看懂意大利语解释，能够理解词义，这样课文本身就为生词提供了语境，帮助学生理解。

在讲解词汇的时候，学生又提出了几个词义辨析的问题，比如"独特—特别、特点—特色、风景—景色"的区别。前两对近义词是当课的重点词汇，所以我在课前做了比较充分的准备，但是我没考虑过"风景—景色"的区别，因此当时比较尴尬。我的体会是教师永远需要比学生多留一个心。

（崔佳兴）

分 析

重点、难点的初步确定应该建立在对教材课文、练习认真钻研的基础上。在教学过程中,教师也要根据学生的实际情况对重点、难点进行调整。一课中的生词可能很多,在课堂时间有限的情况下,要学会抓重点,对于语义、用法简单的词可一带而过,把更多的时间留在处理重点、难点词汇上。

在具体讲解时,要注意选取合适、典型的例句,注意语境不能太难,要不然学生会在理解语境上花费过多时间。像"怕"的例句可以有"弟弟六岁,他很怕黑""安妮不敢迟到,她怕老板生气""老鼠最怕猫"等。另外,例句的量要足,最好能让学生根据例句归纳出词语的意义、用法,因为在这样的学习过程中,学生主动进行了归纳、抽象等思维过程,对词语的印象会更深刻,也更有利于培养语感。教师还应该特别重视课文中生词出现的语境,一些词语的语义背景往往在语篇中才能体现出来,学生领会了这个语境,才能正确使用该词语。对于一个词语的多个义项,也应该以课文语境中的义项为教学重点,在学习新课阶段不应过度扩展。

教学中应以学生为中心,关注学生的需求,但是切忌被学生牵着鼻子走。教师要保持自己的主导地位,对于不是授课目标的内容可以在课堂上一带而过,或课下再与提出问题的学生展开讨论。

思 考

1. 以下是一些词汇教学备课的环节,请根据提示将其进行分类。

A. 结合场景、义场、交际功能等对词汇进行分类。

B. 关注含有三声变调、轻声等语音现象的词。

C. 区分实词和虚词。

D. 确定该词在课文中的义项。

E. 进行语际对比,比如考虑词义翻译是否会产生误导,考虑日韩学生是否会受到母语中该汉语词的影响等。

F. 关注名词和量词搭配。

G. 关注动宾搭配。

H. 分析词汇感情色彩。

I. 进行近义词辨析。

J. 区分多音字、形近字。

音	形	义	用

2. 任老师目前在韩国的一所大学教汉语专业的学生。由于使用的教材课文生词较多，任老师处理生词时一般都是在课文中讲解生词的用法，对于那些学生比较难掌握的词，任老师会在课文学习后着重处理。不过，班里有两个学生对此做法有疑问，他们课下找到任老师和教导主任，建议任老师先讲解生词，他们说不讲生词的话他们很难理解课文。如果你是任老师，你会怎么解决？

阅 读

1. 刘珣. 对外汉语教育学引论（第360—365页"词汇教学"）. 北京：北京语言大学出版社，2000.

2. 马真. 表加强否定语气的副词"并"和"又"——兼谈词语使用的语义背景. 世界汉语教学，2001（3）.

3. 杨惠元. 强化词语教学，淡化句法教学——也谈对外汉语教学中的语法教学. 语言教学与研究，2003（1）.

4. 万艺玲. 汉语词汇教学（第九章第三节"注重结合具体语境进行词汇教学"）. 北京：北京语言大学出版社，2010.

5. 刘座箐. 国际汉语词汇与词汇教学（第三章第三节"例句的设计"）. 北京：高等教育出版社，2013.

案例 57 语素法讲练词汇

教学地点： 意大利罗马　　**教学对象：** 成人混合年龄初级班

当我教一个新词时，学生喜欢分开问每一个字的意思。朱老师建议我使用语素法。但我感觉用语素法进行词汇教学有很多困难，比如如何处理语素义与词汇义的关系就很让我头疼。比如，在"上课"和"晚上"这两个词中，"上"用的并非本义，况且在此之前学生甚至没有学习过"上"。这个时候，如果学生出于好奇提出了问题，教师进行语素推导是有困难的。我觉得如果所使用的教材并没有体现语素教学的原则和理念，教师在授课中就很难贯彻这一教学方法。其实，我在处理这种问题时都偷懒了，我只告诉学生两个"上"意思并不一样。这种情况下，我想到以前读过的一些字本位、词本位理念的文献，我觉得字本位的思想从某种意义上也许能缓解欧美学生汉字学习滞后的问题。

（孙岩）

分析

现代汉语词汇中有不少词语的语义透明度比较高，根据构词语素，辅以必要的构词法知识，往往就能推知整词的意思。比如"美丽"这个词，构词语素"美"和"丽"都是"好看"的意思，跟整词的意义相同。利用语素法讲解词汇，有利于学生了解汉语构词的规律，培养对汉语词汇的语感，有利于学生在掌握一定数量的语素和构词法的基础上迅速扩大词汇量。比如讲到"服装"这个词的时候，可以根据语素"装"适当扩展到"童装、女装、男装、中山装"等词。利用语素法教学还有助于汉字的识记，消除错别字。在复习巩固阶段，利用构词能力强的语素进行复习也是一个好方法。此外，培养学生利用语素猜测词义，也是阅读技能、策略教学的重要内容。

但这并不是说对每个词都要用语素法进行讲解，有的词已经很难看出该词和构成语素的关系了，这种时候还是不讲语素义为宜，采用整词处理的办法更好。教师要重视的，应该是构词能力强的常用语素。

思 考

1. HSK 一级有 150 个词汇。试分析，哪些词含有相同的语素？想一想，在教学中如何利用相同的语素进行类比、扩展、讲解和复习巩固？

2. 如何用语素法讲解"候选、补选、参选、挑选"这几个词语？请以中高级学生为教学对象，设计一份教案。（参考授课时间：8~10分钟）

3. 下面这段话中包含语素法教学的思想吗？试从中举例说明。

在教学当中，老师们在上课的时候，遇到透明度较高的词语，比如"售货员""听者""飞速"等，一般都会对语素义进行解释。从学习方面看，学习者所使用的工具书一般都是字典，字典中对字的解释无疑会帮助学习者对词义进行分解。即使是词本位的教材中，也会有很多内容能够促进汉字意识的发展。以《基础汉语课本》为例，这本书的前10课都是拼音课文，从第11课开始，替换练习和课文都用汉字。在第11课的替换练习3里，用来进行替换的词语有"他、她、你们、她们"。毫无疑问，通过这个练习，学习者不但能够意识到"她们"可以分成"她"和"们"，而且也知道汉字具有区别同音词的作用（"他"和"她"的语音形式均为tā）。在同一课的替换练习5里，用来进行替换的词语有"本子、桌子、椅子"和"钢笔、铅笔"，这毫无疑问能够帮助学习者首先将"子"和"笔"从词汇里分解出来。此外，在使用汉语的过程中，学习者也会碰到各种机会，比如中国人自我介绍时常说："我叫章兵，文章的章，士兵的兵。"类似的用法也都有助于汉字意识的发展。（刘颂浩，2007）

阅 读

1. 肖贤彬. 对外汉语词汇教学中"语素法"的几个问题. 汉语学习，2002（6）.

2. 杨惠元. 强化词语教学，淡化句法教学——也谈对外汉语教学中的语法教学. 语言教学与研究，2003（1）.

3. 孙德金. 对外汉语词汇及词汇教学研究（第四章"词汇教学总论"）. 北京：商务印书馆，2006.

4. 刘颂浩. 对外汉语教学中的本位之争. 汉语教学学刊（第三辑）. 北京：北京大学出版社，2007.

5. 万艺玲. 汉语词汇教学（第九章第二节"利用汉语词汇的特点进行教学"）. 北京：北京语言大学出版社，2010.

案例 58 词汇分类与就地取材

（一）

教学地点： 意大利罗马　**教学对象：** 成人混合年龄初级班

备课的时候，我就在想，究竟什么样的方式最适合初级班呢？如果做不到直接翻译，好像图示法是最有效的，那就做 PPT 进行展示吧。可是转念一想，PPT 的方法是很直观，可是互动的效果就不明显了，最有可能出现的情况就是我在讲台上展示 PPT，学生在下边看 PPT，注意力全部集中在 PPT 上，展示完以后却记不住词汇。还有一个问题就是：这里教室的设备随时可能出现问题，一旦设备有问题，这节课就毁了。所以我最后采取的方法是把词汇分为几块板书在黑板上，并配合卡片进行讲解。板书安排如下：

颜色		服装		
红 深蓝 浅绿 黄 白 黑	肥瘦 长短 （大、小）	衣服 衬衫 裙子 裤子 鞋（靴子）	件 条 双	欧元 人民币 元、角、分 块、毛

这样一分，不仅 80% 的词汇都能包含在内，而且目的也很明确，学生一看，就能明白这些词属于什么类别，也方便记忆。对于颜色和服装两类词，我还找来了图卡，这样展示起来更加直观，也比较好设计练习。

上课之前，我就把生词按照设计好的板书写在了黑板上。学生们好像对于今天由我来上课感到比较新鲜，但他们好像也在担心——这个不会意大利语的老师到底能不能上好这堂课？

上课了，我先讲最简单的词语——颜色词，这几个词我教得很顺利，他们学得也比较轻松，因为有卡片，而且教室里有很多实物的颜色也可以利用，比如电脑是黑的，水瓶是绿的，桌子是黄的，椅子是红的，还有学生们的衣服。倒是教"深"和"浅"的时候，有点儿犯难，不过幸好今天 Federico 和 Giovanni 两个人一个穿着浅蓝色的毛衣，一个穿着深蓝色的毛衣。于是我就把他们俩请到讲台上，问学生："他们穿的是什么颜色的毛衣？"学生们都犯了难，只得说"都是蓝色"，然后我再告诉大家说，Giovanni 的毛衣是"深蓝"，Federico 的毛衣是"浅蓝"。接着我用板书让学生练习"深蓝、浅蓝、深黄、浅黄、深红、浅红"等词，指到"白"和"黑"的时候，学生们就很自然地想到这两个颜色没有深浅之分,所以就说"只是白、只是黑"。接下来的词基本上都没有什么问题,服装类的词有图片,"长、短、肥、瘦"等词我用了比画的方法,学生们就明白了。讲"肥、瘦"的时候我还顺便讲了"肥"和"胖"的区别,"肥"一般用在衣服上,而"胖"一般是说人。"件、条、双"三个量词则直接搭配了服装类的词,学生们就明白了。练习这些词汇的时候,卡片起到了巨大的作用。我从卡片里任意抽一张出来,然后问学生:"请问,你想买什么?"(这个句型是之前学过的)学生看了卡片之后,回答:"我想买一条绿色的裤子。"这样的练习不仅直观,而且比较有意思,同时还能让学生把已经学过的词串联起来复习。

(李爽)

(二)

教学地点: 意大利罗马　　**教学对象:** 成人混合年龄高级班

这次课发生了一个非预设事件。课间我站着跟学生聊天,水杯打开着放在讲桌上忘记盖盖子了,我不小心碰了一下,结果一杯水全洒了出来,等我赶忙把教案、复印材料移开时,一抬头,几个学生同时递过来几包纸巾,那时觉得真感动。我简单收拾了一下,准备上课,突然李露佳推门进来,手里拿着一大堆卫生纸。"我去卫生间拿纸了!"听了这话,我们都忍不住笑了。我心里暗暗觉得,这些学生一定都很好相处。上课时,有学生问"尴尬"的意思,我灵机一动,说:"刚才老师把水杯弄倒了,第一次上课就发生这样的事情,我觉得太尴尬了。"听到我的话,大家再次开心地笑了。

(孙岩)

分　析

认知心理学认为,一个个分散、孤立的词语是不容易记忆的,只有成为记忆存储系统中语义网络的一个节点,与其他有关的概念、语义联系起来,才能进入长时记忆。这给语言教学的启示之一就是我们可以为词汇建立一个"语义场"或曰"义类",这样有关词语就可以相互联系,在使用中就可以互相激活,提取意义。张和生(2008)的研究也证明,利用义类进行汉语词汇教学,无论对短时记忆还是对长时记忆,都有显而易见的好处。案例(一)中对词语的分类和分块板书其实就是对这种方法的具体应用。

在具体词义的教学中,案例(一)和案例(二)中的教师都能"就地取材",利用课堂中的情景,这些情景使词语的意义展示更为形象,这些情景恰恰也是词语运用最真实的语境,学生在理解上不会出现任何问题。而且由于这些情景是与学生联系在一起的,用作讲解常会引起学生较大的兴趣。不过,教师需要注意的是，利用教室内场景、事例甚至学生个体做举例的素材时，需要格外小心，不要触犯各种禁忌，避免在"灵机一动"的时候，脱口说出一些令学生敏感、不快的句子。案例（二）中发生的小插曲，如果是某位学生弄洒了水打湿了同学的书本，在"受害者"不太高兴的情况下，就不大适合以此作为例句，以免"肇事者"真的感到更尴尬。

思 考

1. "前天、昨天、今天、明天、后天"以及"东、西、南、北"这样的词形成了语义场，但是在如何教这些词的问题上，不同的教师有不同的观点。请分析以下两种观点，并说说你自己的观点。

观点 A	观点 B
·这些词放在一起学习容易引起记忆上的混乱和负担。 ·词语要在具体的语境中让学生学习，不能因为这些词同属一个义场就同时教给学生。 ·含相同语素的词可以汉字拼音都教，其他词可以只教拼音。	·这些词使用的场景相同，用法也基本相同，最好放在一起教。 ·这些词是意义比较具体的实词，无论是成人还是孩子都容易记忆。 ·记忆这些词的主要负担来自汉字，可以先只教这些词的拼音。

2. 选择一本通用的中级汉语课本，从中找出一课，试着对该课的词汇进行分类，并撰写词汇教学环节的教案。

阅 读

1. 孙德金. 对外汉语词汇及词汇教学研究（第四章"词汇教学总论"）. 北京：商务印书馆，2006.
2. 周志远. 认知语境：关联理论对词汇语用学的解释力. 外国语言文学研究，2007（1）.
3. 张和生. 利用汉语义类进行词汇教学的实验报告. 世界汉语教学，2008（4）.
4. 万艺玲. 汉语词汇教学（第十章第一节"展示词语的方法"）. 北京：北京语言大学出版社，2010.

案例 59 词语教学活动

（一）

教学地点：意大利罗马　**教学对象**：成人混合年龄高级班

　　为了活跃课堂气氛，我事先将本课的部分生词做成词卡。我请一个学生到我这里随机抽一张卡片并把词语表演给大家，让其他学生猜猜是哪个生词。大家都特别有兴致，课堂气氛一下子变得很好。当 Franco 表演到"孤单"这个词的时候，大家猜了好几次都没猜对，Franco 很着急，于是钻到桌子底下去表演，大家立刻就猜出来了，大笑着说 Franco 演得真不错。

（许舒焙）

（二）

教学地点：德国慕尼黑　**教学对象**：成人高级业余班

　　国外的中高级汉语班学生大多有在中国留学或工作的背景。有的人可能口语很好，但识字能力较差；有的人阅读很好，但是口语较差。因为学生最初的学习经历不尽相同，所以汉语水平并不十分均等，所掌握的词汇也有差别。我之前是按照生词表讲解生词，这样讲了两次以后，我发现有些词汇大多数学生已经学过了，于是我尝试了另一种生词教学方法。

　　我把所有的生词都用较大的字号打印在 A4 纸上，然后把 A4 纸都贴在黑板上。我先让学生来找找自己认识的词语，并加以解释，给出例句。经学生解释后，如果大家还有不明白的地方，我再进行讲解。处理完一个词以后，我就用记号笔把那个词圈出来，表示已经完成了。中国人有时会有"秀才只认半边字"的情况，这些学生很多时候则是"只认半边词"，在只知道一个词中某个字的意思的情况下，他们会兴致盎然地开始猜这个词的意思。有时几个学生会在一起"拼凑"大家已有的知识，很多情况下，还真的会猜中词义。这样处理生词，大多数生词学生都可以自己解决，他们自己很有成就感。

　　在使用这个方法的过程中，我发现学生的积极性一直很高，精力也很集中。此外，这个方法的用时和正常讲解差不多，学生在讲解的同时也练习了听说。

（吴潜）

分析

不管在词汇学习的哪个环节（认读生词、认知词义、巩固记忆、词语运用等），教师都应该重视趣味性，填鸭式的讲解只能令学生感到枯燥、望而生畏。只有在词汇教学中将科学性和趣味性结合起来，才能收到良好的效果。

很多课堂活动因其兼具趣味性、竞争性、交际性，在教学中常常被教师使用。猜词游戏就一直是词汇教学中比较流行的活动，学生为了在这一环节表现良好，就必须对所学词语的形音义达到较高程度的掌握，这种课堂活动极易调动课堂气氛，可在检查、复习环节应用。

除进行课堂活动和游戏外，教师也应注意讲解过程的趣味性，这种趣味性并不是说要逗得学生哈哈大笑，让他们觉得好玩儿，而是要能引起学生学习的兴趣，调动他们学习的积极性，比如让学生用学过的词汇知识去完成一个交际任务等。在这方面，案例（二）中的做法也值得尝试。一个班学生的语言水平和其所掌握的语言知识一般不太均衡，案例（二）中的教师利用了这种不均衡，让已经了解某个词语的学生把词语解释给其他学生，这种做法体现了"以学生为中心"的教学思想，做到了把学生作为学习的主体。此外，汉语中的字词关系使一定汉字基础的学生可以在没有学过某个词的情况下尝试猜测词义，案例（二）中的教师也利用了这一点，引导学生调动旧知识，进行自主思考，这一点也是值得肯定的。不过，使用这种教学方法时，教师也要对所教词语进行充分的准备，以免在教学中陷于被动。

对于语言活动，教师要进行提前设计，做到指示明确，还要使活动的规则和难度尽可能地保证学生都能参与进来，一个只能让几个学生参与的活动不能算作是成功的活动。在活动过程中要注意保持教师的主导地位，适时进行讲解和澄清，使活动的效果得以最大化。

思 考

1. 根据学生不同的语言水平，猜词活动有不同的形式和要求。请将以下活动形式和要求进行分类，在表格内相应的地方画√。

活动形式和要求	适合初级班	适合中级班	适合高级班
允许学生使用动作或用画图的方式展示词义。			
将要练习的词语写在黑板上。			
允许学生说出该词包含几个汉字。			
学生可以说出该词的反义词、近义词等。			
活动前先集中复习、朗读要练习的词语,以降低活动难度。			
训练学生说出词性、褒贬义。			
负责描述的学生在描述时不能使用该词中的汉字。			
负责猜测的学生不但要正确说出该词,还要能正确写出词语。			

2. 请以"交通"为主题(比如"公交车、出租车、堵车、打车、乘"等词语),为中级汉语班设计一个词汇复习活动。

阅 读

1. 孟国. 趣味性原则在对外汉语教学中的作用和地位. 语言教学与研究,2005(6).
2. 孙德金. 对外汉语词汇及词汇教学研究(第四章"词汇教学总论"). 北京:商务印书馆,2006.
3. 刘颂浩. 关于对外汉语教材趣味性的几点认识. 语言教学与研究,2008(5).
4. 万艺玲. 汉语词汇教学(第十章第二节"讲解词语的方法"、第三节"词语练习的方法"). 北京:北京语言大学出版社,2010.
5. 刘座菁,霍苗. 国际汉语教师词汇教学手册(第 ix—xiii 页"词语卡片活动与游戏"). 北京:高等教育出版社,2013.

案例 60 口头报告对词汇学习的作用

教学地点： 日本名古屋　**教学对象：** 中文系二年级学生

本学期开始，我们在四个平行班展开了口头报告活动。口头报告实施之初是希望它能帮助"内向"的日本学生提高汉语口语水平。学期末的时候我们利用口语考试的机会对所有学生进行了访谈，我们发现口头报告活动除了锻炼了他们在讲台上讲话的胆量，还帮助他们学会了不少生词。

大多数学生认为口头报告活动对学习生词有帮助，主要体现在：1. 学生演讲用的部分词语重现率高，有助于复习和记忆。2. 输出时会用到在口头报告时出现的词语。有的学生善于将口头报告中听来的"消极词汇"（一般指阅读中见到的，而在说和写时很少使用的词汇）转化为"积极词汇"（常常在说和写时运用到的词汇）。3. 每节课都有口头报告，每次的口头报告里都有生词，因此时间长了积少成多。有学生告诉我："（所有的口头报告里）总共二百多个生词，我都学习了，也学习了有意思的新来的用法（指已学过词语的新词义）。"这二百多个生词有小部分来自自己的讲稿，学生准备自己的演讲稿时无疑要查课本的生词表和词典，努力寻找适用的词汇；大部分生词则来自其他学生的报告。这样，学生一学年可以多接触、多掌握二百多个生词，而且是在有语境的情况下学习的。不过，学生们也反映了一些问题，比如有的学生口头报告中使用的新词、难词过多，还有"用新词的机会少，容易忘"。

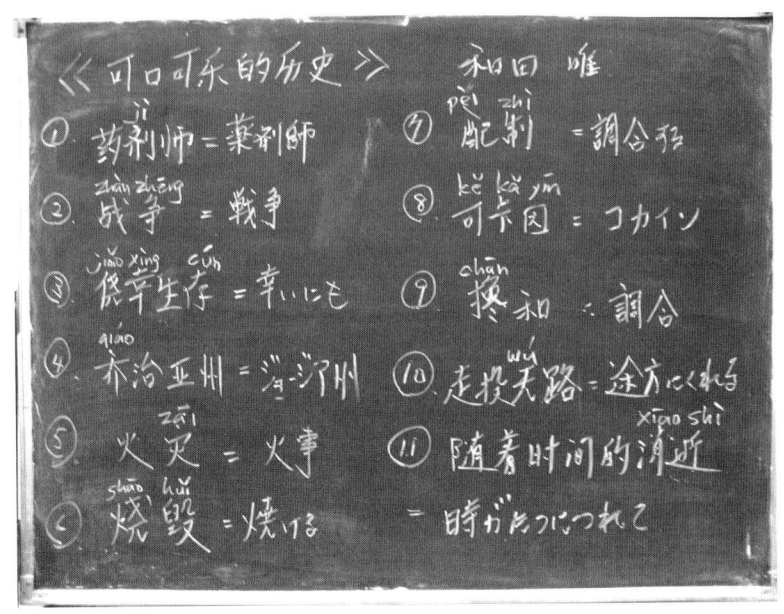

学生口头报告的板书（日本名古屋）

从访谈结果来看，关于直接学习（比如"词汇背诵法"）和间接学习（比如"通过阅读、看电视等方式不知不觉地学习"）这两种词汇学习方式的区别，学生们并不十分清楚。但调查中我们发现，如果一个生词出现次数多了，间接词汇学习是有效果的，比如有学生说："每次一样的词出来（指其他学生在各自的口头报告里使用相同的词语），我就自然知道了。"

另外，教师在使用口头报告活动时要注意对学生进行相关的培训。在口头报告实施过程中，我们发现部分学生缺乏听取口头报告的方法和策略。比如有的学生在听的过程中不知道采取"记关键词法"，不知道把报告中的关键词记下来，在复述别人的报告内容时往往语序错乱；相反，一些学生通过关键词能比较轻松地将报告有条理地复述出来。再如还有的学生不知道把黑板上的生词抄写下来以备课后复习，因此一学年的时间里对来源于报告中的生词掌握得很少；而有些善于学习的学生则准备了专门的生词本，每次都记下生词并注意课后复习，接受访谈时还说打算假期里好好复习那些生词。由此可见，口头报告活动有必要在实施之前就对学生进行相关的策略培训，以取得更好的效果。

(朱勇)

分析

Swain（1985）提出了语言输出假设，认为要真正掌握一门语言，只有可理解输入是不够的，学习者必须要充分利用现有语言资源，对形式及意义进行调整、整合后再输出，才能达到目的语运用的准确性和流利性。Ellis 和 He（1999）的实验证明了这一假设。小组讨论、正式报告、口头总结、写作等都是语言输出的有效手段。

本案例中的口头报告给了报告者一个检验、巩固自己学到的语言知识的机会，同时也为听者提供了语言的输入。语言的输入不只来自教材和教师，还来自同伴，从同伴处学得的语言往往更鲜活，更有生命力。口头报告的内容和语言形式是报告者非常了解的，但是对于听报告的人却往往不是如此。在这种情况下，教师一方面要鼓励报告者把自己认为的生词、关键词写出来；另一方面还要鼓励学生之间展开互动，听者若有不明白的地方，应及时发问，要求报告者进行语义澄清。对于其他基于互动的语言输出（如小组讨论），教师更是应该鼓励同伴间进行意义协商和语义澄清。只有这样，才能保证听者得到的输入是可理解的。

此外，词语在语境中只接触一次，基本上是不可能进入长时记忆的，所以教师应该鼓励学生对所学词语进行及时复习，积极地输出这些词语，争取将接受性知识转化为输出性知识。

思 考

1. 对于如何积极使用口头报告中出现过的生词，下面是本案例中的教师对学生进行的一段访谈，请予以评析。

　　关于如何利用口头报告中出现的生词问题，笔者曾对学生做过访谈。有的学生告诉我，他们聊天时会用那些生词。比如坐电车的时候说秘密的话（周围都是日本人，所以用汉语讲话别人自然听不懂，这样就可以保密了）；开玩笑的时候；去学校的汉语角聊天时也用生词。还有一个学生比较特别，他高三时曾在台湾留学一年，"多用新词和中国朋友上网聊天"。以上各种词语输出机会无疑都有助于学生掌握生词，将消极性词汇转化为积极性词汇。

2. 教师在讲解课文时可以从哪些角度复现口头报告中的生词？

A. 举例时（尤其是造句）以学生口头报告中的某些内容为背景。

B. 举例时（尤其是造句）使用学生以前或当日口头报告中出现过的生词。

C. 隔一段时间将那些出现过的生词抄写在黑板上。

D. 讲解课文时通过联想的方式复现那些出现过的生词。

E. 其他 _____

阅 读

1. 李萍．语言输出假设研究二十年：回顾与思考．外语与外语教学，2006（7）．

2. 温晓虹．教学输入与学习者的语言输出．世界汉语教学，2007（3）．

3. 王建勤．第二语言习得研究（第八章"语言输入与互动研究"）．北京：商务印书馆，2014．

第三节
语法教学

案例 61 从懂到会
教学地点：意大利罗马　　**教学对象：**成人混合年龄中级班

　　小李在意大利罗马任教，学生来自社会各阶层。某天批改作业时，他发现班上一名水平不错的学生仍然出现了把形容词放在名词后面这样的语法结构问题，比如该学生练习中写了这样一句话："请给我那件中号的衬衫红色。"在小李任教的一个多月里，他还发现了一些类似的语法错误，于是小李反思了一下自己的教学。

　　他觉得出现这样的错误有两个原因：1. 学生受母语负迁移的影响。意大利语中，形容词放在名词后面构成词组，如小李所在学院的宣传册上印的"汉语课"就是"corso cinese"。按照意大利语的构词法，学生把自己母语的构词习惯带到了汉语的词汇和句子中，所以把"红色衬衫"写成"衬衫红色"。再加上小李的学生都是成年人，要完全改掉他们的母语思维习惯不容易。2. 跟自己的教学有关。在教学时，小李往往以为学生听懂了就是会用了。小李每次讲完新课都会问学生："明白了吗？"学生都异口同声地回答："明白了！"小李于是想当然地认为学生说懂了就是会了。可是现在看来，"懂"不代表"会"。后来，小李还会问学生："会不会？"不过，他自己也意识到光问"会不会？"还是不够的，于是他对自己的教学进行了一些改进。

　　小李首先从以前学过的课文中找出能和"红"或"红色"组合的词，打算加强对相关表达的操练巩固。接着他准备了生词的扩展练习，按照"字→词→句"的方式逐步进行扩展。上课时他先带学生做口头操练，给学生展示一支红色的笔，让学生学会表达"红色的笔"，他告诉学生"颜色"的"色"可以省略，如可以说"红笔"。然后他带领学生指着教室里的实物进行操练，如"绿本子、黄毛衣"等。操练后，就对这个结构进一步扩展，在前面加上"名词/形容词＋的"，如"中号的红衬衫"，进而扩展到句子，如"我要一件中号的红衬衫"等。最后小李给学生布置课后作业：第一题是组词，由于学生所学的字有限，只要求用每个字组三个词；第二题是造句，他选了生词中的几个动词、名词和形容词，要求学生用这些词各造一个句子。经过这样的逐步扩展和不断操练，小李在批改作业时发现学生表达这个语言结构时基本没有问题了。

（刘弘）

分析

"懂了"不等于"会了"。从教育心理学的角度来说，"懂了"只表示学生理解了相关的"陈述性知识"，而真正掌握语言，学生必须具备"程序性知识"。"陈述性知识"指"是什么"的知识，而"程序性知识"指"怎么做"的知识。要实现从陈述性知识向程序性知识的转化，练习必不可少。

新手教师刚走上讲台，最担心的是学生不理解自己的教学内容，于是经常问学生"听懂了吗？"看到学生点头，就以为学生已经理解了，认为自己可以放心地讲下去了。至于学生说"懂了"以后要做什么，新手教师头脑中往往没有清晰的认识。实际上，即使没懂，也会有一些学生点头说"懂了"。因此，用学生说"懂了"或者点头作为判断学生是否掌握了某知识点的依据是不合适的。正确的做法是用课堂练习检测学生是否真的懂了、会了。

本案例中的教师针对相关语法点设计了"准确性练习"，即对于学生输出的准确性有较高要求的练习或口语活动。通常的准确性练习包括"机械性练习"（朗读、句型替换等）和"有意义的练习"，本案例中的教师所采用的组词成句、看实物说句子属于"有意义的练习"。这种练习对于提高学生语言形式的准确性很有帮助，但如果长期进行这样的训练，学生很容易产生疲劳感。在进行了必要的准确性练习后，教师可以设计一些交际性活动，比如让学生做一个小调查，了解同伴想给家人买什么礼物。有的学生可能会说"给我太太买一件黄色的中号衬衫"，有的可能会说"给我女儿买一条红色的长裙"。教师可以让学生把调查的情况记录下来（比如可以用表格的形式），最后请学生向全班同学报告同伴所要购买的礼物。这样的活动既关注了语言形式的准确性，又注意到了所学内容的交际性，且给了每个学生多次表达的机会，对教师提升教学的效果是有帮助的。需要注意的是，教师在活动前要给学生列出或强调必须使用的语法项目，活动中也要做好监控，以免学生回避或忘记使用需要练习的语法项目。如果教师在做完这个活动之后，再适度总结一下相关的语法点，学生一定会记得更牢，做到真正的"会了"。

思 考

1. 小韩是汉语专业的在读学生，暑期在一家汉语培训机构做兼职教师。那家培训结构对教师有很多规定，其中有一条就是上课的时候绝对不允许问学生"懂了吗？""明白了吗？"小韩对此很不解。你怎么看？

2. 回顾你自己的学习经历，想一想教过你的教师如何确认学生听懂了、明白了。

3. 精心设计的模拟交际活动可以帮助学生巩固语法知识，促进语言知识向语言能力转化，检查语法掌握情况。请为下列模拟交际活动找到匹配的语法项目，并试着写出活动中可使用的例句。（可重复多选）

A. 动态助词"着"

B. 表示强调的"是……的"

C. 被动句

D. 表示动作进行的"正在"

模拟交际活动	可练习的语法项目	例句
教师在PPT上展示若干张照片。两个学生一组，一个学生选择一张照片进行描述，另一个学生通过询问找到相应的照片。		
两个学生一组，一个学生扮演钱包失窃的失主，另一个学生扮演警察。		
两个学生一组，一个学生扮演记者，另一个学生扮演留学生，记者询问留学生学习汉语的原因、时间、方式、地点等。		

阅 读

1. Davies. & Pearse. Success in English Teaching 英语教学成功之道（引进版）（第三章"Organizing language practice"）. 上海：上海外语教育出版社，2002.

2. 哈默［英］. 王蔷等，译. 朗文英语教学实践（第四版）（第十二章"语言结构教学"）. 北京：人民邮电出版社，2011.

3. 杨玉玲，吴中伟. 国际汉语语法与语法教学（第一章第三节"汉语语法的基本内容和教学重点"）. 北京：高等教育出版社，2013.

案例 62 分级教学：以能愿动词为例

教学地点：意大利罗马　**教学对象**：成人混合年龄初级班

上课前，我与孙岩老师就本课能愿动词的教学进行了沟通，我觉得获益颇多。在教学原则和方法上，我们达成了不少共识，不过也有一些有疑问的地方。

在初级阶段，重要的语法点和功能项目只讲基本义和常用义，以减轻学生的负担——这一点我们都同意。孙老师认为，把能愿动词在本课出现的功能意义和区别讲清楚就可以了。对于"本课出现"这一点，我有不同的看法，我认为对能愿动词来说，只讲本课出现的用法固然有助于减少混乱，但是不足以让学生理解词与词之间的根本区别。在语法书上，"要、能、想"等词都有三四个核心意义和功能项目。在这种情况下，如何确定哪个意义是最重要的，哪个项目是最基本的呢？以在课文中出现的为准吗？可是课文中出现的用法往往没有体现出词与词之间最核心的区别。如"可以"和"会"在课文里的用法并不能体现它们的区别，如果我只是告诉学生，表达某一个意义时"可以"和"会"的用法一样，这样讲的确有助于减少混乱，但是学生无法知道它们之间最核心的区别。

我觉得这其实反映了课文编排的合理性问题。前任志愿者也用相同的教材上课，她也觉得汉语中五个最重要的能愿动词在一课里出现，非常容易让学生出现混淆。有的能愿动词，比如"可以"和"会"，既然在课文中使用的是相同义项，为什么要同时在课文中出现呢？更糟的是，在教材的练习中，又大量出现了这些能愿动词别的义项，这样的话，即使教师在课堂上只讲解了词语的基本义和在课文中出现的意义，在做练习时又不得不涉及别的义项。如果我是学生，我也会感到迷惑的。

（钱茜）

分析

传统的语言教学十分重视语法规则的讲练，从语言结构本身出发，往往讲得很细。随着认知心理学、第二语言习得等理论的发展，人们越来越关注学习者，教学法、教学理念也随之发生了很大的变化。这种变化体现在语法教学上，其中一点就是主张分散讲练，不求系统；具体到某一个有多种用法的语言点上，主张把用法分散到不同的课中，照顾学习者的认知规律，循序渐进，避免让学生感到混乱。

教师在讲解语法点时有一个原则，那就是"急用先学"：要先讲基本的、常用的用法，不要过多扩展，尽量根据教材来。如果教材中一开始出现的不是某个语法点最基本、最常用的用法，教师可以适当给学生进行补充，但前提是补充的内容利于学生认知、不会引起混乱。

　　本案例中提到"最重要的五个能愿动词集中在一课出现","练习部分又出现了课文中没有涉及的义项",这样看来,教材的编排可能的确有待优化。但是教材是死的,教法是活的。教师只要认识到了问题所在,就要想办法解决,而不是被教材束缚住:如果对"多出来"的义项进行讲解只会徒增困扰,无助于学习,教师当然可以不讲;如果对"多出来"的义项进行讲解有助于学生理解这几个能愿动词之间的区别,那么进行适当讲解也是应该的。本案例中提到,"可以"和"会"在课文中的用法一样,可以想象得到,一定会有学生问:"这两个词有什么不一样呢?"如果教师告诉学生在这里是一样的,区别以后再说,学生可能会更困惑,在这种情况下,倒不如适当点拨区别,只是要注意精简。

思 考

1. 陆俭明(2000)认为,汉语教学初级阶段的重点是语音、词汇和汉字,语法教学不应过分强调,应等学生对汉语已经有了较丰富的感性知识后再适当加重语法教学的分量。你同意这种观点吗?为什么?
2. 查阅 HSK 一至四级语法大纲,看看大纲中包含了哪些能愿动词,它们是如何分级的。
3. 就"能"和"会"的用法设计一份教案,要求包含讲和练的环节,并列出相关例句。(参考授课时间:10~15分钟)

阅 读

1. 陆俭明. "对外汉语教学"中的语法教学. 语言教学与研究,2000(3).
2. 杨惠元. 强化词语教学,淡化句法教学——也谈对外汉语教学中的语法教学. 语言教学与研究,2003(1).
3. 杨惠元. 课堂教学理论与实践(第五章第一节"备课"). 北京:北京语言大学出版社,2007.
4. 杨玉玲. 国际汉语教师语法教学手册(第33—39页"6.能愿动词'能'和'会'"). 北京:高等教育出版社,2011.

案例63 注意语际对比

教学地点：意大利罗马　**教学对象：**成人初级业余班

意大利语可以用不同的语式来表达语气上的不同，比如我们说的"要"一般翻译成voglio，也可以用条件式vorrei来表示更委婉礼貌的语气。但是汉语中没有这种区别。学生们问我："'我要一杯咖啡'还有没有更礼貌的说法？"我告诉他们，汉语中没有相应的更礼貌的说法，说"我要"就可以，也可以说"我想要"。

（孙岩）

分 析

印欧语中词语的曲折变化可以表示多种语法关系，如性、数、格、时、体、态等，本案例中还提到了用屈折（变位）来表示语气，但是这些语法、语气意义在汉语中往往不是通过语法手段来实现的，汉语往往是通过词汇及其排列组合以及语调来表达这些语法、语气意义的。

汉语没有印欧语的一些语法表现形式，并不代表不能表达对应的语法意义。以本案例中提到的委婉礼貌语气为例，汉语中"我要一杯咖啡"是一般的直接表达，不能通过语法手段将其转换成更委婉、礼貌的表达，但是我们可以说"请给我一杯咖啡""可以给我一杯咖啡吗"等等。本案例中的教师之所以回答汉语中没有相应的更礼貌的说法，大概是因为关注点只在"要"和相邻词语上，没有从整句层面来考虑这个问题。

处在特定外语环境中的国际汉语教师应自觉对比学习者母语和汉语的差异，这种差异不只是语音、词汇、语法上的，还应包括语篇、语义、语用、文化等各层面。

思 考

1. 丁老师在对一个韩国学生进行一对一的教学。在某次课上，该学生说："韩语中有复杂的敬语系统，而汉语中却没有。这样看来，汉语好像是没有礼貌的语言。"如果你是丁老师，你准备如何回应？
2. 想一想，汉语不通过词语的屈折变化来表示语法意义，这使得汉语教学与印欧语言的教学相比有什么特殊性？

3. 于树华（1989）谈到了语言对比在汉语教材编写中的运用，阅读下文，说一说这段话的核心思想是什么。你还可以举出类似的语言对比实例吗？

　　要针对不同母语的学生进行不同的对比分析，操不同语言的人学习同一目的语，由于母语的不同会使学习中的某些方面变得容易或困难。他们在汉语习得中所反映出的难点，有些是共同的，有些是不同的，原因是各自的母语干扰有异同。因此，在词语或语法解释时，除了考虑到一般的难点外，还应针对使用某一母语（或媒介语）的学生的特有难点。学生母语不同，运用对比原则注释的重点及详略应有所别。汉语一种动词谓语句的"主—谓—宾"词序对欧美学生，特别是法语区学生来说并不难，而对日本学生来说却很难掌握。因此，在教科书上解释这一语法点时，对法国学生只讲明汉语的语序即可。但对日本学生讲解这一语法点时，就要给予特别的强调，因为日语中的直接宾语要放在动词谓语之前，语序是"主语—宾语—动词谓语"。日本学生常把汉语动词谓语放在直接宾语之后，比如他们常说："为了中国了解，我来学习汉语"。在对外汉语教材中，即使是统编教材，在日译本中，释义时也要强调指出：一般的情况下，汉语的直接宾语放在动词谓语之后，不能说"他废品回收"，而应该说"他回收废品"。

阅　读

1. 于树华. 谈语言对比在对外汉语教材编写中的运用. 语言教学与研究，1989（4）.
2. 龙青然. 对外汉语语法教学的重点和难点. 汉语学习，1990（3）.
3. 赵金铭. 教外国人汉语语法的一些原则问题. 语言教学与研究，1994（2）.
4. 卢福波. 语法教学的基本原则与操作方法. 语言教学与研究，2008（2）.

案例 64 发现式教学：以程度补语为例

教学地点：意大利罗马　　**教学对象**：成人中级业余班

本次课的一个任务是操练程度补语，本来以为这个语言点意大利教师已经讲过了，我主要负责操练就可以了，但是在操练时我发现学生好像完全不明白怎么用，所以我当即决定再花时间讲一讲。不过，我觉得意大利教师讲过，大家还是不明白，那么光讲结构肯定不够，所以我选择了让学生们自己发现规律和用法。我给出了很多例子，让学生发现规律，比如"睡觉睡得很晚，起床起得很早，考试考得很好，写汉字写得不好，发音发得很准，说汉语说得很流利"。学生们觉得自己发现并归纳出了规律，都特别开心，做课后专项练习的时候非常认真，还抢着说答案，改错的时候甚至能说出两个答案，问我哪个答案更好。我说第二种改得很地道，得到肯定后学生们特别开心，还欢呼起来。

（许舒焙）

分 析

演绎和归纳在语言教学中都是常用的方法。

教师在介绍一个语言点的时候，可以先根据课文中的句子给出语法结构，解释相关规则，以便学生能根据规则生成正确的句子——这就是演绎。但是演绎要成功，还需要学生在之后接触大量的语言材料，来验证抽象的规则在其头脑中形成的假设。如果没有足够的语言材料验证，规则也就无所依托，很难输出正确的句子。

根据本案例中提供的信息来看，该教学项目的模式为"主课+复练课"，主课教师用学生的母语详细解释语法规则，复练课教师则主要负责学生对已学规则的应用，具体实现方式就是操练。本案例中，复练课开始的时候，操练进行得不太顺利，可能就是因为主课上教师并没有提供足够的例句。复练课的教师意识到光讲结构不够，于是给了学生大量的例子让他们去归纳，这实际上为学生提供了验证假设所需要的语言材料，规则得到验证，后面再做练习就比较顺利了。

如果教师在介绍一个语言点的时候，先是给出大量感性的语言材料，让学生自己去发现、总结、形成假设——这就是归纳。学生形成假设后需要对其进行验证，可以继续通过接触更多的语言材料来实现，但在课堂教学的环境下，教师给予适当的点拨、确认、澄清会更有效率。规则初步建立后，要进行大量的练习，帮助学习者内化知识。以上正是布鲁纳提倡的"发现式教学法"所倡导的步骤，这种教学模式一方面发挥了教师的主导作用，另一方面也调动了学生独立思考的积极性，有助于培养学生自主学习的能力。

所以从完整的教学设计（主课+复练课）看，本案例中对相关语法点的处理在全局上实际体现了演绎法的思路，在局部（复练课）也体现了归纳法的一般做法。在教学中，教师应该汲取各种做法之长，将各种教学模式有效地融合在一起。

思 考

1. 教师在发现式教学法中应该扮演什么角色？你觉得发现式教学法有什么局限？
2. 克拉申认为，学习的知识只能起监控作用，不能转化为习得的知识为学习者自由输出。你如何评价这种观点？这种观点对课堂教学有什么启示？

阅 读

1. 刘珣. 对外汉语教育学引论（第92—93页"教学过程的模式"）. 北京：北京语言大学出版社，2000.
2. 杨惠元. 课堂教学理论与实践（第七章第一节"教师课堂讲解的原则"）. 北京：北京语言大学出版社，2007.
3. 黄晓颖. 对外汉语课堂教学艺术（第109—112页"语法教学的讲解艺术"）. 北京：北京语言大学出版社，2008.

案例 65 语法教学有技巧

（一）

教学地点：意大利罗马　**教学对象**：成人中级业余班

　　这节课的任务是讲解语气助词"了",前面已经有教师用意大利语讲过这个语法点,所以我先问学生难不难,学生都说挺难的,不知道什么时候用。于是我又简单讲了讲,主要是通过图示法来讲,举的例子都是比较简单的且在生活中常用的句子。

　　板书：S + *adj./v.* + 了

　　板书：S + *adj./v.* + 了 + 吗 / 没有？
　　你结婚了吗？——我结婚了。
　　你结婚了吗？——我没结婚。(学生已经知道不要加"了")
　　现在下课了吗？——现在没下课。
　　今天下雨了吗？——今天没有下雨。
　　板书：S 没 + *adj./v.*
　　我再问学生,什么时候用"了","了"是什么意思的时候,学生很自然地从图片中发现,"了"表示变化,他们自己还总结出否定句中的用法规律,"否定不用'了',因为没变化"。

(许舒焙)

（二）

教学地点： 中国成都　　**教学对象：** 大学初级国际班

这段时间正学习趋向补语、结果补语和被动句。一次我正领着学生学习黑板上的生词，突然，课堂后排一阵骚乱，大家的注意力马上都转移了过去。只见最后一排的叶明正手忙脚乱地收拾着，桌上的本子被咖啡浸湿了，他前排的安洁丽急匆匆地跑出去取了纸巾回来递给他。我也赶快找出纸巾递过去，说："别着急，快擦干。"

这时，一个学生一边比画一边说："老师，安洁丽这样——"我说："哦，是安洁丽碰倒了杯子，叶明的杯子碰倒了。"我一边说一边在黑板上"碰"这个生词旁边写上"碰倒"，然后拿起一个学生的矿泉水瓶子做示范，一边示范一边说："我不小心碰倒了他的矿泉水瓶子，他的矿泉水瓶子碰倒了。"接着，我让学生们跟着我说了两遍。

一个程度稍好的学生说："安洁丽把叶明的杯子碰倒了。"我笑着点点头，在黑板上写下一个"把"字，说："对，安洁丽把叶明的杯子碰倒了，这个'把'我们以后学习。"

一个学生问："老师，可不可以说'杯子泼出来了'？"我说："叶明的杯子碰倒了，咖啡泼出来了，叶明的书打湿了。"并板书在黑板上，让学生们齐读了两遍。最后，我一边指着黑板上"倒霉"这个生词，一边说："叶明今天真倒霉！"大家都笑了，叶明也笑了。

我想，学生们一定会对今天的生词印象很深刻。对即将要教的"把"字句，我也充满信心。

（张晓洪）

（三）

教学地点： 意大利罗马　　**教学对象：** 成人高级业余班

对于简单趋向补语的教学，专家学者们已经给出过很多建议。我的教学任务是操练，意大利教师负责讲解，所以我上课的侧重点是帮助学生自觉运用这个语法点。在带领学生操练时，我用了一个小游戏，就是准备好一些小纸条，上面写了一些最常用的简单趋向补语的句子，比如"请你先出去，然后再进来"等等。上课时，我请一个学生抽纸条并表演出来，其他的学生说他/她在做什么。这个游戏的目的是让学生能够运用简单趋向补语描述一个动作。

在操练语法点"正在"时，我先让学生说出自己喜欢做的事情，比如听音乐、看电影、上网、看书、做饭等。然后找一个学生上讲台，让他/她选一个动作做，然后我问学生："他/她正在干什么？"再引导大家说出完整的句子，如"他/她正在听音乐"。讲"正在"的否定式时，我也采取了同样的办法，例如Costanza在讲台上表演做饭的动作时，我就问学生:"她正在干什么?"学生回答:"她正在做饭。"然后我又问:"Costanza 正在听音乐吗?"引导学生回答:"她没在听音乐,她正在做饭。"练习的时候我让学生上讲台自己做一个动作,然后自己问其他学生:"我正在干什么?"这样反复进行"正在干什么"和"没在干什么"的练习。

(许舒焙)

分析

图示法、情景法、动作法都是语言教学中常用的方法,都具有直观、生动、易懂等优点,能够达到深入浅出的效果。

图示法,顾名思义,就是用图画来展示语法点,这种方法使抽象难懂的语法变得清晰形象,让呆板的讲解变得生动活泼,能够调动学生的积极性。语气助词"了"表变化的语法意义是很容易用图画对比的方式来展示的。案例(一)中的教师在讲解的前半段运用了图示法,教学方法得当,取得了不错的效果;但在运用提问方式让学生回答时却出现了问题,比如问学生"你结婚了吗?""今天下雨了没有?"引出学生"我结婚了""今天下雨了"这样的回答。很明显,在这些语境下,"了"属于动态助词,表示的是完成义。这个问题反映出了教师知识储备和备课的重要性,教师应该对所举例句的正确性、典型性有十足的把握,要注意保持所举例句中语法点意义、用法的一致性。

情景法主张要在情景中介绍并操练新的语言点,这个情景要尽量做到真实。比如说讲重动句,教师在给出的重动句结构之后问学生:"××(最好是学生熟知的人)打篮球非常好,用这个语法点怎么说?"学生根据已知结构容易能说出"××打篮球打得很好"。案例(二)中,课堂上出现了突发情况,教师非常敏感,抓住了这个机会教给了学生一些正在学习和将要学习的生词和语法结构。这样的场景是绝对真实的,教师给出的句子恰恰是学生在当时情况下最想表达的内容,学生对生词和语法结构使用的语义背景都非常清楚,没有歧义,也不存在认知负担。这种做法把真实性、交际性有效地结合在了一起。语言教师都应提高自己的敏感性,抓住学生熟悉的情景复现已经学过的内容,讲解正在学习的内容,引入将要学习的内容。

动作法即利用肢体动作展示语法点。这种方法汲取了全身反应法的特点,利用身体记忆展开教学,具有直观的特点,对于培养学生的口语能力和用汉语进行思维的能力很有帮助。白乐桑先生 2012 年 10 月份曾介绍过欧洲的做法:"在欧洲,从 90 年代开始,出现了用外语教授别的科目的做法,主要有三类:第一类,用外语教授历史、地理等文科;第二类,用外语教授理科;第三类,体育。其中以第三种课的效果最好,用外语参加体育活动,学生渐渐地会忘掉自己是在使用外语。"我们从中可以看到利用动作学习语言的优势所在。

思 考

1. 如何利用情景法教授表示完成意义的动态助词"了"?
2. 想一想,讲解"把"字句时,下列哪些做法是可行的?

A. 利用动作法展示"把"字句的位移义,如表演"请你把书交给老师""我把书放到桌子上了"等。

B. 利用发现式教学法让学生自己去总结规律。

C. 使用句型转换法,用一般的主动宾句式引出"把"字句,如用"我打了他"引出"我把他打了"。

D. 利用大家都熟悉的情景引出"把"字句。

E. 使用演绎法,先给出句型和运用规则,再结合课文举例讲解。

F. 其他 _____

阅 读

1. 崔永华,杨寄洲. 汉语课堂教学技巧(第三章"语法课堂教学技巧"). 北京:北京语言文化大学出版社,2002.

2. 孙德金. 对外汉语语法及语法教学研究. 北京:商务印书馆,2006.

3. 黄晓颖. 对外汉语课堂教学艺术(第109—112页"语法教学的讲解艺术"). 北京:北京语言大学出版社,2008.

4. 杨玉玲. 国际汉语教师语法教学手册(第98—103页"18.动态助词'了'",第252—265页"45.'把'字句1","46.'把'字句2"). 北京:高等教育出版社,2011.

5. 杨玉玲,吴中伟. 国际汉语语法与语法教学(第九章"语法教学的方法和技巧"). 北京:高等教育出版社,2013.

第五章 文化与跨文化交际

第一节 文化教学

案例 66 中国是一个封闭的国家吗?

教学地点: 法国雷恩　**教学对象:** 初中四年级选修课

在为"汉语东方班"的学生讲授中国历史地理知识,尤其是古代历史的时候,如果按照朝代来讲解,学生很容易混淆各个朝代。再加上讲的大多是几千年前的事情,学生难免会觉得枯燥,有的学生甚至会产生一些别的想法,比如"中国真是封闭的国家""中国太古老了,一点儿都不现代"等等。

第一节课,我先向学生们提出了一个问题:"你认为中国是一个封闭的国家吗?"让学生根据他们在初中历史课上所学的知识进行讨论。学生们各执一词:有的认为中国现在比较开放,可是古代的时候很封闭;有的学生认为中国一直比较开放;还有一部分学生觉得中国一直都很落后、封闭。讨论之后,我让学生把第一节课的观点记录下来,并且写上自己的名字,交给我保管。

然后,我将准备好的一些主题发给学生,让学生选取一个主题,分组查阅相关资料,并回答相关问题。比如,在"张骞"这个主题中,共有三个问题:1. 请介绍汉朝的特点。2. 张骞是什么人,他做了什么? 3. 汉朝是一个对外开放的朝代吗?请举例说明。

学生会有三节课的时间在图书馆或通过网络查找相关资料,记录相关信息,并用一节课的时间制作 PPT。PPT 制作完成以后,学生按组别陈述自己的观点,并配合 PPT 的展示。在一个组做介绍时,其他组的学生要做好相关记录。

在介绍完所有的主题之后,我让学生复习相关的笔记和知识,同时,提出了第一节课的那个问题:"你认为中国是一个封闭的国家吗?"我将第一节课收取的纸条发还给学生,让他们自己去发现——经过几次课的学习,他们的看法是否有所改变——并进行讨论。最后,除了一个学生仍然坚持认为"中国是一个封闭的国家"以外，其余 25 个学生都认为"中国自古以来就是一个很开放的国家"。有的学生在讨论的时候还说："我不认为鸦片战争帮助了中国的现代化，即使没有鸦片战争，中国也能实现现代化，并且中国在很多朝代的科学技术都领先于西方。"

教学，尤其是文化教学或者说跨文化教学，最重要的不是告诉学生中国的历史是什么、文化是什么，而是要引导学生，让学生带着问题自己去探索，寻找他们想要的答案，并且让他们看到在这个过程中自己在认识上的深化和改变。同时，课堂的自由讨论是必需的，它可以让学生有机会了解到别人的观点，并思考是否有道理。教师在组织学生自由讨论的过程中，应该引导学生学会倾听、思考、阅读和研究，从而让他们放弃自己原来的一些错误观点，更好地理解不同的文化。

（王彦）

分析

国际汉语教学是语言教学，也是文化教学。尽管如此，国内在培养国际汉语教师时大多只注重语言教学方面的指导，对专门的文化课教学问题却提得比较少。而作为国际汉语教师，在一个新的教学环境中可能会接触到各种各样的课程。对于汉语综合课等语言技能类课程，教师们一般都能驾轻就熟，但是如何上好文化课对教师们而言却是一个很大的挑战。很多教师一般是照本宣科地讲授中国历史和地理等文化知识，教师讲得吃力，学生听得也是云里雾里，效果并不理想。文化教学效果不好的原因有很多：一方面，海外的汉语学习者缺乏目的语文化环境，虽然学习了很多文化知识，却如同雾里看花，难以直观地感受真实的中国文化；另一方面，有的教师一味地用讲授的方式介绍文化知识，尤其是几千年以前的中国历史故事，未免过于枯燥，毕竟这些内容离学生的实际生活太远了。

到底如何上好文化课？本案例中的教师给了我们很多启发。首先，文化课不应该完全由教师主宰整个课堂，满堂灌的效果肯定不太理想。本案例的实践证明，文化课"以学生为中心"是完全可行的，教师在课堂上主要起引导作用，引导学生自己去发现问题。这样不仅可以激发学生的学习兴趣，还可以让他们在亲身体验中提高学习效果。比如本案例中学生在教师的引导下自己动手搜集资料，做成 PPT 汇报，学生在完成这些任务的同时也学到了相关知识，并不用教师去费力讲解。其次，我们主张文化教学与语言教学结合起来。虽然是文化课，但是语言学习仍是核心内容和重要载体。本案例中的教师想到了这一点，她布置的活动照顾到了语言因素。我们可以想象，PPT 汇报和讨论的时候学生的语言水平也在一点点地提高。最后，文化教学要联系当前实际，让几千年前的历史文化融入当今生活。因为跟第二语言教学紧密结合的主要是当代共时文化（周小兵，1996），文化最终也需要为交际服务。本案例中讨论的"中国是一个封闭的国家吗？"就是一个与时俱进的问题，学生需要将历史和现实联系起来加以比较才能得出正确的结论。

思 考

1. 本案例中的教师要给该班学生讲解"中国的政治制度"。你觉得以下哪些教学组织方式合适？哪些不合适？说说你的理由。

A. 按照传统授课方式讲，着重比较中国和所在国的政治制度。

B. 给学生分组，安排他们课下查阅资料，课上逐组用PPT做汇报。

C. 安排学生课下查阅资料，课上分组辩论中国和所在国的政治制度哪个更好。

D. 给学生分组，每个组代表一个国家，安排学生课下准备，课上分组介绍"本国"的政治制度，教师再对中国的政治制度做总结。

E. 让每个学生就此话题写出一个相关问题，然后交换学生的问题，让学生课下准备，下次课为同伴解答问题。

F. 其他 _____

2. 小苏这个暑期要担任一个高中生夏令营班的汉语教师。由于这些高中生的汉语水平不高，因此在课程安排上，夏令营的承办机构要求教师除了要讲一点语言知识之外，还要讲一点文化知识，如果能带领学生动手操作就更好。小苏想用两个课时讲一讲中国的"脸谱"，并围绕"脸谱"带领学生学习一些词语，做一做手工。请帮助小苏动手设计两个课时的教学内容，并制作课程所需的PPT。

阅 读

1. 赵贤州. 对外汉语文化课教学刍议——关于教学导向与教学原则. 汉语学习，1994（1）.

2. 张英. 论对外汉语文化教学. 汉语学习，1994（1）.

3. 束定芳. 语言与文化关系以及外语基础阶段教学中的文化导入问题. 外语界，1996（1）.

4. 陈莹. 国际汉语文化与文化教学（第五章"文化教学与课堂设计"）. 北京：高等教育出版社，2013.

案例 67 汉语称谓怎么教？

教学地点：中国成都　　**教学对象**：混合年龄中级国际班

今天上作文讲评课，我照例要把一些用词不当或有语法错误的病句拿出来分析分析，以加深学生的印象，避免他们再出现类似的错误。有一个句子是这样的，"在我生命，我三次做这样的言，第一次对我的老太太……"。学生们很快地发现了这个句子的几个错误，并把它改为"在我生命中，我三次说这样的诺言，第一次对我的老太太……"。我再三地问："还有没有错误？"全班学生却都很茫然。于是我把那个句子后面的句子写出来，"第二次是对我的新太太"。这种情况下，还是有一部分学生觉得"老太太"没有错。"old wife 不就是老太太的意思吗？"一个学生咕哝了一句。

"老太太是老奶奶的意思。"另一个学生说。

我说："以前的太太应该称前妻，以前的总统称前总统，以前的男朋友、女朋友称前男友、前女友。"

"现在的太太叫新太太，那么以前的太太可不可以叫旧太太呢？"

"那新太太可不可以叫后妻、后太太呢？"又有学生接着问。

我说："一般不那么说。"

"为什么新妈妈可以叫后妈呢？"

我有点儿招架不住了，只好说，在这些称谓上，不能简单地用反义词类推，比如"与后妈相对的不是前妈，只能是亲妈"。我不得不使出我们这行的杀手锏，告诉大家"习惯上是这样称呼的"。

然后，我开始讲"所谓"一词的用法。在对一些错句进行分析修改后，我问大家："现在谁能用'所谓'造个句呢？"

一个平时上课很喜欢拽成语的美国学生马上举手说："麦克（班上一个年纪较大的男学生）的新太太很年轻，他们是老夫少妻，这就是中国人所谓的'老牛吃嫩草'。"

"'嫩'是什么意思？怎么写的？老师你能把他说的写在黑板上吗？"一个泰国女生认真地问。

"时间到了，下课给你写吧！"

老麦克坐在那里笑眯眯的，看样子没听懂那个美国学生的句子，我暗自庆幸，"幸好老麦克的听力不好！"

课后我想到，称谓是带有感情色彩的，"旧、后"多有贬义。血缘关系是不能分开的，与夫妻关系不同，不能称为前父、前母。这些都是下次课要补充说明的。

（石羽佳）

分 析

国际汉语教学的最终目的是培养学习者用汉语进行有效的交际。在教学中，语言与文化是两个相互交叉的圆，完全脱离文化的语言教学几乎是不可能的。在讲解语言结构的时候常常会涉及文化因素，系统完善却又复杂多样的汉语亲属称谓就是其一。

本案例中有三个问题值得注意。第一个问题是备课。汉语称谓词语虽然复杂，却仍有规律可循。本案例中的教师课后想到的用来讲解称谓的方法是有一定可行性的。但是课后才想到，说明备课的时候没有准确预计到学生的学习难点，这可能与教师不了解学生的水平或对课文内容不够熟悉有关。当然，即使准备充分，在真实的汉语课堂中，学生仍会提出很多出乎意料的问题。那么教师该如何应对这些问题呢？与本案例中的教师一样，很多教师的回答也是"习惯上是这样称呼的""中国人就是这么用的"或者"你们记住就行了，这是习惯用法"。作为教师，在课堂上碰到无法解决的问题是正常的，但是轻易不要用"这是习惯用法"来解释。教师可以跟学生坦率地承认和协商，"这是一个好问题，但是我现在不能给你一个完美的答案，下次课可以吗？"下课以后再去钻研并找到一个合适的答案，下一次课的时候再予以解释。

第二个问题是称谓词语的教学问题。面对复杂多样的称谓词语，如何讲解才能让学生明白并且不会用错呢？比如一个"wife"，汉语里可以有"妻子、老婆、太太、夫人、爱人、老伴儿"等不同的说法。这些说法适合什么阶段的学习者，用于什么场合，这是教师需要注意的问题。语言教学要循序渐进，做到富有层次性。在汉语的称谓词里，"前"一般不带感情色彩，比如"前女友、前妻、前总统"等，而"后"则带有明显的贬义色彩，如"后妈"等。此外，有的称谓"前"与"后"并不是相互对应的，比如"前总统"对应的是"现任总统"，"后妈"对应的是"亲妈"。这些词如何教给学生，需要本体知识的支撑，教师在备课的时候应该下一番功夫。

第三个问题涉及教师处理课堂事件的能力。"老牛吃嫩草"在汉语里有明显的贬义色彩。本案例中的教师并没有在课上讲解这个词语，泰国学生让她把句子写在黑板上的时候她只说"下课再写"。因为班里有敏感的"老麦克"，此处教师的做法无疑是机智、正确的。但是，汉语课堂有时候无法回避这样的词语讲解，如果真的要讲授这样的词语，最好能找一个大家都不陌生且没有明显贬义的例子。

思 考

1. 本案例中学生错用了"老太太"指称"前妻",分析这一错误产生的原因,并就下列词语设计合适的例句,以帮助学生掌握这些词语的意义。(一个句子可以包含多个词语)

前妻　　前夫　　前男友　　前女友　　新太太　　后妈　　亲妈　　老太太

2. 假如案例中的麦克理解了美国学生说他"老牛吃嫩草"的含义,并由此产生了尴尬和小冲突,教师该如何应对?

阅 读

1. 崔希亮. 现代汉语称谓系统与对外汉语教学. 语言教学与研究, 1996 (2).
2. 周健. 汉语称谓教学探讨. 语言教学与研究, 2001 (4).
3. 张和生, 鲁俐. 再论对外汉语教师的素质培养. 语言文字应用, 2006 (S2).
4. 吕俞辉. 非汉语环境下的中国文化教学. 北京广播电视大学学报, 2011 (1).

案例 68 座位的讲究

教学地点：意大利罗马　　**教学对象：**成人商务汉语业余班

书上的内容练习完之后，我补充了一些中国人吃饭的礼仪——座位问题和餐具的使用问题。关于座位，我主要介绍了"以右为尊"的规则。

我先从意大利的就餐习惯入手，在黑板上画了一张圆桌，学生们摇摇头，说这是中国的。然后我又画了一张长方形的桌子，他们点点头，说这是意大利的。学生告诉我，在意大利，吃饭的时候最重要的人坐在长方形桌子的一头，两边的位子是一样的，不分主次。我告诉他们在中国最重要的人坐在中间，其他人以右为尊。然后我请大家一起为圆桌旁座位的重要性标顺序，标完以后，我问他们为什么是这样的顺序，大家齐声说"以右为尊"。

关于餐具，学生们问我为什么不能把筷子插在米饭中间。我向他们解释了原因——中国人祭祀、祭祖时会那样做，所以吃饭时把筷子插在米饭中间对别人是很不礼貌的，筷子不用的时候要放到筷托上。

餐具这一部分其实我课前没准备，只是介绍用餐礼仪的时候，我说我们要了解的第一个礼仪是关于座位的，那么也应该有"第二个"吧，所以随机加了一个。因为没有准备，具体餐具要介绍些什么也是想到哪儿就说到哪儿，感觉效果并不好，逻辑性也不强。学生倒是爱思考，提出了关于筷子的问题，现在想想，还不如索性请学生提出感兴趣的问题，由我给予解释，这样既有针对性，学生也练习了口语。

中式餐桌

西式餐桌

（崔佳兴）

分 析

每节课讲多少内容？教学目标是什么？这是每位教师备课时必须考虑的问题。一般来说，教师会依照教材，并根据学生的实际水平确定教学目标和进度。在依据教材备课、讲课的同时，很多教师会给学生补充一些教材以外的知识。这样做，一方面是考虑到学生的水平可以接受，用补充知识来拓宽学生的知识面；另一方面是考虑到补充内容一般跟教材内容相关，可以激发学生的学习兴趣。因为综合课等课程一般学习语言知识，所以教师补充的多是文化知识。但是，该补充哪类知识？补充多少合适？教师该如何选择？这些问题往往会让新手教师手足无措。

需要指出的是，本案例中的教师在商务汉语课上讲解中国的餐桌礼仪是很有必要的，她的讲解方式也值得肯定。文化的讲解可以采取对比的方式，这位教师先让学生说了意大利餐桌入座的礼仪，然后通过对比来介绍中国的礼仪，这样做可以让学生更深刻地理解两国就餐礼仪的差异。

我们知道，餐桌礼仪除了座次，还有饮食等很多"规矩"需要学生了解。这位教师也深知这一点，所以在讲课的时候才会说座次顺序是"第一个礼仪"。那么，既然补充的是餐桌礼仪，"第二个"讲不讲？有没有"第三个"？新手教师很容易在备课、讲课时遇到这种疑问，有时候还会把自己推到一个尴尬的位置。有的教师因为备课不充分，讲课时甚至会"信口拈来"，结果越讲越多，自己也"收不住"了。最后的结果是讲了太多偏离教材的知识，学生一下子不能完全接受，这样做不仅浪费了时间，也难以收到良好的教学效果。有学者曾提出，文化导入要注意阶段性和适度性，这对教师的备课提出了指导性的原则。具体来说，教师需要：1. 全面了解。备课时要充分了解补充知识的体系，做到心中有数。比如本案例中的教师就应该了解餐桌礼仪都包括什么，像座位的顺序、餐具的摆放、吃饭的习惯（比如上菜的顺序）、喝酒的礼仪，等等。2. 分清主次。根据教材选择补充的内容。讲课时要放弃与课本关联不大的内容，否则会让语言课变成纯粹的文化课。如果课文是跟客户开会、去饭店等内容，补充座次方面的文化介绍很有必要；如果课文是吃中国菜，教师则可适当补充一些常见的菜名。总之，在综合课或其他技能课上，文化的导入和介绍是辅助性的，不可喧宾夺主，本末倒置。

思 考

1. 下列课文题目选自不同的教材,请你根据课文题目或内容,设计一下可以补充的知识和文化内容。

课文题目	补充知识和文化
咱们吃中式快餐还是吃西式快餐? 《新编汉语教程(上)》第24课	
他们是练太极剑的 《新实用汉语课本3》第30课	
网络人生——QQ生活 《成功之路进步篇·读和写1》第7课	
各国迷信 《博雅汉语准中级加速篇Ⅰ》第14课	

2. 假如你想把中国的节日文化和饮食文化结合起来作为补充知识介绍给学生,请根据自己的教学思路制作一个教学PPT。(参考授课时间:15~20分钟)

阅 读

1. 赵贤州. 关于文化导入的再思考. 语言教学与研究,1992(3).
2. 赵厚宪,赵霞. 论文化教学原则. 外语教学,2002(5).
3. 唐祥金. 文化观与文化教学. 外语与外语教学,2002(8).
4. 陈莹. 国际汉语文化与文化教学(第二章第一节"一、饮食之道"). 北京:高等教育出版社,2013.

案例 69 中国人取名字的文化

教学地点： 中国成都　　**教学对象：** 混合年龄中级国际班

薄德子是德国一所大学汉学专业的学生，第一次上课做自我介绍时他说："我从德国科隆来，我非常崇拜老子、孔子和孟子，所以，我的中文名字叫薄德子。"真如他所说的那样，他的裤兜里随时揣着一本《论语》口袋书，时常笑眯眯地见人就问："孔子说'仁者乐山，智者乐水'，嗯，你是什么？"

他来成都的第一个元旦，某报社组织了一次留学生活动，报道不小心把他的名字写成了薄德茨，他对此很是不爽。那年春节，我请他和几个假期在成都的留学生来我家过节。餐桌上，他又耿耿于怀地提起此事，认为报社把他的名字搞错了，不能体现他对老子、孔子的仰慕之情。为了安慰他，也为了让他了解中国文化，我告诉他，"子"不是老子、孔子的名字，而是一种尊称，一般用于那些对社会做出了很大贡献的卓越人士。这个说明让薄德子愣了半天，饭还没吃完，他就说："老师，对不起。我有点儿不舒服，我先回去了。"我从未想过打击他，但这番话对他的打击着实不小，差不多过了三天，他才恢复了以往的神采飞扬。好像自那以后，他不再"老子、孔子、薄德子"的念叨了，这是让我很后悔和遗憾的一件事。

还有一件事儿是关于另一个德国学生的。那个学生告诉我，他向他的中国女友求婚，同时希望她为他生五个孩子。他的女友答应了，却不同意生五个孩子。所以，他希望我能帮他说服他的女友，并真诚地许诺："如果说服了她，我们生的第一个女孩就用你的名字，我们带她来看你。怎么样？""那太好了，但是你们来看我的时候，你不能叫'XX，宝贝儿'。"同时我告诉他，中国人取名讲辈分，为尊者讳，一般晚辈不能和长辈同名，老百姓不能和皇帝同名。不像西方，为了表达尊敬之意，可以让儿子、孙子与祖辈同名。

因为这两件事，我在文化课上增加了"名字"这个专题。

（石羽佳）

分析

不管学习者最初学汉语的动机是工具型还是融入型，不可否认的是，他们对汉语都怀着极大的兴趣。本案例中提到的两位学习者都在努力学习中国文化，努力融入中国的生活。但是，因为学习者的文化背景和中国文化差异太大，或者说他们"学艺尚浅"，对中国文化的了解尚处于比较浅的层次，所以很容易在学习中产生错误的认识。有时候，他们并不能发现其中的问题，而是根据母语文化和自己的理解"想当然"地认为中国也是这样。教师要及时地纠正他们的错误，把真实的中国文化呈现给他们。

本案例中的教师在这两件事发生以后，特地在文化课上增加了相关的专题，这是非常值得肯定的。不过如果学习者能在学习中国文化的基础阶段就了解到相关知识，就会防微杜渐，也不会有后来的"尴尬"和"打击"。

"汉语文化教学大纲"迄今尚未出台。那么教师应该选择什么中国文化教给学生？在基础阶段应该教些什么呢？在中高级阶段应该教些什么呢？一般在基础阶段，教师有必要根据教材内容适当地进行文化导入。比如讲到"问候"，会补充中国人见面喜欢说"吃饭了吗？""去上班啊？"等交际用语。基础阶段的文化导入可以根据学生的实际学习需求，选择具有实用性、跟学生交际直接相关的内容，如问候语、亲属称谓、见面约会、邀请等。在介绍的时候尤其需要提醒学生，注意对比学生本国文化和中国文化的不同之处。而到了中高级阶段，学校一般都设有专门的文化课程，如中国文学课、中国概况课等，通过这些课程的学习，学生会对中国文化有一定的了解。

除此之外，我们也注意到了这样的问题：在学生已经形成错误的文化认识之后，到底该如何处理才不会打击他们的自信心呢？教师都不想给学习者学汉语的热情降温，可既然是错误，总要适时地予以纠正。本案例中的教师对于"子"的解释并没有错，却让这名叫薄德子的学生饭还没吃完就匆匆离席。薄德子的汉语水平很好，却犯了这样的错误，这样的打击对他来说自然不小，也难怪教师会"后悔和遗憾"了。尽管其他学生遇到同样的情况可能不会有这么大的反应，但这个案例还是提醒我们，纠正学生的文化认识错误和纠正他们的语言错误一样，也要讲究方法。教师在讲解文化知识的同时，也要提醒学生建立文化对比意识，自己学会观察、比较和总结。

思 考

1. 对于案例中提到的薄德子这样汉语水平很好、文化知识却有一些空白的学生，你觉得应该如何处理才不会"伤害"他们呢？
2. 黄老师在南非一家孔子学院任教，校长想请他给高级班的学生以讲座的形式讲一讲孔子。你觉得黄老师应该从哪些方面、用什么形式介绍孔子呢？请你帮助黄老师设计一个教案。（参考授课时间：30~40分钟）
3. 阅读下文，想一想中国和其他国家在取名时有哪些文化差异。

美国学生韩希德问李老师，我们学校门口那条路为什么叫"学院路"，而不是叫"大学路"。李老师回答说，这些大学以前都叫学院，后来改名的，像"北京邮电学院"改为"北京邮电大学"，"北京航空航天学院"改为"北京航空航天大学"。韩希德很奇怪，为什么要改名字呀，美国的大学几乎没有改名的，从开始建的时候叫什么现在还是叫什么。像什么"麻省理工学院""加州理工学院""伯克利分校"，虽然都是世界名校，但是名字却小得可怜。

阅 读

1. 魏春木，卞觉非. 基础汉语教学阶段文化导入内容初探. 世界汉语教学，1992（1）.

2. 徐家祯. 基础语言课中语言教学与文化教学结合的问题. 世界汉语教学，2000（3）.

3. 张英. "对外汉语文化大纲"基础研究. 汉语学习，2009（5）.

4. 陈莹. 国际汉语文化与文化教学（第四章第一节"二、中国人的姓名"）. 北京：高等教育出版社，2013.

案例 70 中国美食遇到动物保护主义

发生地点：意大利罗马　　**教学对象**：成人高级业余班

罗马大学孔子学院的课程计划中，包含了每个学期看一部中文电影的安排。2010年春季学期，我所教授的是高级汉语课程，就准备了一部介绍中国传统饮食文化的电影《满汉全席》给班上的学生放映。

当时我选择这部电影的考虑是，这部电影本身是一部幽默喜剧，而且又介绍了中国饮食文化史上最丰富隆重又具有民族特色的满汉全席，很容易引起学生的兴趣。电影在语言上也很贴近日常生活，非常适合高级班学生的实际水平。

整个电影的观赏过程几乎都是轻松愉快的。该片幽默的剧情、夸张的表演和奇特的菜式设计很快就吸引了学生的注意力，大家都全神贯注地欣赏着这部电影，时不时还爆发出快乐的笑声。

然而到了影片结尾，意想不到的一幕出现了。影片的结尾是两个技艺高超的厨师通过制作满汉全席中三个名贵菜式的比拼来决定谁是冠军，这三个菜式包括熊掌、鱼翅和猴脑。熊掌和鱼翅的部分学生还比较能够接受，但当放到比赛制作猴脑这一段剧情时，许多学生都发出了惊讶的声音，有的学生甚至扭过脸去不忍心继续往下看。当时的场面可以算是比较失控的，不过还好接下来的剧情马上就给出了澄清：两位厨师都没有使用真正的猴脑来制作这道菜，而是分别使用了羊肉和豆腐作为替代品。这样，学生的情绪总算逐渐稳定了下来。

这次中国电影放映虽然在有惊无险的情况下结束了，但是这次"事故"也给了我一个很深刻的教训：在选择课堂教学材料的时候，需要把每个细节都考虑清楚，尽量避免那些可能造成课堂失控的因素出现。在选择电影的时候，我只考虑了影片在饮食文化表现上的特色，而忽视了其中特定部分会引起动物保护主义者的反感，这是在文化教学活动中需要尽量避免的。

（孙云鹤）

分析

为了让学习者更了解中国，激发他们的学习兴趣，海外汉语教学中会有各种各样的文化活动，放映中国电影就是其中一种。但是，选择电影时需要考虑很多因素。

首先，电影最好符合学习者的汉语水平。如果电影的语言过难，显然是难以引起学生的观影兴趣的。有时候，教师会选择放映中外文字幕的电影，但是这样做很可能导致学生观影时只看外文字幕,最终的效果并不好(当然如果只是想让学生了解其中的文化则另当别论)。其次,电影内容最好能反映出中国特征。看中国电影的目的既包括学习汉语,也包括了解中国文化。选择具有中国文化典型特征的电影无疑可以一举两得。最后,考虑电影内容是否会产生文化"冲突"。本案例中的例子给了我们很多启示。因为中西文化的差异,如果不多加考虑,我们很容易"想当然"地把一些引起文化"冲突"的电影放映给学生。在可选择余地较大的前提下,这一点应该避免。

因此,如何选择一部适合学生观看的电影需要全面考虑。根据我们的经验,《一个都不能少》《我的父亲母亲》《爱情麻辣烫》《天下无贼》《霸王别姬》《不见不散》《卧虎藏龙》《千里走单骑》《花样年华》等电影都是不错的选择。

思 考

1. 钱老师在菲律宾教初级班,他本人觉得初级班学生不适合通过电影学习汉语,所以从来没有考虑过在课堂上放映电影。可钱老师的学生却一再要求,甚至在课上集体提议看一部中国电影。如果你是钱老师,你会怎么做?选择放映电影的话,你会选择哪一部电影?你会如何帮助学生看懂这部电影?
2. 想一想,除了放映电影,还有哪些可以让学生了解中国文化的活动形式?

阅 读

1. 赵功彦. 影视课在外语教学中的地位与作用. 外语电化教学,1994(4).
2. 张津海. 根据影视课特点改进教学模式. 外语电化教学,2002(2).
3. 沈家贤. 试论中西文化差异与对外汉语教学. 云南师范大学学报,2003(3).
4. 肖路. 对外汉语影视课中教师的主体作用. 暨南大学华文学院学报,2003(3).

案例 71 中秋节"中国文化日"

教学地点：挪威奥勒松　**教学对象：**高一学生选修课

奥勒松市是挪威的20大城市之一。从2012年秋季学期开始，奥勒松高中开始为高一年级的学生提供汉语选修课。2012年10月5日，奥勒松高中的中文课堂开展了一次以"庆祝中秋佳节"为主题的中国文化日活动。我教的高中中文班一共有22名学生，虽然他们来自不同的班级，但是他们都有一个共同的爱好，那就是学习汉语和中国文化。

这个中秋节是他们在学习了近一个半月的汉语后过的第一个中国节日。为了让学生们更好地感受中国文化和语言的魅力，我特别设计了四个活动：学习有关中秋节的文化知识；学唱中文歌曲《月亮代表我的心》；体验中国剪纸艺术；品尝中国饮食，学习使用筷子。这四项活动能够充分训练学生听说读写以及动手等各方面的能力，让他们在了解中秋节的同时，立体地感受中国语言和文化的内涵。

在当天的活动中，配合一个生动而简单的小短片，我为学生讲解了"嫦娥奔月"和"后羿射日"的故事，告诉了他们中秋佳节背后的文化传统，让学生们更加深刻地理解了这个节日的内在含义。此外，我还给他们介绍了中秋节的风俗习惯等知识。之后，因为他们经过近一个半月的拼音学习，已经可以进行基本的汉语拼音拼读，所以我借助拼音带领大家一起学唱《月亮代表我的心》。大家在学习这首歌曲时表现出了极大的兴趣和热情，他们都被歌曲优美的旋律和歌词所表达的含义深深吸引。大家一起合唱《月亮代表我的心》为当天的活动带来了一个小高潮。

接着，我向学生们介绍了中国传统文化中一门非常有特色的艺术——剪纸。我们先观赏了多媒体资料中的剪纸技艺，不少学生都很惊叹。接着我教他们剪出了他们人生中第一个剪纸作品"囍"。在剪纸的过程中大家都非常认真，整个班级鸦雀无声。一名叫Helene的女孩儿首先向我展示了她的作品，大家都为她送上了热烈的掌声。之后，不断有学生兴奋地向我展示他们的作品，虽然有的学生是经过了三五次的失败才成功，但是，通过他们脸上认真和喜悦的神情，我知道，他们今后一定不会忘记中国剪纸这门艺术，不会忘记"囍"的发音和含义。

在这三个文化活动结束后，大家一起品尝了中国食物。但是品尝前大家都要学习怎么使用筷子。想不到他们很快地掌握了使用筷子的方法，虽然我们也给大家准备了刀叉，但是没有一个人选用刀叉。活动的最后，大家把剪纸贴在一起做成了一幅海报，并在自己的作品旁边写上了名字。就这样，我们师生一起度过了一个"迟来的"，但却非常愉快而有意义的中秋佳节。

（李菁菁）

挪威奥勒松高中的中秋节活动

学剪纸

制作海报

品尝菊花茶

学习使用筷子

教师制作的纪念照片

分 析

  兴趣是最好的教师。依靠兴趣作为强大的动力，学习者才能在学汉语的路上走得更稳、更远。激发学习者学习动力的方法之一是让他们了解中国文化。因为中西方文化差异很大，中国悠久的历史和博大的文化对学习者来说都是陌生而又奇特的。在平时的教学中，很多教师都会用心设计多姿多彩的活动，以便让学生更好地感知中华文化。如果恰逢中国的传统节日，如春节、中秋节等，教师们设计的活动形式更是丰富多样，引人入胜。本案例中的教师把很多中国元素加入到了活动当中，包括民间传说、中国歌曲、剪纸、美食，等等。当然这些活动的开展也要注意结合学生的水平进行。比如，初级汉语水平的学生可以如本案例中那样，学习一些中国歌曲，学生可以在轻松地学唱中国歌曲的同时练习汉语发音，一举两得。而随着学生水平的提高，演讲比赛、辩论赛等形式的活动都可以被列入计划之中。至于活动的主题，可以加入有节日特色的内容，如春节可以包括春联、饺子等元素，端午节可以包括屈原、粽子等元素。

  每个中国节日的活动都可以为学生打开一扇了解中国文化的窗户，教师应因材施教，根据实际情况设计符合学生实际水平的活动。挪威学生是西方文化背景，他们对东方文化会感到陌生和好奇，所以文化活动实施的效果一般比较好。而对于日本、韩国等汉字文化圈国家的学生来说，设计活动时就应该有别样的考虑，在对比中突出活动的中国特色。

思 考

1. 小谢作为赴美志愿者在美国一家孔子课堂教小学生。中秋节时，小谢为学生们用英语讲了"嫦娥奔月"的故事。通过上网查询，她把嫦娥翻译成godness，没想到授课后的第二天，就有家长找到校方，称小谢教授的内容是强行给自己的孩子灌输宗教的内容。你对这件事情怎么看？你认为该怎么在教学中规避此类问题的发生？
2. 王老师在国内一家日本小学校教小学高年级的学生，元宵节快到了，王老师想配合元宵节开展一个猜灯谜的活动。请帮助王老师设计具体的活动方案，方案应包括规则设计、灯谜准备、教具布置和奖励措施等内容。

阅 读

1. 邓时忠. 对外汉语教学与文化教学的再思考. 第四届全国语言文字应用学术研讨会论文集. 成都：四川大学出版社，2007.
2. 张英. 对外汉语文化教学的基点与视角. 第十届国际汉语教学研讨会论文选. 沈阳：万卷出版公司，2012.
3. 王业霞. 剪纸. 北京：高等教育出版社，2012.
4. 赵小莉. 以中秋节为主题的体验式教学活动设计——以泰国灵诺他学校汉语教学为例. 暨南大学硕士学位论文，2012.
5. 陈莹. 国际汉语文化与文化教学（第五章第四节"文化教学的课堂设计：课堂教学案例与分析"）. 北京：高等教育出版社，2013.

案例 72 庆贺中国新年

教学地点：美国肯塔基　　**教学对象：**高中选修课

26号是周一，中国的大年初一。美国人不过中国的春节，正常上班。美国的外语课不只学语言，还学习文化，这和在中国学英语有很大不同。我学了这么多年英语，我的英语教师并不介绍西方文化，所以我对英美文化知之甚少，不过语言学习的强度和信息量倒是很大。我自己觉得，要想了解一个国家的人的思维方式和行为方式，还是要学习这个国家的语言和文化。所以在我的教学中，凡遇有中国传统节日或中美行事方式不同的地方，我都要给学生提一提。比如学颜色时，我会问学生："在美国婚礼上习惯用什么颜色？"学生回答白色，这时候我会告诉学生中国婚礼习惯用红色。我再问学生："在美国葬礼上习惯用什么颜色？"学生回答黑色，这时候我告诉学生，中国葬礼习惯用白色。学生往往都会对这种差异感到很惊奇。

我本打算在这周内安排一些文化活动，如写春联和包饺子等。因为下大雪学校取消了一天课，这个星期只剩下四天的课，于是我不得不取消了包饺子的活动。在这边教学，教师是可以给学生食物吃的，不过要非常小心，如果有学生对某些食物过敏，是比较危险的。上个周末，我在教室工作了两天，连画带裁，一共花了二十个小时赶制了一条巨龙。这周一我让学生剪裁"龙鳞"，在上面写上新年祝福和愿望，当学生把这些"龙鳞"贴在龙身上时，龙就变立体了。我把巨龙贴在走廊的墙上，为的是展示一下汉语教学丰富多彩的成果。有的学生写的是"吃好喝好"，哈哈，他们还不知道，连赵本山的话他们都会说啦！真是很"中国"啊！

在活动中我照了一些照片，并选了一些照得好的照片洗出来送给学生做纪念。我想，10年或20年后，有的学生可能不会再用汉语，有的学生可能连一句汉语也不会说了，但是这个"文化体验"一定会给他们留下深刻的印象，也许会让他们记一辈子。这次开展

教师做好的中国龙龙身

学生把"龙鳞"贴在龙身上

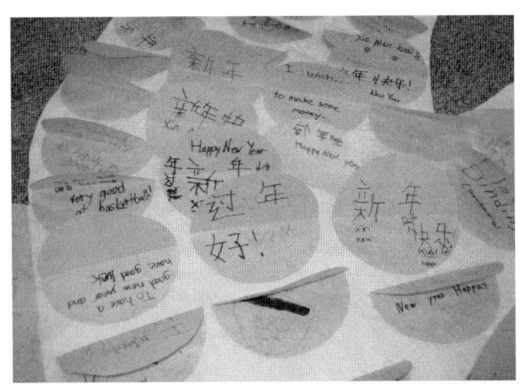
学生在"龙鳞"上写下的新年祝福

制作完成的中国龙被贴在走廊的墙壁上

的制作中国龙和写春联两个项目学生都非常喜欢。而因故取消的包饺子活动都让他们始终念念不忘,学生们总是问我下周能不能包。

(刘潇)

分析

关于"你是做什么工作的"这个问题,很多教师的回答是"我是教汉语的"。但是,国际汉语教师通常又不仅仅是汉语教师,还是传播中国文化的使者。

本案例中有几点值得我们注意:1. 教学要有文化对比意识。文化教学可以通过对比的方式让学生在中西文化的碰撞中明确差异,激发他们的好奇心和求知欲。比如,本案例中的教师利用中西婚礼和葬礼使用的颜色差异进行提问,让学生感到"很惊奇"。这种差异对比会让学生印象深刻。2. 教师要有食品安全意识。有的教师喜欢与学生分享一些有中国特色的小食品,中国的传统食品一般也很受学生欢迎。但是,很多国家对食品安全都有严格的规定。所以,海外教学时应特别注意这一点,要提前了解所在国家、地区、学区和学校的相关规定,不要"好心办坏事"。3. 活动的整体性意识。活动办完了就真的结束了吗? 本案例中的教师给我们提了个醒。汉语在很多海外的学校都是选修课,若干年以后学生可能只会记得简单的"你好""谢谢",其他的内容可能都"还给了"教师。但是,他们所经历的文化之旅却会永远印在心里,正如本案例中教师所说的"会让他们记一辈子"。所以,教师应该给学生留下一些值得回忆的东西,比如可以把活动的照片送给学生,让他们在玩过、笑过之后还存有可供回忆的实物。

思 考

1. 下面是案例中的教师设计的庆祝中国春节的活动，如果你也在美国教学，你会采用哪些做法？请你自己也设计一个完整的春节活动方案。

A. 播放介绍春节的视频短片。

B. 教学生掌握各种春节拜年吉祥话。

C. 让学生用汉语对教师说"过年好"，教师给每个学生发一个红包，学生回家也要对父母说"过年好"，让父母给压岁钱。

D. 让学生比较中国龙和美国龙的区别。

E. 教师制作中国龙身，每个学生剪裁八片"龙鳞"，在其中的五片上写上不同的新年贺词，在另三片上写上新年愿望，让学生把"龙鳞"贴在龙身上。

F. 学习"福"字，告诉学生倒贴"福"字的典故，让学生学会写"福"字。

G. 选几副有代表性的对联，让学生逐字学习，了解意思。

H. 让学生去电脑室搜索关于中国新年的知识，回答教师提出的问题，比如："年"这种怪兽怕什么？"过年"是什么意思？中国新年为什么每年不是同一天？中国新年要庆祝几天？每天都做什么？

2. 聂老师在法国一家孔子课堂当老师，下个星期就是中国的春节了，而且她又刚好讲到"把"字句。她很想开展一次包饺子的活动，这样学生可以一边学习语言一边体验文化。可是一方面她很难准备包饺子需要的材料，另一方面即便材料凑齐了，她又担心班里的学生在饮食上有很多禁忌。如果你是聂老师，你会怎么做？如果不能真正地包一次饺子，怎么能让学生"体验"饺子文化？

阅 读

1. 张治. 汉语国际教育教师如何适应在美汉语教学——在美国东北部汉语教学感悟. 长江学术，2008（3）.

2. 谢玲玲. 以文化为核心的美国汉语教学模式探析——兼论对我国对外汉语教学的启示. 华中师范大学博士论文，2012.

3. 盖笑松 等. 高质量课外活动的特征分析. 现代教育科学，2013（2）.

4. 陈莹. 国际汉语文化与文化教学（第六章"文化活动的设计与实施"）. 北京：高等教育出版社，2013.

第二节
入乡随俗与跨文化交际

案例 73 挪威的午餐
教学地点： 挪威奥勒松　　**教学对象：** 高中生

　　挪威的老师每天中午都会聚在教师活动室里一起吃午餐，但是，挪威的午餐与我们理解的午餐完全不同。这是挪威特有的一种东西，挪威语叫作 matpakke，翻译成汉语就是"食物包裹"，也就是我们所说的盒饭。挪威人的盒饭一般是两片面包，中间加上一片火腿或奶酪——这就是最典型的挪威人的午饭了。在挪威，几乎各个阶层的人午饭都吃这个。

　　我一开始不知道挪威人的这一习惯，第一天上完课后准备去食堂吃饭，结果发现食堂根本不供应午饭，其他老师都从包里拿出准备好的 matpakke，再加上一杯咖啡，这就是全部的午餐了。有一次，我在教师活动室里遇到校长，而她的午饭竟然是一个梨！不光是教师，学生也都是这样，大家都会从家里带 matpakke，上午最后一节课一般是 11 点 20 分下课，很多小孩不等下课就会拿出 matpakke 吃起来，老师一般也不会干涉。第一周的时候我总是忘记带 matpakke，因此常常是没有午餐，饿着肚子一直到下班。不过，这里下班的时间很早，学校每天 3 点就放学了，因此，挪威人的午饭如此"简易"也就可以理解了。

（李菁菁）

分 析

　　国际汉语教师不仅要具备本国的相关文化知识，也要了解对象国的文化知识，这样才能很好地进行跨文化交际。尤其是在海外工作的教师，更应该深入了解对象国的文化习惯。

　　每个国家都会有自己特有的文化习惯，饮食作为文化的一项内容自然也不例外。挪威人的午饭很简易，通常情况下就是一个自带的 matpakke，从中国来的教师若不了解这个情况只能饿着肚子直至下班回家。文化没有高低贵贱之分，所有的文化都是在当地的环境、条件下自然产生的。比如，泰国人喜欢在饮料中加冰，他们觉得没有冰就不能喝水，即便是在凉爽的季节也是如此，这与泰国的热带气候是分不开的。

  本案例反映的情况涉及入乡随俗的问题。在海外工作的国际汉语教师在传播中国文化的同时也要尽量融入当地的文化，这是对当地文化的尊重，也会避免很多不必要的冲突。国际汉语教师在赴海外教学之前，一定要充分了解当地的文化，可以查阅相关资料，或者请教前任教师，从衣、食、住、行等各方面做好充分准备。另外，也要注意了解对象国的一些禁忌，以免发生不愉快的事情。

思 考

1. 作为赴泰志愿者，小马要去泰国的高中任教一年。请上网搜集相关信息，帮她写一写行李清单和备忘录。

服　　装：_____

药　　品：_____

生活用品：_____

教学用具：_____

相关材料：_____

禁忌与注意事项：_____

2. 在生活习惯上，中国人和其他国家的人有一些不同之处。比如中国人一般不会席地而坐，而有些国家的人则会自然地坐在地上；再如中国人喜欢午睡，但是有些国家的人没有午睡的习惯。关于入乡随俗这件事，不同的教师有不同的看法，有的教师认为"既然是在国外，就要从各个方面学习当地人的做法，不要让人家觉得我格格不入"，也有的教师觉得"只要我不给别人造成困扰，我还是不愿意改变我的习惯"。你的观点是什么？说说你的理由。

阅 读

1. 周健. 论汉语教学中的文化教学及教师的双文化意识. 语言与翻译，2004（1）.

2. 杨盈，庄恩平. 构建外语教学跨文化交际能力框架. 外语界，2007（4）.

3. 吕俞辉，汝淑媛. 对外汉语教师海外工作跨文化适应研究. 云南师范大学学报（对外汉语教学与研究版），2012（1）.

案例 74 别样的打分方式

教学地点： 挪威奥勒松　　**教学对象：** 高中选修课

挪威高中的考试打分制度与中国高中不同。在这里，最高分是 6 分，依次向下为 5、4、3、2、1，此外还有 6-、5+、5-、4+、4-、3+、3-、2+、2-、1+、1- 这样的分数。在一个班上，只有极少数人能得到 6 分，大部分的人都会得到 4 分或 3 分。举个例子来说，一个 30 人的班，每次考试后，大概会有两三名学生得 6 分，5~7 名学生得 5 分，10 名左右的学生得 4 分，其余学生可能会得 3 分，甚至更低的分数。

学生在拿到成绩单后，可以有一个向教师申诉的机会。就是说，教师必须要向学生解释说明该学生得到这个分数的原因。如果学生不满意，甚至可以投诉教师。这种打分制度对习惯使用中国传统的百分制打分的我来说就是一个很大的挑战。如何设计试题？如何划分试题分值？如何将平时的考勤和课堂表现计入分值？这些问题都需要我仔细思考并做出决定。我是不是要在试卷中一共设计 6 道大题，一道题目占 1 分？要么考试满分是 3 分，另外 3 分计学生的出勤和课堂表现？又或者我应该给笔试一个成绩，口试一个成绩，平时出勤和课堂表现再有一个成绩，最后取一个平均值？这些问题想得我脑袋都大了。

在阅读和学习了挪威高中语言课的考试大纲后，我发现挪威的考试大纲划分学生成绩的方式，是以学生的语言能力为主要参考依据的。语言能力最高的学生可以得到 6 分，语言能力最差的学生得 1 分。语言能力的高低是通过笔试来体现的。经过考虑，我最后决定将考试分为笔试和口试，笔试一个成绩，口试一个成绩，然后将两项成绩平均，并参考学生平时考勤与课堂表现作为加减分的依据。这样就可以确保学生得到一个公平合理的成绩了。实践证明，这种打分方式的效果很好，学生比较认可。

（李菁菁）

分 析

如何确定试题的难度？如何确定分值比例？这些问题每位教师都会遇到。尤其是在不同的文化背景下，"中国式"的考试模式和计分模式有时候并不会得到海外教学机构和本土教师的认可。这就需要教师"入乡随俗"，及时对考试和计分模式做出合理的调整。以百分制来说，总成绩（100 分）＝ a%× 期中成绩 +b%× 期末成绩 +c%× 平时成绩。如何设定比例，有以下几点值得考虑：

1. 应该考虑到课程的性质，根据不同的课型决定比例。比如口语课，注重的是学生的口语水平，就不要让笔试的成绩"喧宾夺主"；而听说课的听力和口语的比例也应均衡，不要"厚此薄彼"。

2. 平时成绩的比例问题。有些教师为了帮助不及格的学生，经常会用平时成绩作为调节考试成绩的砝码，所以平时成绩占的比例很大。而有些教师则倾向于考试说明一切，降低平时成绩所占的比例。教师不应该由一次考试来决定一切，在总成绩里应计入一定比例的平时成绩，但要注意这个比例要合理，一般来说，应该控制在 30% 左右。

3. 平时成绩的构成问题。根据不同的课型，教师可以有不同的安排。如果是写作课，平时成绩可以反映学生每次作文的完成情况和该门课的出勤率等；如果是文化课，则应考虑学生的课堂报告等因素。

思 考

1. 蔡老师在国内一所大学教成人短期班，这学期要给一个新的班教四个月的口语课。请协助蔡老师制订一个满分为 100 分的成绩评定计划，完成右表，并说说你这样设计的理由。

2. 潘老师在一所大学教民族预科班，她不忍心让个别学生考不及格，常常会用提高学生平时成绩的做法，让差两三分的学生及格。同一个教研室的陈老师则觉得学生的成绩应该真实反映学生的实际水平，提高成绩的做法"对其他的学生也是不公平的"。关于这件事，你是怎么看的？说说你的理由。

平时成绩占_____%
其中_____占_____%
　　　_____占_____%
　　　_____占_____%
　　　_____占_____%
计分依据：

_____

期中考试占_____%
考核方式：

_____

期末考试占_____%
考核方式：

_____

阅 读

1. 陈若凡. 谈成绩测试的科学化. 世界汉语教学，2002（2）.

2. 崔颂人. 略谈对外汉语成绩考试的改进. 语言教学与研究，2006（4）.

3. 罗青松. 浅析 AP 中文考试成绩评定系统——兼谈 AP 中文课程与考试的相关性. 语言文字应用，2009（2）.

4. 廖建玲. 国际汉语教学设计（第八章第三节"汉语成绩测试"）. 北京：高等教育出版社，2013.

案例 75 "热情"还是"骚扰"?

教学地点: 中国西安　　**教学对象:** 成人短期国际班

班里有位来自中非的男学生,皮肤黝黑发亮,身材高大魁梧,年龄将近30岁,看起来很有一种"威武不能屈"的架势。说他热情吧,他上课时不苟言笑;说他冷漠吧,经常在课前主动来办公室帮老师把厚厚一摞的作业本搬到教室去。那一届班上只有他一位来自非洲的学生,而且他的母语是法语,和其他学生的交流也不是很顺畅,所以他总是独自坐在教室后排。他按时做作业,参与课堂活动,也和大家说说笑笑,但我总觉得他独来独往,没有什么亲密的朋友。

有一天,班里有个女生突然跑来告状,说那个男生意图在教室骚扰她,她十分恐惧,要求换班。据该女生说,她在教室里收拾书包准备回宿舍时,那个男生忽然接近她,然后一边笑着一边俯下身子试图骚扰她,她就惊恐万分地跑进办公室了。我立刻去教室了解情况,见这位中非学生一脸茫然地站在教室里。由于语言不通,我找来一位会讲法语的留学生做翻译,向他了解情况。这名留学生听我说完这件事之后就笑了。原来,在中非人们打招呼表示友好的肢体语言不是握手,而是用肩膀去撞击对方的肩膀。刚才这名中非男生就想用这样的方式向同学表示友好,但是由于我们不理解他们的表达方式,再加上这位女学生来自东南亚,深受"男女授受不亲"观念的熏陶,由此产生了误解。

于是,我也借此给来自不同国家地区的留学生们上了一节"在中国如何向朋友打招呼以及注意事项"的课。我告诉学生在中国有时男生之间可以互相接触身体,拍拍肩膀以示鼓励;男女生之间最好不要有肢体接触,打招呼时握手或者微笑点头致意即可。我也让中非学生和来自其他国家的学生上台介绍了自己国家打招呼的不同方式。这样,学生们增进了对彼此的了解,也消除了之前的误会,同时也意识到了多元文化的并存,为以后可能遇到的问题打下了及时沟通、及时解决的良好基础。

(苏磊鑫)

分析

在国内,很多高校和教学机构里都有本案例中这样的汉语国际班。由于班里的学生来自不同国家,具有不同的文化背景,比较容易由于不了解彼此的文化差异而引起一些误解,甚至产生文化冲突。在这种情况下,教师的调节作用就显得特别重要。

首先,教师要了解和熟悉学生的母语文化。母语文化对学生在中国的学习和生活会产生很大的影响,熟悉了学生的母语背景,教师就可以理解学生出现某些"特别"行为的原因。本案例中的教师和其他学生一样,不了解中非学生的打招呼方式,所以造成了误会。

其次,要促进学生之间的交往,让学生彼此了解。教师在班级里可以营造一种多元的文化氛围,文化没有高低贵贱,大家一起求同存异,让学生感受到自己的母语文化受到了尊重。

此外,为了促进多元文化背景下学生间的交流和了解,教师可以多组织一些相关的文化活动,让学生们有机会展示自己的母语文化。在教学中,教师也可以拟定题目,让学生通过汇报、演讲的方式来介绍自己国家的文化。这样做不仅可以帮助学生练习口语,也可以使学生之间增进了解,营造和谐的学习和生活氛围。

思 考

1. 选择五个国家,通过上网和查找资料,了解这些国家特有的风俗习惯,包括节日、饮食、生活习惯等方面。
2. 杨老师在国内一所大学教汉语专业学生本科班,她的班里有来自日本、韩国、马来西亚、印度尼西亚、美国、白俄罗斯、荷兰、肯尼亚、法国、朝鲜等不同国家的学生。最近她发现班里的学生好像结成了一个个小团体,学生好像只愿意和本国的或是有相似文化背景的学生交往,课上活动和课下交流都是如此。面对这一局面,你有什么好建议?

阅 读

1. 周小兵. 对外汉语教学中的跨文化交际. 中山大学学报(社会科学版), 1996(6).
2. 李建忠. 导致跨文化交际障碍的几种要因. 外语教学, 2002(5).
3. 桂靖. 论跨文化交际文化规则使用的适度性问题. 云南师范大学学报(对外汉语教学与研究版), 2012(3).

案例76 不同文化的"撞击"

教学地点：中国广州　**教学对象**：汉语专业本科生

为了让学生更了解各国的饮食文化，在讲完"中国烹调"这课之后，我给每个学生布置了一个任务，请他们第二次来上课时，用PPT介绍自己国家的饮食。第二次上课时，很多学生都带来了自己制作的PPT，我发现韩国、越南和巴拿马学生对待这次作业是最认真的，他们很愿意向其他国家的学生介绍自己国家的饮食，所以PPT都制作得很精美，彩色的图片配上简单的文字，让人很容易了解这些国家的饮食特色。

外国学生制作的介绍本国饮食的PPT

但我没想到，紧接着问题也来了。轮到越南学生介绍的时候，一个女学生在展示一张图片——图片上是一碗红色的鸭血。她说："这是我们越南某个地方的特色饮食，杀鸭子之后，有人把鸭血煮熟再吃，某些地方也有人直接就这样吃。"她的话刚说完，教室里一个土耳其的学生就夺门而出，似乎已经无法忍受了！其实她在讲的时候，我已经有点儿暗暗担心。那个土耳其学生冲出教室之后，我感到很不安。细想想，那个土耳其学生是穆斯林，他们的教义是无法接受以血为食的。可是，对于越南学生来说，她介绍这种鸭血饮食却是非常正常的，中国也有一些以猪血、鸭血为食材的菜品。过了好一会儿，那个土耳其学生才回到教室。他进来时没说什么，我也没有去问他。但这件事真的让我感到很困惑，不同国家不同文化的学生在一起，我该怎么进行类似的文化活动呢？

还有一次，为了让学生锻炼口语，我鼓励他们下次来上课时，用PPT介绍自己国家文化的某个方面。在之后的那次课上，一位韩国男生展示了他们国家各个地区不同时期的民歌《阿里郎》的歌词和曲子。在讲解之初，他不断地说："请大家记住《阿里郎》是韩国的，不是中国的，因为中国在申遗的时候说《阿里郎》是中国的，这是不对的。"讲完他还看着我说："老师，您说呢？"我其实当时已经感到非常不舒服，心里立刻想到了端午节申遗等问题，但在课堂上，我仍然很平和地说："据我所知，《阿里郎》是朝鲜族民歌，因为中国有56个民族，其中就有朝鲜族，他们也唱《阿里郎》，所以，我觉得从这个角度说，他们去为《阿里郎》申遗是正确的。"但我的疑惑是，当出现这样的状况时，怎么处理比较合适？

（颜湘茹）

分析

学生文化背景的多元性与差异性决定了文化冲突可能无时不在。这种冲突不仅体现在学习者对其他文化的理解和认同上，更体现在对母语文化地位的认识上。可以说，汉语国际班的课堂也是当今世界多元文化交融与冲突的缩影。

世界各个国家和民族都有自己引以为豪的传统文化。国际汉语教学不仅仅是传播中华文化的教学，也要注意到不同文化间的差异，让学生明白所有的文化都有自身的价值。此外，教师也要引导学生关注不同文化之间的共性。对待不同文化，要让学生形成一种"求同存异"的文化理念。在教学过程中，要积极进行不同文化之间的对话，防止产生文化偏见与歧视，让学生在一个各种文化相互包容的环境中学习和生活。

各国丰富多彩的文化在饮食中体现得尤为明显，每个民族都有自己的文化传承，因为地理和气候等原因，饮食不尽相同。本案例中提到的事件就是因为各国饮食差异造成了文化冲突，土耳其的学生无法接受越南学生的文化习惯。

韩国学生介绍《阿里郎》是韩国的，造成了教师课堂上的尴尬。在教学涉及冲突时，教师要机智地应对，不要被这种冲突打乱正常的教学步骤。一些国家间冲突的敏感话题，不适合拿到课堂上来讨论，教师可以采取"以柔克刚""四两拨千斤"的方式来处理。这位教师的处理方式就比较合适，没有正面"交火"，而是换了一个角度发表了自己不同的看法，既坚持了自己的观点，也柔性地解决了问题。

思 考

1. 案例中的颜老师由于土耳其学生无法接受越南学生介绍的饮食，产生了教学上的困惑——"不同国家不同文化的学生在一起，我该怎么进行类似的文化活动呢？"对这个问题，你是怎么看的？说说你的理由。

2. 颜老师班上的学生在介绍自己国家的饮食时，一个巴拿马学生在介绍之初，就很肯定地说："世界上有三种菜最好吃，那就是中国菜、法国菜和巴拿马菜。"她刚说完，学生们就嘘声一片，表示非常不满。在座的有韩国、越南、印度尼西亚、俄罗斯学生，他们当然不接受这样的饮食排名榜。如果你是颜老师，在这种情况下，你会如何控制课堂？

3. 阅读下文,说一说你觉得汉语教师对于诸如此类的"敏感话题",在课堂上应该如何处理。

　　近些年来,发生了一些关涉国家和民族利益的大事件,其中既有政治军事上的,也有历史战争问题,还有民族宗教问题,更有影响全球的公共卫生事件。这些问题虽不是汉语课本所涉及的,但却是某个时期我们在现实生活中遇到的、与国家社会政治息息相关的一些重大的、带有原则性的核心问题,也是留学生非常感兴趣并在教室里常常提及甚至议论的话题。然而在以往的教学理念中,像这类既涉及国家政治利益,又明显存在中外思想观念文化冲突的"敏感话题",一般认为教师应采取回避策略,以免引起不必要的冲突和纠纷。但事实上,"回避策略"本身不仅无用,反而使这类问题因缺乏理性分析和引导,造成不良的后果。(亓华,2013)

阅 读

1. 吴建玲. 多元文化班教学特点探讨. 世界汉语教学,1995(4).

2. 耿淑梅. 多元文化背景下对外汉语教师的角色定位——以北京语言大学为例. 中国大学教学,2009(7).

3. 赵明. 论汉语国际传播视域下汉语教学中的文化冲突问题. 第五届北京地区对外汉语教学研究生学术论坛论文集. 北京:北京大学出版社,2012.

4. 亓华. 论汉语国际教学中的"敏感话题"及其应对策略. 北京师范大学学报(社会科学版),2013(2).

案例 77 多元文化下的教学

教学地点：美国夏威夷　　**教学对象**：周末成人班

　　美国的汉语教学，每个州的教学环境都有不同，夏威夷的教学环境更不一样。夏威夷群岛四面离大陆都很遥远，但是这里不同的文化却色彩斑斓。亚洲文化在这里有深厚的根基，尤以日本文化、中国文化为代表。学生们不同的文化背景对汉语学习也产生了一定影响。

　　首先，夏威夷这边有很多学生都是华裔，他们在家和父母说简单的广东话或福州话。在汉语课堂上，他们的表现一般很积极，初级汉语的内容对他们来说相对简单，在汉字认读上他们也有很大的优势。对于班里其他没有任何汉语背景的学生，初级汉语内容就比较难，特别体现在汉字的认读和书写上。这为课堂教学节奏的安排增添了难度。

　　其次，夏威夷受日本文化影响较大，很多学生都有日语背景。因为日语中有近两千个常用汉字，有日语背景的学生在成绩上要明显优于其他学生。从一方面讲，这是对汉语教学的一种促进；但从另一方面看，由于日语背景影响较深，很多日语知识会影响汉语知识的学习。在教学中，这种情况我遇到过很多次。比如在学习汉语数字的时候，学生总是会将"二"发成"ni"，因为在日语中"二"就读"ni"。在学一些语言结构的时候，有日语背景的学生也会不自觉地受到日语的影响。

（张然）

分析

　　在海外多元的文化背景下，有不少类似夏威夷这样由于人口的多样性而带来的文化多元性。这对汉语教学自然也会有一些影响。

　　华裔和非华裔学生在汉语学习中遇到的问题不尽相同。华裔学生由于家庭环境的影响，一般会有一些汉语基础，甚至有的学生在家就会使用粤语或其他方言，他们在汉语学习上是有优势的。而非华裔的学生显然没有这样的优势，尤其是母语是用表音文字记录的学生，学习用表意文字记录的汉语时，一般都会遇到很多困难。但是由于学生是从零开始学起，教师可以有意识地在教学中防止"石化"现象的产生（石化现象指在第二语言和外语教学中，一个时不时会出现的过程，在这个过程中，不正确的语言特征成为了一个人说或写一门语言的方式中一个不变的部分）。而中西文化的差异使得非华裔学生对中华文化抱着极大的好奇心，他们的学习兴趣也会更高。总体来说，在教学中教师可以利用这种语言背景的差异，让学生互相帮助，共同进步。

　　因为历史的缘故，日语和汉语之间有很多借词，因此非华裔学生中的日本学生有些特殊。据统计,在现代日语中,常用的汉语词汇有近两千个。这对于有日语背景的学生来说,无疑会给他们学习汉语带来优势。一些词在日语和汉语中的发音非常相似,减少了有日语背景的学生记忆上的负担。但是,尽管汉日两种语言有许多共同的东西,但它们毕竟是两种不同的语言。有日语背景的学生学习汉语时,就必须克服日语与汉语之间同中有异、异中有同的现象所带来的干扰。这种干扰对日本学生来说是不利的。教学中,教师在引导学生利用语言间的共性,促进语言学习的同时,也可以通过两种语言的对比,让学生明确差异,避免产生错误。

思 考

1. 华裔学生和非华裔学生在语言学习上一般会有不同的特点。查阅有关资料,完成下面的表格。

	语音学习特点	词汇学习特点	语法学习特点	汉字学习特点	文化学习特点
华裔学生					
非华裔学生					

2. 如果初级班里既有华裔学生,又有非华裔学生,教师在设计课堂活动时就要照顾到不同学生的特点。想一想,下列课堂活动可以用在这样的班级吗?如果用,教师该如何操作才能保证活动的有效性?

A. 词语接龙　　B. 汉字五子棋　　C. 部件拼字　　D. 猜词游戏

阅 读

1. 魏继东. 谈谈日本学生学习汉语的一些问题. 北京师范大学学报(社会科学版),1992(6).

2. 姚俊玲. 对外汉语教学中的文化冲突问题. 云南师范大学学报,2003(2).

3. 朱勇. 对日汉语词汇教学研究的现状与前瞻. 语言文字应用,2007(2).

4. 朱志平. 美国华裔学生在汉语课堂中的优势和问题. 北京师范大学学报(社会科学版),2009(6).

案例 78 入乡随俗的成绩

教学地点：韩国釜山　　**教学对象：**汉语专业本科生

在国内任教期间，我频频听到一些老师的抱怨，说韩国学生最爱在考试后找老师，希望再提高成绩，即使明确看到了自己的不足之处，也仍会用各种方法软磨硬泡，只希望老师能"灵活机动"。"我全勤了""我作业都交了"，甚至颇不厚道的"某某人其实作弊了"都能成为他们要求改分数的理由，敢于狮子大开口要求老师给 95 分的学生更是大有人在。

出国前，我专门向其他从韩国回来的老师请教了这个问题，对方说这种情况在韩国其实更为严重，但不太清楚造成这种情况的原因是什么。到韩国后，我先从基本功夫做起：试卷要客观性强，评分严格依照事先印发给学生的客观标准，标准也要尽可能地详细；平时严格考勤，清楚地记录考勤情况；除最后的考试外，每次作业、小测验的情况用电脑做好记录，按事先告知学生的比例作为总分的一部分。一个多月以后，我跟学生比较熟悉了，结合口语课相关话题，我跟学生做了交流，告诉他们对很多中国老师来说，85 分已经是不错的成绩，90 分就是对学生很高的肯定，极少学生能得到 95 分。对此学生都七嘴八舌地表示不满，特别是低年级学生和毫无中国留学经验的学生更表示不能理解。高年级学生说，找工作时都要提供成绩单，很多用人单位只要全 A+，就是全部 95 分以上的毕业生，所以对于一些立志找到好工作的学生来说，要么得到 95，要么就索性重修，甚至有很多学生表示，"如果拿不到 95 分，89、85、80、79 都是没有区别的"。

期中考试后，我先去看和我教同一个班的韩国老师给出的成绩，果然都比我"预评"的成绩高出至少 10 分。韩国老师还有一个特点，就是学校规定最多 50% 的人可以达到 A+，他们会把这 50% 的名额全部用完，很多学生的成绩在我看来就是"破格"提高。

造成韩国大学"成绩贬值"的原因是多方面的，最重要的因素就是就业压倒一切，学生的就业率也影响学校的招生率。最后，我也必须"入乡随俗"，每门课都用满了 50% 的 A+ 名额，平均成绩的打分也和韩国老师保持一致。在学校规定的最后三天"找老师软磨硬泡专用时间"，也有一个学生来找我讨要分数，我给他看了我制订的标准和试卷，虽然他哭诉了没有全 A+ 难以申请校内宿舍的难处，我也只能表示"爱莫能助"了。

（张京京）

分析

文化差异、跨文化交际是国际汉语教学实践中最常见的概念。但一旦身处其中，还是有不少教师难以化概念为行动，甚至浑然不觉其中的奥妙，对一些前来讨要分数的学生和一味提高成绩的韩国教师产生很多不理解，甚至负面情绪。

任何一种现象的产生，必然有其适合的土壤，作为跨文化交际的"一线人员"，可以不融入，但必须理解；可以不赞同，但必须沟通；所以，当韩国学生纷纷以"姨妈去世了""外婆去世了"等理由来请假的时候，教师有时心领神会即可。

北京大学孔庆东教授曾将他两年的韩国生活著成《独立韩秋》一书，文笔幽默。在阅读学术书刊之余，大家不妨轻松一读，并细细体会一下：哪些是中韩跨文化交际的鲜活案例？作为国际汉语教师，针对这些案例，我们是否可以理解得更好、处理得更好？

思 考

1. 胡老师在国内一所大学教汉语本科生，期末考试结束了，有一个学生考试后找他，说自己平时是全勤，作业也都按时完成了，希望老师给她加分，胡老师在其软磨硬泡之后同意了该学生的要求。结果第二天很多学生都来找胡老师加分，场面变得有点儿不可收拾了。对胡老师的做法，你是怎么看的？
2. 姜老师在澳大利亚一所孔子课堂教学，在考试之后他将全班学生的成绩排名公布给大家。你觉得姜老师这样做合适吗？为什么？

阅 读

1. 陆俭明. 汉语教员应有的意识. 世界汉语教学，2005（1）.
2. 李晓琪 主编. 对外汉语文化教学研究（第三章第三节"跨文化交际意识"）. 北京：商务印书馆，2006.
3. 周小兵 主编. 对外汉语教学入门（第十一章第一节、第二节）. 广州：中山大学出版社，2009.

第六章 语言技能教学

第一节
听说技能教学

案例 79 听力教学容易吗?

教学地点: 意大利罗马　　**教学对象:** 成人商务汉语业余班

　　虽然上课前对要讲的内容有所准备,但是我一直认为讲解完生词以后,学生们对课文的理解就不存在什么问题了,所以一直苦于该如何处理课文才能既让学生有所收获又不乏趣味。下午上课前朱老师主讲的题为"汉语口语教学观摩与讲评"的讲座刚好给了我很大的启示,我决定在今天的课堂上也用一下朱老师介绍的汉语课授课方法。

　　由于上次课已经在两个班都处理完了生词部分,所以今天听力部分的教学任务就是让学生掌握对话大意,然后回答书后练习部分的问题。在教材的课文情景 3 中有三道练习题,题目一是判断题,题目二是选择题,这两道题的难度较小,第三题是把听力内容补充完整,这道题对于学生的听力和书写是比较大的考验,所以我把第三题挑出来带领学生一起练习。

　　我在 A 班使用的方法是让学生先听三遍课文,回答题目一和题目二,学生基本都能顺利完成。做第三道题前,我又播放了三遍录音,前两遍我都在需要听写的地方按了暂停键,给学生留够写的时间,第三遍则正常播放。我发现有的学生只写了拼音。我本打算请他们把自己写的句子抄写在黑板上再一一指出问题,但是现在我只能改变方法,请他们以两两对话的形式读出他们听到的句子,我再把正确的句子写在黑板上。我发现他们在做题目三之前听了三遍课文,对题目的完成还是不错的,不过我也告诉学生,希望他们多练习汉字书写,尽量写汉字,不写拼音。

　　而在 B 班,上次课我让学生听了一遍录音,做完了第一道判断题。今天上课我对他们的要求是再听三遍课文,回答题目二和题目三。我提示学生,题目三的听写练习就是录音里的对话内容。在听的时候，有的学生采用集中听写的方法，先做题目三，这样一来，题目二也就没有问题了。有的学生则是一边做题目二一边做题目三，这样注意力可能比较分散。听完三遍以后，有的学生摇头，表示还要再听几遍，我就又多放了两遍录音，一遍中间按了暂停，一遍正常播放。这个班的学生基本功要好于A班，题目三完成得不错，基本上都是一边听一边直接写汉字，所以听完以后我没有核对答案，而是请学生把自己的答案写到黑板上。

  在听写的过程中，我觉得学生写的时候稍作暂停比较好，这样他们不会太紧张，也可以集中精力记下听到的内容。不过在此过程中，教师的指导作用好像也被削弱了，我基本上只是一个录音播放者，虽然想指导学生如何听写，但又不知道会不会打断他们，影响他们的记忆，所以这段时间对我来说好像比较尴尬。特别是在A班，一开始已经听了三遍，为了听写又听了三遍，这样有点儿浪费时间，似乎也失去了练习的意义。

（崔佳兴）

分 析

  很多新手教师认为教听力比较容易，教师只需要简单地处理一下生词，然后放录音让学生做练习，最后对一下答案就可以了。然而事实并非如此，听力教学绝非易事。学生常常感觉在各项技能中，听力的提高最不明显，在考试与交际中遇到的困难也最多。对教师来说，若想在听力教学的课堂组织上形成良好互动，难度较大，很难找到在短期内提高学生听力理解水平的有效方法。本案例中的教师认为处理完生词之后，学生对课文内容的理解就应该水到渠成了，没想到还是出了问题。在教学方法上，这位教师根据平行班的不同情况采用了不同方法，这是可取的，但也存在不足。

  首先是备课环节应该做好充分的准备。备课包括备教材和备学生两个部分，教师对教学对象了解得越详细越好，包括学生的汉语水平、性格、反应能力、汉字水平等，只有了解充分，上课时才不会陷于被动。同时，教师对教学难点要有一定的预估。比如，本案例中提到的三道练习题：前两道是判断和选择，主要是考查学生对文章大意的理解，对于一般水平的学生来说难度不大；第三道题测试学生的综合水平，既有听力，又有认读和书写的成分，在需要听记的部分还包含了很多细节信息，是练习的难点。教师应适时对练习的内容予以提示，让学生心中有数，这样可以让他们更快地理解课文，降低错误率，保护学生的积极性。对于听力教学中的汉字问题，在初级阶段不宜对学生提出过高的要求，"听明白"是第一位的，尤其对欧美学生，本案例中的教师委婉地提醒学生回去多练汉字是较好的处理方法。

其次是授课环节中教师的角色问题。在听力教学中，教师绝不仅仅是"录音播放者"，更应该是引导者。那么如何才能成为一个成功的引导者呢？

1. 听前的引导活动。听力训练最忌讳的就是在不做任何铺垫、没有知识背景介绍、不处理关键词和语法、不提出任何问题的情况下，上来就听。任何交流都是在一定环境中进行的，没有一点儿背景性的知识介绍会让人无所适从，这也是导致学生产生挫败感的重要原因。图式理论认为，如果新的信息是在个体已知范围之内的，就会很容易被记住；如果超出了个体已知范围，会被听者忽视或迅速忘记。听前的引导活动就是对将要听的内容进行铺垫，进行必要的说明和解释，说明和解释可以是语言要素方面的，也可以是背景知识方面的。这种讲解可以将学生已有的图式激活，调动他们记忆中的信息网络，从而降低听的难度。

2. 听时的引导活动。赵金铭（2006）将其分为两类：（1）概括性活动，帮助学生获取文章大意，了解作者的观点态度，帮助学生排除生词和复杂句式的干扰，将注意力集中在文章大意上。可以通过分析文章的结构、寻找主题句、关键词等方法来获取文章大意。（2）专项性活动，帮助学生了解细节性信息。专项性活动常常在概括性活动之后进行。细节信息与语音识别、记忆能力、记录速度有关，比如时间、价钱、电话号码、人口数量、增长率等，教师要提醒学生做好记录。

此外，还要让学生学会通过上下文理解、判断句子的意思，感觉说话人的语气，掌握一些常用句式的特殊用法。需要注意的是，不是所有的细节都需要教师在课堂上解决，教师要处理好"精听"和"泛听"的关系。听的遍数应由多到少，最初阶段可以让学生多听几遍，随着学生听力能力的不断提高可以逐渐减少听的遍数。一篇中等难度的文章，按照正常语速总共让学生听三四遍就可以了，听得太多可能会使学生产生厌烦的情绪。

思 考

1. 有的教师认为："不要在学生听课文之前把生词写在黑板上集中学习，要在听课文时或听课文后学习生词，因为当两个人在对话时，不可能提前把对方话里的生词先挑出来。"在语言教学中，你同意这个观点吗？为什么？你觉得听力课应该怎么备课呢？

2. 以下是一些影响听力的主要因素。请结合自己学习外语的经历说说哪些因素对听力的影响最大，教师该怎样去帮助学生克服听力障碍。

A. 心理障碍，如焦虑、恐惧、对听力课失去兴趣等。

B. 语言基础知识的障碍，如语音、词汇、语法等。

C. 学生母语的干扰。

D. 文化背景知识的障碍。

3. 以下是听力课上常用的几种训练方式，请为属于获取文章大意的选项画 *，为属于获取文章细节的选项画 #。

A. 让学生寻找听力材料的主题句。主题句常常位于句首或句尾，有时也需要学生自己总结。（　　）

B. 让学生寻找听力材料作者的主要观点。（　　）

C. 让学生获取听力材料的时空顺序，如汉语的表达顺序常常是由大到小，从远到近，从上到下。（　　）

D. 让学生边听边记下重要的数字，如时间、价钱、电话号码、数量、比率等。（　　）

E. 让学生在听力材料中找到一些常用的口语表达方法。（　　）

F. 让学生听后找到和听力材料内容相对应的图画；或再听另外一段听力材料，比较异同。（　　）

G. 让学生将听力材料中一系列有关系的词语整合起来，形成一个完整的印象。（　　）

阅 读

1. 刘颂浩. 对外汉语教学听力研究述评. 世界汉语教学，2001（1）.

2. 赵金铭 主编. 汉语可以这样教——语言技能篇（第三章"汉语听力技能教学法与教学技巧"）. 北京：商务印书馆，2006.

3. 刘颂浩. 汉语听力教学理论与方法. 北京：北京大学出版社，2008.

4. 柯传仁，蔡真慧，顾琳. 汉语听力教学. 北京：北京大学出版社，2009.

案例 80 口头报告对听力的帮助

教学地点：日本名古屋　　**教学对象**：中文系二年级学生

口头报告是一种重要的课堂活动形式，它对于日本学生汉语水平的提高有什么样的帮助，日本学生对这一形式的态度如何，是我们要关心的问题。我们的口头报告要求学生至少提前一周将讲稿交给教师，教师修改后学生在课堂上演讲，每次课有一两个学生做报告，每个人的报告时间为三到五分钟。关于口头报告的作用及在操作过程中存在的问题，我们在两个学年里均做了调查。第一学年第一学期和第二学期结束时，利用一对一口试的机会，我们对学生进行了访谈。第二学年结束时，我利用听写考试的机会，对学生进行了问卷调查。研究口头报告对听力提高的作用，主要是从"说和听具有高度相关性"的角度来考虑的。

口头报告对听力提高有帮助吗？总的来看，四个班的绝大多数学生都觉得口头报告有助于提高他们的听力。通过访谈，我们发现口头报告对听力的积极作用有：1. 听力输入来源的多样化。听报告人除了听教师的汉语发音外，还可以听学生的发音，他们觉得这是很好的机会。2. 报告人的演讲速度合适。由于语言水平的限制，学生报告时的语速不快，比较适合听报告人的接受水平。3. 报告人的演讲内容有趣。4. 由于报告人

学生在课堂上做口头报告（日本名古屋）

的汉语水平还比较低，所以演讲时必然会出现生词。应该说，生词是一把双刃剑，利用得好的话才能有利于学习。有听报告人表示，由于报告中出现生词，自己从上下文中猜词的能力提高了。这真是一个令人高兴的结果。

不过我们发现，口头报告实施过程中也存在一些问题：1. 报告人发音不准确，影响了听的效果。2. 由于学生水平较低，词汇量有限，所以演讲时有些捉襟见肘，出现了生词过多的问题。

从访谈来看，大多数学生觉得自己的听力提高了，效果比较明显。我们认为在语言教学的听力材料中引入真实生活和场景非常重要。从学生演讲的内容来看，主要有介绍"自己的家庭情况""打工生活""男（女）朋友""一部感人的电影""去中国的旅行生活""日本的民间故事"等，这些学生身边的事情或者熟悉的故事与生活内容不同于听力教材上的内容，要相对真实一些，有助于学生充分运用自己的生活知识。这种语言所承载

的熟悉的生活背景，有助于他们运用"自上而下"的方法去掌握听力材料的大意，并根据大意进行猜测和理解，从而提高听力水平。

（朱勇）

分 析

在语言学习的过程中，听和说二者密不可分，听是输入，说是输出，这两者构成了口语交际的两个必要条件。现有听力教材缺乏取自于现实的语料，特别是对初级阶段的学生来说，如果语料不够生动有趣，学生就容易感到厌烦。

本案例中用口头报告的方式促进听力水平的提高，这种做法值得肯定。根据克拉申（Krashen，1982）的语言输入理论，最好的语言输入形式是学生认为非常有趣而且和自己有关系的信息。本案例中学生们讲述的都是自己熟悉的内容，也是他们感兴趣的话题，比如打工、男女朋友、电影、家庭等，这些内容贴近学生的生活背景，容易使他们克服焦虑，放松下来，是能够引起学生兴趣的一种语言输入方式。

口头报告确实对听力有一定的积极作用，如本案例中提到的使输入来源多样化，语速较慢便于理解，可以训练猜词能力等；但也会带来一些问题，如报告者发音不准，使用的生词过多，报告比较书面化等，如果处理不当，会给学生一些无效甚至负面的输入。因此以口头报告的方式训练听力时应注意：1. 关联性原则。口头报告的内容最好和听力材料有关联，既可以为听力材料做铺垫，也可以是听力材料的总结或拓展。教师应该基于听力材料的内容引导学生设计相关的口头报告。2. 适度原则。听力教学的任务是训练学生的听力能力和听力技巧，初始阶段尤其应该重视听力理解，而不是将说放在听之前。口头报告可以是有益补充，但不能占用大量的时间，忽视学生听力技能的提高。一般来说，学生每节课口头报告的时间不宜超过10分钟。3. 评价原则。在学生进行报告之前，教师要给其他学生指定听报告要完成的目标，即要回答的听力问题，比如抓主要意思、关键词和特定表达法，然后再让他们听报告。明确的目标会给学生很好的听力导向，使学生可以带着任务去听。教师对学生目标的完成情况要及时评价，做出积极的反馈，这样能帮助学生培养兴趣，形成良好的听力习惯。

思 考

1. 想一想，如何让报告人和听报告人都在口头报告活动中有所收获？你认为下列哪些做法是可行的？为什么？

A. 在进行口头报告前，带领学生对报告人所要讲的题目进行热身式的讨论。

B. 允许听报告人在中途打断报告人提出相关问题，以增加口头报告活动的互动性。

C. 在口头报告后，由报告人就报告内容对听报告人进行提问。

D. 在口头报告后，听报告人可以指出报告人在口头报告中的问题。

E. 在口头报告后，对口头报告里使用的重要生词进行讲练。

F. 在口头报告后，听报告人需要对报告内容进行复述。

G. 带领学生定期复习口头报告中包含的重要生词。

H. 将经过教师修改的口头报告打印出来，发放给学生或张贴在教室里。

2. 安老师在国内一所大学教成人短期班的听说课，为了让学生提高听力水平，她每次上课时都用半节课的时间让学生做口头报告，学生的报告大多都是事先写了讲稿，然后背下来，语体比较书面化，并且语速较慢。有一天有个学生在课上说自己在校外听别的中国人说话还是听不懂，其他学生立刻表示有同感。分析这一情况产生的原因，并试着帮助安老师思考对策。

3. 在听力课上安排口头报告活动，如何兼顾听力教材和学生的兴趣点？请你以一本听力教材为例，试着给学生设计几个口头报告的主题。

阅 读

1. 何敏，徐波. 口语训练在英语听力教学中的介入. 黄冈师范学院学报，2006（S1）.

2. 瞿宗绿. 英语口头报告对听力影响的实证研究. 山东师范大学外国语学院学报（基础英语教育），2007（5）.

案例 81 如何做好口头报告？

教学地点： 日本名古屋　　**教学对象：** 中文系二年级学生

口头报告作为一种重要的课堂活动形式，它在口语课上的作用如何？是否会受到学生们的欢迎？我们通过课堂实践，对这一问题进行了历时两年的探索。我们对口头报告的要求有：生词不超过8个；要多使用学过的词语和语法；报告时间为3~5分钟；报告时不看讲稿（实际操作时，水平高的学生可以看一两次讲稿，水平低的学生则适当放宽要求）。

第一学期口头报告活动的实践步骤是：1. 教师提供一份话题清单，不过学生也可以自选感兴趣的话题。2. 教师指定学生的发言顺序和发言时间。最初的几位报告人水平较高，目的是为后面的学生提供示范。3. 报告人在课前将报告中的生词（要求写出汉字、拼音和日语翻译）写在黑板上，报告过程中提及某生词时须向其他学生示意。4. 报告完毕后请其他学生进行复述。先由两三个学生分别复述局部的内容，最后再请一个学生将其整合。教师有意识地安排不同语言水平的学生先后进行复述，在复述局部内容时，先请水平高的学生，接着是水平稍低些的学生，在复述完整内容时多请水平较高的学生。之所以采用这样的顺序，主要是基于对任务难度的考虑。5. 学生复述完后教师再总结一遍，适当延伸某些内容，并引导学生进行一些相关讨论。

实践中我们发现了一些问题，尤其是在开展口头报告活动的第一学期。比如学生谈论的话题过于集中（介绍家人和自己的打工生活）；频频看讲稿、读讲稿的学生较多；报告中的语法错误较多；报告中的生词量较大（尤其是水平低的学生，比如有个学生的演讲稿出现了近20个生词）。根据第一学期活动开展的情况，第二学期我们做了一些改进：1. 话题分散。具体措施是：要求所有学生都提前报告话题，教师根据情况跟学生协商后予以调整；不能提前确定话题的学生，全班如果有两个学生报告过某一话题后，不得重复该话题。2. 严格规定报告时不能看讲稿，但允许学生把讲稿中每一段的核心句（反映出段落大意的句子）摘抄出来，也可以把讲稿置于讲台上，偶尔瞟一眼。3. 提前讲解一些减少生词使用的方法，如上位词法、同义词法、句子加长法等。4. 让学生在报告前一周把讲稿交给教师，教师改正其中的语法错误后反馈给报告人，以保证报告中的语法正确，保证课堂的语言输入正确。

第二学年我们的实践对象是新升入二年级的学生。根据第一学年的实践和反馈，第二学年我们又做了一些调整：1. 减少口头报告次数。第一学年的学生反映，口头报告的时间多了一些，因此我们将每人每学期做两次口头报告减为一次（第一学年第一学期的口头报告是从学期中间开始的，所以一个学期只有一次）。之所以从学期中间开始，主要是考虑待学生的词汇量和语法知识有了一定的积累，基本具备了实施口头报告的能力时再进行此活动。第二学年第一学期也是这样操作的）。这样就从原先的每次课两个学生做报告，调整为每次课一个学生做报告。2. 严格执行不看、少看讲稿的规定。无法做到者，要求认真准备后下次重新做报告（一学年下来只有两个学生由于准备很不充分而重新做报告）。

通过我们的访谈来看，绝大部分学生都认为口头报告有助于提高自己的汉语水平。有的学生反映："开始的时候不喜欢，有点儿害怕，但是一个月以后就轻松多了，胆子也大了。"

（朱勇）

分 析

口头报告一般分为两种形式：个人报告和小组报告。前者侧重于个人的独立性，给个人充分的锻炼机会；而后者则侧重于团队合作学习，要求成员之间相互合作，共同完成一个话题。本案例中的口头报告属于个人报告。个人报告的优点是学生有充分的自由，能够培养学生独立思考学习的能力，便于准备；缺点是占用课时较多，从整体上看学生开口的机会还是较少，此外话题容易分散或者重复，有时会使学生对话题失去新鲜感。小组报告是另外一种报告形式，准备的过程可以体现出合作学习的特点。从话题的商定、展开、深入到最后的呈现，都要求小组成员间相互合作、信息共享并进行思想交流。学生可以在这种群体学习过程中锻炼团体合作精神，发展批判性思维，形成优势互补。另外，小组报告的话题可以相对集中，全班学生可以共用一个话题，每个小组围绕这个话题的不同方面展开报告，这样既有侧重，又有互补。采用小组报告的方式，教师可以安排3~5个学生一组，给每组10~15分钟的时间做报告，这样可以提高效率，让每个学生参与活动的次数有所增加。如果教学设备允许，学生的口头表达也可以与多媒体展示相结合，文字、图片、动画、音乐、视频等会使口头报告更加生动活泼。

关于口头报告中学生的发言顺序和发言时间，本案例中是由教师指定的，"最初的几位报告人水平较高，目的是为后面的学生提供示范"。这是一种做法，教师也完全可以给学生自由，让他们自己选择。一项有趣的研究表明，在一个国际班里，美国学生一般会选择较早的日期，而亚洲学生常选择靠后的日期。大部分亚洲学生对于口头报告会感到有压力，缺乏自信，他们习惯于聆听教师讲课，而不愿主动参与课堂活动，采取小组报告的形式也可以在一定程度上减少这部分学生的紧张感。

口头报告基本都能达到让学生开口的目的，但是报告的效果有时却很难让人满意。积极准备且口语好的学生做口头报告，大家都会有收获；而应付差事或口语差的学生做报告对大家来说则可能就是种煎熬。本案例中的教师给报告人和听报告人都规定了具体的操作步骤和任务，这是非常重要的，值得学习。张东英（2011）对英语课的口头报告教学效果进行了研究，制定了单项训练和综合指导两个阶段的内容，具体做法教师也可以参考。

教师一定要走出口头报告的一个误区——认为能让学生开口就已经很不错了，不对报告提出语言和结构上的要求，担心要求多了学生不敢说。其实，"说话"和"说有质量的话"并不矛盾，关键是教师的引导方式。

思 考

1. 张老师打算在自己教的成人短期听说班上进行个人口头报告活动，在正式进行报告活动之前的一个星期里，他每次课都花时间对学生进行一些训练，训练内容如改正典型的错误表达，将书面语变成口头语，将复杂句简单化，调整结构不当的文稿等。班里有两个学生始终不清楚这种训练的价值，他们觉得自己"不会犯那样的语法或者结构上的错误"。张老师应该放弃或者减少这样的训练吗？还是通过提供一两个往届学生的真实录音例子，让学生认识到训练的必要性？如果你是张老师，你会怎么做？

2. 在小组报告中，如果出现分工不均的现象，比如有的学生报告内容过短、过简单，有的学生报告内容太长、太复杂，教师该怎么处理？

3. 在你看来，一个好的口头报告应该具有下面哪些特征？

A. 是好学生的个人秀。　　　　　B. 要包含大量的词汇。

C. 要配合漂亮的多媒体展示。　　D. 结构清晰，逻辑性强。

E. 语音正确，表述流利。　　　　F. 是让别人理解和印象深刻的发言。

阅 读

1. 竹旭峰. Presentation 在大学英语课堂中的应用——一项基于教学实践的实验报告. 淄博师专学报，2007（4）.

2. 朱勇. 口头报告在日本大学汉语课上的实验——以口语能力训练为中心. 海外华文教育，2009（3）.

3. 张东英. 关于口头报告教学的行动研究. 中国外语教育，2011（1）.

案例 82 如何组织课堂讨论？

教学地点： 中国上海　　**教学对象：** 大学中级国际班

对于汉语水平达到一定程度的学生，教师可以用讨论的形式来鼓励学生进行成段表达。教学中最常见的方式就是教师出一个讨论题目，请全班学生轮流发表自己的意见。这种讨论方式容易出现冷场或者被一两个水平高的学生控制课堂的情况，也就是说要么没人讲，要么有人讲得太多。要有效地进行课堂讨论，教师需要注意以下几个方面：

首先，讨论的题目一定要能够引起不同的意见，即能激发起所谓的"观点差"，比如"好老师最重要的条件是什么？是聪明，知识丰富，还是有耐心？"。相信每个学生对这个问题的看法各不相同，这样的情况下，讨论才有意义。有时候，全班学生可能对某个问题的看法差不多。比如"有哪些方法可以改善城市空气质量？"这个话题，学生们的意见可能都差不多，诸如减少汽车数量，单双号限制出行，鼓励坐公共汽车之类。这时候，教师可以有意识地做一个"靶子"，让学生提出反对意见，如教师可以说："我刚刚买了汽车，你为什么不让我开，这是我的权利。"这样可以引导学生反驳自己，从而将讨论引向深入。

其次，除了全班集体讨论之外，还可以进行分组讨论，或者先分组讨论再全班讨论。为了使学生们在讨论中有更多的表达机会，减少他们聊天的可能，这样的讨论最后需要产生一个相对确定的结论。下面这个关于生存的讨论就是一个例子：

如果你被困在撒哈拉大沙漠里，在下列物品中，哪些对你来说特别重要？请排一个顺序并说明理由。				
① 六包香烟	② 十条毯子	③ 地图	④ 十米长的绳子	⑤ 帽子	⑥ 旧报纸
⑦ 铅笔	⑧ 手表	⑨ 三瓶水	⑩ 刀子	⑪ 放大镜

在分组讨论中，教师应要求整个小组的学生取得一致意见，这一点很重要。因为不同的组员肯定有不同意见，必须要有一部分学生说服另外一部分学生，这也就增强了学生之间用汉语进行交流的愿望。在各组取得明确意见后，再进行全班讨论，效果会好得多。

采取这种分组讨论还有一个好处就是可以解决水平较低的学生不爱发言的问题。那些水平较低的学生可以先在小组中表达自己的意见，从其他组员那里学到一些有用的表达方式，同时获得一定的自信，在参加全班讨论时，他们的表现会比小组讨论前有一定的提高，这对他们的汉语学习是很有好处的。

再次，讨论的形式也可以经常变化。例如可以用角色扮演的方式来进行讨论，这样一来，学生模拟现实中的人物时不仅要表达自己的意见和看法，还要说服他人，与他人进行协商，真实感更强，也更能激发学生的创造力和想象力。下面这个关于"谁是最合适的人选？"的讨论就是一个例子：

> 假设某公司要招聘一些员工，学生们可分别扮演公司的部门经理、人事部经理等，然后对一些应聘人员的材料进行审查，以决定某个工作岗位最合适的人选。
>
> （注意：做这个讨论时，教师需要预先准备多份不同的应聘材料。）

最后，教师要善于调控课堂。课堂讨论很容易出现"跑题"的情况，学生说着说着就偏离了原来的话题，此时教师要有意识地将学生的思路重新拉回到课堂讨论的主题上来。有时学生们讨论的思路可能会比较狭窄，总是局限在一个方面，此时教师要提醒学生从其他角度来考虑，使得讨论可以更深入。教师可以有意识地引导学生用学过的词汇和表达方式来进行讨论，帮助他们巩固所学的语言知识。而对课堂讨论中出现的某些学生太过积极、某些学生非常被动的情况，教师也要及时处理，保证每个学生都有一定的发言机会。总之，及时启发和鼓励每个学生发表自己的意见是讨论活动成功的关键。

（刘弘）

分 析

讨论是中高级汉语课堂教学的一种常用形式，课堂讨论的目的是帮助学生提高思维的敏锐性，促使学生发现新的观点，了解各种问题的复杂性，这对学生的语言和思维能力的培养具有重要的作用。课堂讨论效果的好坏在很大程度上取决于教师的控制，本案例在最后一部分已经谈到，包括"跑题"的回归、思路的扩展、语法点的巩固以及平衡学生积极性的问题，都是教师控制的重要部分。这种控制可以被称之为现场控制或者过程控制，也就是指活动开始后，对活动中的人和事进行指导与纠错。

除此之外，教师还需要进行预先控制和成果控制。预先控制是指在活动之前进行的控制，包括检查资源或材料的筹备情况以及预测效果两个方面。成果控制也叫事后控制，是在一个时期或阶段的活动结束以后，对活动状况及其实际效果进行总结评价，为以后活动计划的制订提供借鉴。我们常常看到现在各类中高级汉语教材，无论是口语教材还是精读教材，都在课后安排了大量的讨论练习，然而这些讨论练习的实际课堂教学效果却不尽如人意。原因何在？很重要的一点就是教师没有做好预先控制和成果控制。

是什么原因导致课堂讨论的效果不佳？首先是讨论的话题没有启发性，不能引起学生的兴趣，所以就不愿意认真准备。只有话题设计好了，后面的内容才有可能顺利进行。什么是好的讨论话题？正像本案例中提到的，能让学生产生"观点差"或者"信息差"的问题是好的讨论话题。确定讨论话题时，尽量不要选择那些既成事实，或者毫无争议的话题，要选择在课文中和学生的知识结构中无法直接找到答案的问题，这样才能够调动学生的学习兴趣，促使他们在信息交流的过程中自然地习得语言结构。讨论时，教师既可以利用学生之间自然产生的信息差，也就是学生本身认知上的差异来设计话题，也可以在设计任务时有意造成某种信息差。教师在利用信息差设计话题时，要掌握好度，考虑不同学生的实际能力，布置有层次的任务，让不同水平的学生都有选择相应任务的机会，这样才能在运用中收到效果。

其次是没有做好成果小结，每个问题讨论结束后，教师和学生要共同做出小结。小结时，应注意肯定学生独立思考并敢于发表自己见解的积极态度，此外还要对各种意见进行归纳。教师应帮助学生理顺思维，归纳观点。对讨论中的某些分歧不必急于做出结论，要保持一定的开放性，给学生留下继续思考的余地。小结的方式，视时间和学生的程度而定，可以采用教师概括式小结；可以采用学生参与式小结，用谈话的方式由师生共同小结；还可以启发学生进行自我小结，反思自己以前的认识是否合理，吸取别人的论点，完善自己的结论。

至于讨论的形式，本案例中提到的分组讨论、集体讨论或者角色扮演的方式都是可取的，教师可以根据教学情况灵活使用。

思 考

1. 在进行小组讨论时，应采取什么原则和方法分组？说说你的理由。（可多选）

A. 组内异质[1]，组间同质　　B. 组内同质，组间异质　　C. 学生自由组合

D. 就近原则　　　　　　　　E. 用抽签的方式分组

2. 以下是一位教师利用信息差设计的采访任务，请对其予以评价，并协助该教师完成这个设计。

【1】所谓异质指的是不同的对象在语言水平、表达能力、个性特点方面有差异性和互补性，同质则是指不同的对象在这些方面相对均衡。

教学对象：中高级留学生

教学内容：《博雅汉语 中级冲刺篇Ⅱ》第7课——谈吸烟

讨论内容：是是非非话吸烟

（1）设定记者1人，受访者角色5~6人。

  角色1：王大爷　男　82岁　退休工人

  基本情况：老烟民　四十年烟龄　曾经因为气管炎住院　出院后戒烟　老伴很高兴

  角色2：赵林　男　40岁　警察

  基本情况：烟鬼　刑警　常常熬夜　没办法　妻子每天唠叨　工资都花在买烟上　戒不掉

  角色3：小娜　女　33岁　自由职业

  基本情况：失恋　烟圈一个一个在空中散开　烦恼也散开了　离不开烟　过一天算一天　反正现在是单身

  角色4：_____

  基本情况：_____

  角色5：_____

  基本情况：_____

  角色6：_____

  基本情况：_____

（2）进行分组，4~5个学生一组，每组都有一个记者，组内其他学生选择一种角色。

（3）每个受访者都要介绍自己的情况，回答记者的问题。

（4）记者向观众（全班学生）汇报自己的采访结果，并加以总结。

阅 读

1. 周国鹃. 建构主义学习理论与课堂讨论. 暨南大学华文学院学报，2004（1）.

2. 斯蒂芬·D［美］. 大学教师的技巧——论课堂教学中的方法、信任和回应. 杭州：浙江大学出版社，2005.

3. Penny, Ur［英］. 课堂讨论——目标教学小智囊. 天津：南开大学出版社，2007.

案例 83 饮食习惯与动物保护之争

教学地点：中国上海　　**教学对象：**大学中级国际班

　　王老师的口语课上有来自世界各国的学生。在一次课上，王老师讲到一篇关于如何保护动物、保护环境的课文。课文后有一个讨论练习，要求教师组织学生就如何保护动物发表自己的看法。王老师考虑了一下，没有按照课文的要求让学生一个接一个发言，而是将全班学生分成三组，分别代表"肉食组""杂食组"和"素食组"。王老师要求学生站在自己小组的立场上来发言，不仅需要阐述本组的观点，同时要对其他组的观点予以批驳。王老师让各小组准备三分钟，然后各组代表陈述本组的观点和理由。一开始，"肉食组"和"杂食组"的学生发言都非常好，课堂气氛也不错。接下来，"素食组"的越南学生讲述了素食的优点，其中还提到饲养动物污染环境，会造成大量的浪费，而且宰杀动物既不人道也非常残忍，等等。这段发言立刻引起了其他小组学生的反驳。而在讨论中，有的欧美学生认为亚洲人爱吃马肉和狗肉、爱穿裘皮，日本人捕杀鲸鱼，这些做法都非常不人道，讨论的气氛开始变得有点儿紧张了。

　　就在学生们的情绪变得越来越激动的时候，王老师因势利导，将马肉、狗肉和捕鲸的话题重新引到濒危动物和环境保护的主题上，她鼓励学生们从保护环境而不是风俗文化的角度来考虑这些问题，而且要求他们不仅仅是陈述自己的观点，更要说明理由。讨论的气氛逐渐得到了缓和。

　　总的看来，这堂课讨论热烈，学生参与的积极性非常高，每个学生都得到了一定的表达机会。虽然中间有关马肉、狗肉、捕鲸问题的争论掀起了一点儿波澜，但是在王老师的引导下，最后大家都能互相理解，彼此尊重，教学由此得以正常有序地进行。

（刘弘）

分 析

　　讨论过程中，"观点差"的确可以激发学生的思维，但如果争议太大，学生就会深深地陷入话题争论当中，忘记这是在课堂上进行的一项语言操练，情绪容易失控，导致争论过度，与语言学习的教育目标背道而驰。本案例中"素食组"和"肉食组"互相攻击，教师如果不及时引导，最后很可能会导致课堂局面失控。有经验的教师会因势利导，将某个具体的观点引导或转移到更开阔、更抽象的话题上去，以缓和针锋相对的局面。本案例中的教师把吃狗肉、穿裘皮、扑杀鲸鱼等具有地域特点的习惯转移到环境保护的话题上，从而使学生具有了更广泛的共识。

外语学习也是一次跨文化交际的教育历程。语言是和我们自身的性格、文化密切相关的，语言教育的目的之一是要培养学生跨文化交际的能力，因此教师要培养学生建立"第三视角"，以局外人的身份来看待自己的文化，而以局内人的身份进入对方的文化框架，设身处地地去理解对方的文化，这样才会产生情感上的共鸣。相反，如果想当然地以为自己的文化标准是自然和正确的，就很容易对其他文化产生偏见，造成跨文化交际的失败。从这个意义上说，在汉语教学的过程中，教师不仅要传授语言知识，同时还要教会学生了解不同生存环境下人们的行为和想法。一位优秀的国际汉语教师应该具备多元文化的立场和理解能力。

针对有的讨论话题，教师如果可以预计到学生将会产生的文化冲突，就应在分组时考虑到学生不同的文化背景。比如针对本案例中的讨论话题，教师就尽量不要把背景相同的学生完全分在一组，而是要采取交叉分组的方式，把不同风俗文化背景的学生分在一组。比如把欧美学生和亚洲学生分在一组，这样在组内协商时，学生就比较容易进行换位思考，也有助于培养小组成员的认同感。在课堂讨论时，一方面教师要保证学生的积极性和参与性，因为他们无疑是课堂的"主角"；另一方面，教师作为一个"导演"，需要具备足够的掌控能力，收放自如，不轻易肯定或否定，理智而中立地对待不同文化间的差异，培养学生对不同文化模式的接纳和容忍，本案例中的教师就很好地做到了这一点。

思 考

有的教师认为，国际汉语教学中有三个讨论的"雷区"——政治、宗教和个人隐私，这些问题通常不要在课堂上进行讨论，如果处理不当，会伤害师生之间或者学生之间的感情。你如何看待这一问题？如果你的学生在课堂上谈到中国政治和人权问题，并且就此说了一些比较片面或过激的话，你会怎么处理？

阅 读

1. 祖晓梅. 跨文化能力与文化教学的新目标. 世界汉语教学，2003（4）.
2. 杨文惠. 对外汉语教学中的文化冲突. 中国教师，2007（S1）.

案例 84 入门课上的任务型教学

教学地点： 美国爱荷华城　　**教学对象：** 大学一年级选修课

　　任务型教学法在二语习得领域的应用已经有20多年的历史，该教学法强调语言的意义和形式并重，教师应当根据教学目标设计多种多样的课堂活动，每个活动可以完成一个或几个任务，让学生通过课堂活动掌握具体的教学内容，这些活动强调真实情境下的语言运用。以前我总在想，针对零起点的学生该怎么设计教学任务呢？我去听了张老师在一年级的汉语课，听了她的课，我叹服了，对任务型教学法也有了新的认识。

　　这堂课张老师教的是汉语声母和最简单的日常会话。张老师把汉语拼音字母的字形用手势比画出来，让学生根据手势发出声母；发完之后，又让一个学生到教室前做手势，其他学生说出汉语声母的发音。这个活动让学生觉得很有趣，同时把汉语声母的发音和字形联系在一起，这些声母就深深地印在学生的脑海里了。此外，张老师还把要学的声母和韵母分别做成卡片，要求学生把不同的卡片拼合起来，做声韵拼合练习，学生要为声母选择他们认为可以拼合的韵母。在张老师的引导下，学生既练习了声韵拼合，也复习了已经学过的生词。

　　尽管学生学的汉语生词很少，张老师同样设计出了课堂访问活动，给每个学生发了课堂互访的活动页，内容如下：

Nǐ shì shéi?
你　是　谁?

Nǐ jiào shénme míngzi?
（你　叫　什么　名字?）

Wǒ jiào
我　叫＿＿＿＿＿＿＿＿＿。

Nǐ xǐhuan shénme?

Wǒ xǐhuan＿＿＿＿＿＿＿＿＿。

	míngzi	xǐhuan shénme
Ex.	Qí Chūnhóng	kànshū xiězì tīngyīnyuè
1		
2		
3		

学生根据活动页会话部分的提示去采访其他学生，完成对话后要在活动页下方的表格里填上被访者的名字和喜欢做的事情。我作为一位听课教师也接受了学生采访，学生采访我的时候，我也因自己参与了课堂活动而感到高兴，学生们参与活动的热情就更不用说了。

为了让学生当堂掌握所学的生词，张老师这堂课还进行了配对听写字词的活动，针对这个活动，张老师设计了A、B两种活动页，内容如下：

Míngzi:_____ A

1	2	3	4	5
	nà			rèn shi
这	那	四	参加	认识
this	that	four	attend	know
6	7	8	9	10
měi guó	jué de		zěn me yàng	
美国	觉得	好	怎么样	哪
American	feel, think	good	How about？	which

Míngzi:_____ B

1	2	3	4	5
zhè		sì	cān jiā	
这	那	四	参加	认识
this	that	four	attend	know
6	7	8	9	10
		hǎo		nǎ
美国	觉得	好	怎么样	哪
American	feel, think	good	How about？	which

活动页A和活动页B里的字词是一样的，只是拼音的部分是"互补"的，即在活动页A中有的拼音，在活动页B里则没有，反过来也是一样。张老师要求拿活动页A的学生和拿活动页B的学生不看对方的活动页，交换着念自己表上有拼音的汉字，把缺少的拼音写下来，这样学生既练习了听说生词的能力，又复习了这些生词的汉语拼音，同时还通过活动培养了互助精神。

（齐春红）

分 析

任务型教学法是目前使用比较广泛的二语教学法,如何在教学过程中把任务型教学法用好却并非易事。本案例中的教师在一堂拼音课上精心设计出如此丰富的交际任务,是值得新手教师借鉴的。

Ellis(2003)认为,任务是一个个活动,它要求学习者为达到某个目标而使用语言,并在使用中把重点放在意义上。如何设计交际任务对新手教师来说具有一定的难度,因此多听课、多向有经验的教师请教是大有益处的。对零起点的学生来说,语音学习是非常重要的阶段,需要进行大量重复性的操练,这无疑是比较枯燥的。本案例中的教师在课堂上设计了如下活动:先是用手势法练习汉语拼音,自己先做示范,再让学生动起来,活跃了课堂气氛;第二个活动是把要学的声母和韵母分别做成卡片,要求学生把不同的卡片拼合起来,做声韵拼合练习;之后又进行了访问练习,学生拿着表格离开座位去采访,这使学生们非常兴奋;最后又设计了配对听写字词的练习。短短一节课运用了四种不同的课堂活动,极大地调动了学生的课堂参与积极性,让学生从完成任务的过程中获得了满足感,真正体现了"精讲多练"的教学原则。

本案例的作者认为零起点学生语法和词汇知识都很有限,因此不知道设计交际活动时该从何着手。其实为零起点的学生设计一些交际活动是完全现实的,也是可以从语音着手的,王巍(2011)总结了几个常用活动,如语音站队、语音排序、听音拍手、声调卡片和语音密码等。

有研究表明,相对于中高级学生,初级水平的学生更喜欢交际性活动,因为他们非常迫切地希望尽快将自己在课堂上所学的生词和语法运用到真实的语言交际中去,而交际性任务就为学生进入真实交际提供了一个"练兵"的机会。中高级水平的学生由于语言能力已经可以应付真实语言环境中的大部分日常交际,在教室里完成模拟的交际任务对他们来说也就显得不那么具有吸引力了,因此教师在针对中高级水平的学生设计交际任务时更需要下大力气做好准备工作。

思 考

1. 在学习方位、地点的表达时,可以完成"我常去的地方"的任务,如下表。请从中总结出任务教学的程序和特点,并谈谈在设计任务时应该注意什么。

任务前	（1）练习有关的方位词和句式，让学生意识到汉语方位语序的特征。 A（sb./sth.）在 B（sb./sth.）的 + 方位词 A（sb./sth.）的 + 方位词 + 是 B（sb./sth.） 某地（sw.）有 sth. （2）让学生快速看一张北京地图（时间不超过三分钟），找出自己最常去的四个地方；想一想这些地方的位置该如何表达，如"三里屯在北京的东边，北海在天安门附近，北京外国语大学在西三环的里面"等。
任务执行	（1）四个学生一组。 （2）每个学生根据地图上的位置，分别写出四个常去的地方的位置。 （3）组内学生交换所写的内容，讨论自己和别人的记忆是否一致，写的是否清楚、准确。 （4）比较哪些是四个人都常去的，哪些是一个人常去的，准备向全班汇报。
任务后	（1）四个学生轮流向全班汇报。 （2）再次展示地图，看谁的记忆力最好，表达最准确。

选编自温晓虹（2008）

2. 以下是语法教学中常用的一些教学活动。请你思考每项教学活动的功能与优缺点，并谈谈在课堂中你会如何组织语法教学活动。

A. 解释语法点的意义和用法　　B. 进行句型转换练习

C. 进行替换操练　　D. 让学生根据提示完成句子

E. 进行任务型练习　　F. 开展角色表演活动

G. 进行游戏或比赛

阅 读

1. Ellis. *Task-Based Language Learning and Teaching*. Oxford: Oxford University Press, 2003.

2. 温晓虹. 汉语作为外语的习得研究——理论基础与课堂实践. 北京：北京大学出版社，2008.

3. 靳洪刚. 现代语言教学的十大原则. 世界汉语教学，2011（1）.

4. 沈禾玲，蔡真慧，徐丽莎，朱殊. 汉语字词教学. 北京：北京大学出版社，2011.

5. 王巍，孙淇. 国际汉语教师课堂技巧教学手册. 北京：高等教育出版社，2011.

案例 85 提高学生的开口率

教学地点：意大利罗马　**教学对象**：中文专业研究生

让学生开口说话是个问题。因为这门课的要求就是让学生多说，加上我自己本身嗓子的问题，连着吼两个小时，特别是在大教室上课的时候，确实吃不消，所以我也想尽办法让自己少说话，让学生多说话。我的原则就是我能不说话就不说话，能让学生说话就让学生说话，甚至有时候学生提些问题，我就问学生谁知道如何解释，让他们自己给自己解释，不过解释时不准说意大利语，一个学生解释不清就再请另一个学生帮忙解释。当然，让学生解释的一般都是不太难的问题，比如"真实"和"形象"的区别，很多学生都已经懂了，所以他们大概一两句话就能说清楚。

此外，无论是读课文还是课后练习，我都让学生读出、说出完整的句子，只要不是新课，回答课文的问题时就不准他们看书，尽量让他们自己回答，学生回答不上来时我再提示一些关键字和关键词。

我也发现，有几个学生的口语不太好，几乎很少会主动开口说话。如果问题较难，要求学生形成"自己"的表达，他们就很难说出完整的句子。所以我会有意识地把读课文和回答课本上的简单问题的任务分配给这些学生，我希望以此让他们将开口说话看作一件稀松平常的事情。好在他们对读课文、回答问题不抗拒，这个也算是意大利学生的特点，他们一般不会害羞，也不会觉得不好意思。在如何培养这些学生说出"自己"的话的问题上，我还是停滞不前，没有想出更好的办法，我之前上过的课都是综合课，几乎从来没上过口语课，所以在这方面真的经验不多。

不过，也许在这个学期新加的两节口语课上，我应该抓住机会认真研究一下。比如第17课《无事不登三宝殿》，课文都是对话，而且包含很多中国的熟语，非常有趣味性。处理完课文后，我将课文分成五个部分，每部分先请学生分角色读，然后我提出问题让其他学生回答。然后我把对话体的课文改成叙述体文章，让他们在不看课本的情况下完成填空，最后要求两到三个学生一组进行对话练习，要求他们在对话中加入自己的话，不能背课文。我用"读课文—回答问题—完成填空—对话练习"四个步骤带领学生熟悉了课文，总共大概花了100分钟的时间，这种教学安排可以让各种水平的学生都有说话的机会，也能让全班二十几个学生都有机会开口。因为我把课文分成了五个部分进行，所以差不多每个学生都至少有五次表达的机会，这样下来每个人都练到了整篇课文，而不是课文的某一部分。

（许舒焙）

分 析

本案例描述了新手教师经常会遇到的一种困境：一些语言水平较低或者性格比较内向的学生在课堂上比较沉默，不愿意开口说话，参与课堂的主动性不够。大部分学者认为学生在课堂上害羞、缄默的现象与情感焦虑或者传统文化有关，也有研究认为教师的课堂提问技巧，比如等待时间、对学生话语的不理解等也有可能造成学生的课堂沉默。从经验的角度出发，很多学生沉默的主要原因是他们认为自己的口语表达能力欠佳。

本案例中谈及的是意大利学生，尽管这些学生是汉语专业的研究生，但仍然"很难说出完整的句子"，从中我们可以推断，学生之前的汉语课可能是以讲授语言知识为主，缺乏师生互动和学生之间的互动。其实，学生开口率不高一方面是由于学生的性格内向或情感焦虑，但根本原因还是其自身语言能力的不足。找到了问题的根源，就要对症下药。本案例中的教师通过"读课文—回答问题—完成填空—对话练习"四个步骤给各种水平的学生都提供了说话的机会，这是值得新手教师借鉴的。要提高学生的开口率，除了精心备课，选择学生感兴趣的话题之外，还需要适当降低任务难度。为了降低任务难度，我们不妨把任务分为几个阶段：

1. 任务前阶段。此阶段教师要针对课文的主题设计问题，在集体或分组讨论之后，由教师做总结；也可以用头脑风暴的方式，让学生说出自己的答案；同时教师要导入新的语言知识，如生词、语法点等，以降低学习任务的难度。

2. 任务执行阶段。此阶段教师要让学生在规定的时间内通过略读课文等方式找到答案，接着学生需要细读课文，提炼观点，对整篇文章有比较清楚的了解。之后教师可以组织角色扮演、小组讨论等课堂活动，创设真实的情景，尽量让每个学生都参与到活动中去，完成任务。

3. 任务后阶段。此阶段是抽查表演、集体点评阶段。任务完成后，教师要对学生的任务完成情况进行抽查、点评，教师要多鼓励，多表扬，指出带有普遍性的问题，纠错时避免具体到人。

总之，只要把任务的要求置于学生能力能够达到的高度，学生就会主动地去完成教师布置的任务。

思 考

1. 如果你的班上有一个学生因为水平较低而不喜欢开口，下面的做法是否恰当、有效？想一想，你还有什么好办法？

   A. 减少对这个学生提问的次数。

   B. 发现他的兴趣点和特长，让他试着说说自己熟悉的内容。

   C. 侧重问他擅长回答的问题。

   D. 把他和水平高的学生分在一组共同完成交际任务。

   E. 把他和善于合作的学生分在一组共同完成交际任务。

   F. 让他多做一些朗读、造句、转述等比较容易的练习。

   G. 经常对他微笑，注视他，鼓励他。

2. 冯老师在国内一所大学教高级口语课，每次给学生上第一次课时，她都会在布置讨论任务之前说一段开场白，请看下面的开场白，回答后面的问题。

   　　我知道在讨论中发言是一件让人非常紧张的事儿，而且人们都害怕当众丢面子，所以有时候就不太愿意参与。我自己在发言时也很紧张，而且我会花很长时间练习我的发言，希望在我最后说的时候不要显得太傻。所以不要为了得到我的表扬，或者为了给我留下一个好的印象而勉强自己发言。在讨论中不说什么也完全允许，对你来说不算什么失败，我不会觉得你沉默就是不动脑子。当然，我是非常希望你们想要说点儿什么而且说出来，但是我不想让你们只是为了表面现象而发言。

   问题：（1）你觉得这段话是针对什么样的情况而说的？

   　　　（2）你觉得学生听了这段话之后会有什么反应？

   　　　（3）在课堂讨论时，如果遇到说话过多的学生或者沉默不语的学生你会怎么做？

阅 读

1. 斯蒂芬·D. 大学教师的技巧——论课堂教学中的方法、信任和回应. 杭州：浙江大学出版社，2005.

2. 李燕. 任务型教学法与对外汉语初级口语教学. 云南师范大学学报（对外汉语教学与研究版），2006（3）.

3. 孟凡韶. 建构主义学习理论指导下课堂沉默现象预防策略研究. 外语教学，2009（4）.

案例 86 口语训练要不要纠错？

教学地点：意大利罗马　**教学对象：**成人商务汉语业余班

今天在练习情景对话的时候，发生了一个小插曲：每组学生在展示对话时，我都进行了即时的点评纠正，主要是内容方面以及是否得体的问题。我注意到，有三组学生都在正反问句的句尾加了"吗"，我意识到这可能是他们的一个语法空白点，于是决定给大家集中纠正一下。但是纠正完了，Deepa 却说："以前我听到有人也这样说过，可是你没有纠正，我以为这是正确的呢。"我当时一愣，我不记得是否真是这样。确实，学生在进行对话时，如果不是严重影响理解的错误，我一般不会一一纠正以免打断他们。于是我把自己的想法向学生解释了一下，他们表示理解。但是同时我意识到了一个问题——在重视交际的教学理念下，我该怎样对待语法？

（孙岩）

分析

纠错在任何课型的教学中都具有不可忽视的地位，不管是听力课、口语课还是写作课。口语课比较重视交际，但是重视交际并不意味着容忍任何程度的错误，本案例正是提示教师要注意这个问题。口语教学也有讲解、展示和演练的阶段，教师在讲解和展示时一定要给出正确的例句，引导学生进行演练时不要忽视他们的语法错误，一定要及时纠正，给学生树立正确的语法意识。在学生进行成段表达的阶段，对于那些不影响连贯表达的错误可以暂时忽略，如果是普遍性的错误，也要集中归纳、指出。那种认为口语教学不用积极纠错的观念是错误的。

学生在学习过程中出现错误是不可避免的，作为教师，应该如何对待学生的错误呢？

首先应该区分错误类型。根据学习目的语的阶段，可以将错误分为系统前错误、系统中错误和系统后错误。系统前错误主要是由于学习者还没有掌握目的语相应的规则和形式，运用以前的语言知识来进行交际时出现的错误；系统中错误是学习者在内化目的语规则和运用规则时，按自己的方式做了错误的归纳而造成的，是语言发展中的错误；系统后错误是学习者已经掌握了完整、系统的目的语规则，在使用中出现的错误。

本案例中三个小组都出现了在正反问句后面加"吗"的情况，这是由于学生已经知道"吗"在汉语中表示疑问，于是将这个规则类推到了正反问句上，这显然属于系统中错误。对待这种有规律性的错误，教师应予以重视，最好在讲解正反问句的同时就提出它与"陈述句＋吗"这类疑问句的不同之处，提前加以预防，或者在第一次出现此类问题时及时进行解释和纠正。教师不要怕打断学生的会话，因为学生对这类错误比较在意，及时纠错会使学生对语法规则有较为清晰的认识。如果纠正得太晚，积非成是，反而会引发学生的不满。至于系统前错误，主要是由于学习者已掌握的知识不能胜任当时的语言要求而造成的，对于这类错误，教师不必做过多的解释，适当指明学生的错误并给出正确说法即可。而对于系统后错误，教师可以提醒学生适当注意，并提供语境和表达机会，使学生能多次运用语言，在实践中掌握语言。

其次，要正确处理表达的流利性和准确性之间的关系。本案例中的教师提到，在学生对话时，如果错误没有影响到理解就不会一一纠正，教师怕打断学生，这符合任务型教学法的理念。因为任务教学法重点关注意义，对于错误的容忍度相对较高。但同时也要注意，即便流利性是重要的，教师也要关注那些有可能"石化"的错误，特别是语法错误。当然，纠错的时候也要讲究策略和技巧，教师应注意创设学生口语表达的自然氛围，让学生敢说、多说、不怕说错，对学生的表现不做简单的对错评价，而是进行客观分析。本案例中提到的集中纠正是一个可取的方法，集中时间对不同的错误进行归类，查找原因，再集中时间给学生归纳、讲解。在纠错方式上，教师可以先指出学生口语表达中值得肯定的地方，用表扬、鼓励的方式增强学生的自信心，然后采用示范操练、分析、暗示等方法纠正偏误。每一堂课纠正的错误不能太多，要做到对错误不纠则已，纠则有效。此外，纠错时也要注意学生的性格特点，针对不同性格特点的学生，纠错的力度、方式应该有所区别。

思 考

1. 讲完"有的是"这个词语后，教师给学生布置了一个完成句子练习，其中有一句是："_____茶叶我有的是。"结果一个学生的回答是："一个人喝了很多茶，茶叶我有的是。"试分析学生产生这个错误的原因，说说你打算怎样给他纠错。

2. 祖晓梅（2008）归纳了六种纠错模式（见第251页），在课堂上，教师通常需要综合运用一种或几种纠错方式。说说下面的纠错实例分别运用了什么纠错方法。

（1）(　　　)

学生：生 ru。

教师：什么？再说一遍。

学生：生 ru。

教师：生日。

（2）（　　）

学生：我把HSK成绩托付给朋友了。

教师：成绩不能托付，托付的是取成绩。

学生：我取成绩托付同学了。

教师：好，我把取成绩的事托付给同学了。

（3）（　　）

学生：她比老师不漂亮。

教师：她没有老师漂亮。好，一起说。

学生：她没有老师漂亮。

（4）（　　）

学生：成了喝酒。

教师：成了喝酒不行，原来是小孩儿，现在成了什么？

学生：成了大人。

（5）（　　）

教师：请说说你的爱好，你会唱歌吗？

学生：我会，可是我唱歌得不好。

教师：你唱歌唱得不好，那你跳舞跳得好吗？

学生：我跳舞跳得不好。

（6）（　　）

学生：他们见过面两次。

教师：他们见过面两次？

学生：他们见过两次面。

六种纠错模式

A. 明确纠正——直接指出错误并告诉学生正确的形式。

　　学生：跟他分手最好。

　　教师：这样说不行，应该说——最好跟他分手。

B. 重铸——把学生的偏误句用正确的方式重述一遍，不改变原来的意思。

　　学生：他想让小明教育教育。

　　教师：对，他想教育教育小明。

C. 提供元语言知识——讲解语言本身的差异,让学生意识到自己的错误。

　　学生:苹果和香蕉,我更爱香蕉。

　　教师:"爱"和"喜欢"不一样。

D. 要求澄清——出现偏误的时候要求学生重新表达。

　　学生:我的爸爸非叫我不吸烟。

　　教师:对不起,再说一遍。

E. 重复——用升调重复学生的偏误,以引起学生的注意。

　　学生:昨天我不去看电影。

　　教师:昨天不去?

F. 诱导——通过提问诱导学生说出正确的句子。

　　学生:我恐怕老师批评我。

　　教师:你恐怕什么?

阅 读

1. 黑琨. 对外汉语口语教学中的纠错问题. 中国大学教育,2006(8).
2. 祖晓梅. 汉语课堂更正性反馈的调查与分析. 汉语学习. 2008(1).
3. 田艳. 关于对外汉语课堂纠错策略的层次性选择. 语言教学与研究,2010(3).

案例 87 课堂活动如何吸引人？

教学地点：中国上海　**教学对象：**大学中级国际班

有时候，学生不太爱参与课堂上的口语交际活动，要解决这个问题，首先需要教师注意改进自己的教学设计。很多时候，学生不能很好地参与活动的原因是教师的活动设计比较"粗"。比如，有时教师只是简单规定了角色和会话主题，在三人以上的对话活动中，很容易出现两个人在对话，其他人游离于对话之外的情况。因此，教师需要在活动设计时为每个角色做比较细致的定位，这样才能让所有的学生都参与进来，并且有话可说。还有一种情况，就是教师设计的活动没有竞争性或者信息差，使得活动只是让学生单纯模仿课本上的对话，不能有效激发学生的说话欲望，因此有些学生就不愿意参与到活动中来。这时候教师就需要对传统的活动设计加以改进。

比如，点菜是教学中经常使用的一个活动，但是很多教师往往这样布置活动：两个学生分别扮演顾客和服务员，双方手里都拿着一份中国饭店的菜单，"服务员"问"顾客"想吃什么，"顾客"说出自己的要求或者进行相应的询问。由于学生对中国菜了解不多，他们所知道的菜往往就是"宫保鸡丁、鱼香肉丝"等课文中提到的菜名，而且已经了解了这些菜品的味道和材料。在这种情况下，"顾客"在角色扮演中还要装模作样地问："请问，这个菜是什么味道？""你们有没有牛肉的菜呢？"而"服务员"对这些菜品的知识也并不比"顾客"多多少，这样的角色扮演只能起到让学生熟悉语言的作用，学生交流的动力不足。

点菜活动究竟该如何改进呢？我觉得可以做如下调整：

1. 预备活动：所有学生写下自己国

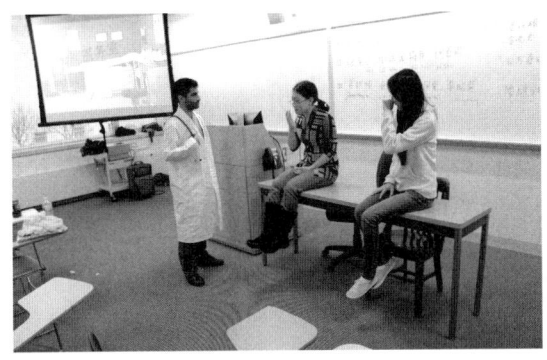

学生在课堂上进行角色扮演（美国华盛顿）

家餐厅中最常见的 10 种菜品名称，注意要用自己国家的语言写，比如日本学生要用日语写，韩国学生要用韩语写等。

2. 正式活动：每人手持自己国家的菜单，身份是一家饭店的服务员，同时也是会光顾别的饭店的顾客。"服务员"递给"顾客"一份写有自己国家文字的菜单，"顾客"看不懂，只能用汉语提问来了解菜品的材料和味道，并且做出自己的选择。

3. 汇报："顾客"和"服务员"向教师或者其他学生汇报点菜的经过和结果。

在调整后的活动中，由于"服务员"设计的是自己国家的菜单，自然对这些菜的味道和材料了解较多；而对"外国"的"顾客"而言，不仅看不懂菜单，也不太了解每种菜到底有哪些材料，味道如何。这样，"信息差"就产生了。进行这样的角色扮演，学生的交际动力和教学效果都会好很多，学生参与的积极性也会比较强。

（刘弘）

分析

目前，课堂活动已经成为语言教学的重中之重，也是每个汉语教师最关注、最花精力的环节之一。本案例有许多值得新手教师借鉴的地方。

本案例涉及了课堂活动失败、活动效果不佳的两个主要原因：一是教学活动的设计不够细致，这会降低学生的参与度；二是活动没有竞争性或信息差，这会降低学生的参与意愿。课堂活动的设计最忌简单生硬，这样很难收到好的教学效果，因此，教师的"功夫在课堂外"，课堂上的精彩，与课下严谨的准备密切相关。

本案例中提到的点餐几乎是所有汉语学习者在初级阶段都会遇到的一个话题，课文的设计往往是顾客和服务员的对话，教师设计的情景表演也往往是课文的翻版，很难再让学生产生新鲜感。这样的课堂活动可以巩固课文中所学的词汇和语法点，对学生在中国的生活也会有帮助，但从"信息差"的角度来说，的确有所欠缺。本书在前文中也提到过，运用"信息差"和"观点差"可以把一些平淡的练习转变为更具挑战性的交际练习。本案例中提供的改进版点餐活动就具有很好的借鉴意义，该活动既有趣味性，又增加了交际的真实感，学生会有很大的参与动力和热情。需要注意的是，这样的活动可能要补充一些课外的生词，比如有关食材、调味料的词汇，有关烹饪方法的词汇等，有些菜用汉语说明起来对初级学生来说并不太容易，所以教师要控制好难度，不要太偏离当课所学的内容。

思 考

1. 学习"把"字句的时候,一位教师给学生布置了下列交际活动,请分析这项交际活动的特点。

活动题目:(1)怎么做宫保鸡丁?(2)怎么做蛋炒饭?

活动要求:(1)两个学生一组,每人任选一个题目。

(2)两个学生互相说一说自己的答案,然后再把从对方那儿了解到的内容讲给全班学生听。

任务前	(1)通过授课使学生明白"把"字句的形式和意义;正确运用"把"字句;掌握必要的词汇和动词补语来为完成任务做准备。 (2)学生分别上网查找做宫保鸡丁和蛋炒饭的视频,看完后以小组形式叙述所看的内容。(此项内容可以课下做)
任务执行	(1)两个学生一组,互相说一说怎么做宫保鸡丁和蛋炒饭。 (2)每个学生给全班学生说说对方做宫保鸡丁或蛋炒饭的方法。
任务后	(1)教师检查:请几个学生分别把自己从任务中学到的信息告诉大家。 (2)布置作业:请学生详细说明一个自己最爱吃的菜的做法,并把菜谱发给大家。

改编自温晓虹(2008)

---

2. 请以初级国际班的学生为教学对象,就"问路、找路"的情景设计一个课堂活动,要求活动能尽可能地激发学生的交际动力,并保证语言训练的效果。

阅 读

1. 丁安琪. 欧美留学生对课堂活动有效性评价的分析——对外汉语课堂活动系列调查之三. 汉语学习,2006(5).

2. 徐彩华,程伟民. 对外汉语教师自我教学效能感研究初探. 汉语学习,2007(2).

3. 温晓虹. 汉语作为外语的习得研究——理论基础与课堂实践. 北京:北京大学出版社,2008.

第二节
读写技能教学

案例 88 阅读课的教学环节
教学地点： 中国北京　**教学对象：** 大学中级国际班

今天我们要学习的是《8月8日我们结婚》(选自《中文天天读 3A》)，教学目标是"了解汉语的谐音文化，了解中国的传统婚礼与现代婚礼的知识（相关词语、句式）"。

首先是引入新课。因为前面的课文曾经涉及"水果谐音"的问题，所以一开始我就提问："中国人吃水果的时候会把梨分开吃吗？"

大家齐声回答："不会！因为'分梨'听起来像'分离'。"

"那苹果可以分开吃吗？"

"可以，苹果没关系，平平安安。"

我接着问："中国人喜欢哪个数字，你们知道吗？"

有学生说："八。"

"那你们知道中国人不喜欢什么数字吗？"

有学生说："二百五。"

有学生说："四。"

"那中国人喜欢在什么时间结婚，你们知道吗？中国人的婚礼是怎么样的呢？我们一起来看看下面的文章。"

第一遍我要求学生默读，默读的时间是三分钟。学生默读时，允许他们提出问题。第一次阅读主要是让学生对文章有一个大致的了解。接着进行第二遍阅读，要求学生读后完成课本中的练习和教师的补充练习，这一遍的作用主要是理解检查。主要检查两方面的情况：一是对课文内容的理解情况，如文章大意、主要观点、重要细节等，如果存在需要语素猜词、语境猜词的情况，我就讲一下阅读策略；二是语言方面的理解，包括对难词、难句的理解，我在讲解过程中一般不做过多的延伸，点到为止。然后进行第三遍阅读，并进行扩展性练习。扩展性练习重点是词汇、语法方面的理解，并对课文本身内容进行升华或适度扩展，提出的问题，多属于开放性问题。最后是布置作业环节。对于作业，我个人的理解是不要多，但教师一定要认真检查。

第一遍阅读后有关内容理解的题目	一、内容理解问答和判断对错题 　1. 以前的婚礼，新娘穿什么衣服？（回答以后展示"旗袍"的图片，加强感官刺激） 　2. 中国人为什么喜欢9月9日结婚？（　　） 　3. 中国人结婚的时候一般在饭店吃午饭。（　　） 　4. 中国人不太喜欢"5"这个数字。（　　） 　5. 现在的婚礼上，新娘要穿红色的衣服，头上盖一块红布。（　　）
第二遍阅读后有关语言理解的题目	二、语言方面的理解（包括对难词、难句的理解） 　1. 2月2日、6月6日、8月8日、9月9日都是<u>双数</u>。（　　）（考查"双数"） 　2. 许多传统婚礼的习惯现在已经<u>看不到</u>了。（　　）（考查"消失"）
第三遍阅读后的练习	三、搭配练习 　　讲究　　　　　红布 　　盖　　　　　　婚纱 　　穿　　　　　　日期 　　换　　　　　　旗袍 四、评价练习 　1. 你觉得我们班谁是最幸福的人？ 　2. 你有很多好朋友，那么你就是一个（很受／不受）大家欢迎的人。 五、和同伴说说彼此知道的谐音现象，然后将同伴说的告诉大家。 六、讨论一下现代婚礼和传统婚礼的不同，说说你更喜欢哪种。

（朱勇）

分析

本案例中这一课的设计有很多值得新手教师学习的地方。

1. 引入新课的时候，运用了"以旧带新"原则。教师应该根据情况，尽量把新学内容和以前学过的内容联系起来，用提问、启发的方法调动学生已经学过的知识，这样既会起到复习的作用，也能引起学生的阅读兴趣。

2. 本案例中的教师对学生的默读时间提出了要求。有的教师在学生默读前没有时间要求，比较随意。时间的要求其实就是对速度的要求，教师提出时间要求有助于学生改变逐字阅读的习惯，扩大阅读视幅，提高阅读速度。

3. 不做扩展性讲解。有的教师讲解时希望面面俱到，甚至讲得天花乱坠，很容易导致学生如坠雾中。词汇和语法的讲解，主要是对学生练习情况的反馈。有时即使学生做对了，教师也要对重要的地方稍作讲解，加以强调，特别是运用语义场、构词法等激活学生头脑中的认知图示。讲解应尽可能简略，只讲词句在具体上下文中的意义与用法，不做扩展性讲解，更不应抓住一个词不放，把该词所有的用法都练习一遍。语法的讲解只要达到学生能理解的程度就行。当然，对"不做扩展性讲解"这一点也不要理解得过死。如果一个词在不同的几篇课文中所用的义项不同，教师可以视情况做些归纳性讲解。

4. 细节决定成败。案例中的教师还有一个小细节值得我们注意。在完成"以前的婚礼,新娘穿什么衣服?"这道题以后,教师不是满足于对答案,而是在学生回答以后展示"旗袍"的图片,加强感官刺激。这其实也是以旧带新,因为"旗袍"这个词在教师处理生词的时候就已经用PPT展示过了,此处再拿出来重复一下,体现了这位教师的复现意识。

5. 与口语表达相结合。本案例中的后面三道题目都是围绕某个话题请学生发表自己的看法。阅读课虽然是以培养学生阅读能力和阅读技巧为核心,但终极目的还是提高学生的汉语水平,对中级水平的学生来说,阅读训练与成段表达相结合可以增加学生的参与感,加深他们对文章的理解。

思 考

1. 对于阅读课上生词的讲解,不同的教师有不同的观点和做法。你觉得以下哪些观点和做法可取?哪些不可取?为什么?

A. 讲解生词是精读课的事,在阅读课上遇到生词只需让学生知道意思就可以了。

B. 用造句、复述等方法使学生学会使用所有的生词。

C. 训练学生根据语境猜测词义的能力。

D. 使用评价性练习,让学生在词汇学习中发表自己的看法。

E. 提示学生有选择性地记忆生词。

F. 对每个词平均用力,都精讲细练。

G. 做一些联想练习,比如找同类/非同类词、近义词/反义词等,以语义场的方式呈现词汇之间的联系。

2. 在阅读课的课堂训练中,可以按照自下而上(字→词→句→篇章)的方法来组织教学,即从细节内容到主要内容,从结构到意义的理解过程;也可以按照自上而下的方法来组织教学,即先领会篇章、句义,再分析句子和字词。请按照自上而下的方法为下面的阅读文章设计教学步骤与练习,可参考提问题目和练习形式,在设计时将教学内容列得越详细越好。(参考授课时间:45~60分钟)

> 火锅是中国最常见的美食之一，中国的很多城市都有火锅店，秋天和冬天吃火锅最好。天气越冷，火锅店的生意越红火。
>
> 人们喜欢火锅的原因很多。第一，火锅种类多，既有传统火锅，也有多种新式火锅，例如鱼头火锅、菊花火锅、四季火锅等，满足了顾客的各种口味。第二，火锅原料多种多样，肉、鱼、虾、蔬菜、豆腐等，都可以做火锅原料。这样，你可以一次吃到几十种不同的食物。第三，火锅的做法很简单，把原料放到锅里涮一涮，熟了就能吃了。第四，也是最重要的一个原因——火锅非常适合朋友们一起吃。大家坐在火锅旁边，选择自己喜欢吃的食物，边吃边聊，非常随意，交流也更加方便。
>
> 火锅虽然非常好吃，但在吃火锅时有两点需要注意：一是原料要新鲜；二是食物在锅里涮的时间不能太短，也不能太长。

教学设计参考：

（1）提问的内容

A. 你吃过什么中国菜？/你吃过火锅吗？

B. 这篇文章的主要内容是什么？/作者要告诉我们什么？/下面哪种观点是正确的？

C. 人们喜欢火锅的原因是什么？

D. 火锅有几种？

E. "红火"的意思是什么？

F. 比较近义词：满足—满意，随便—随意。

G. 介绍一个你最喜欢吃的菜，说说这道菜的原料、味道和做法。

（2）练习的形式

A. 回答问题。

B. 选择正确答案。

C. 判断正误。

D. 根据文章内容填空。

E. 连线。

阅 读

1. 刘颂浩. 阅读课上的词汇训练. 世界汉语教学，1999（4）.

2. 熊云茜. 阅读模式与汉语阅读课教学思考. 云南师范大学学报（对外汉语教学与研究版），2003（5）.

3. 赵金铭. 汉语可以这样教——语言技能篇. 北京：商务印书馆，2006.

4. 周小兵，张世涛，干红梅. 汉语阅读教学理论与方法. 北京：北京大学出版社，2008.

案例 89 如何了解学生的阅读难点?

教学地点：墨西哥墨西哥城　　**教学对象**：成人中级业余班

小袁是汉语国际教育硕士,作为志愿者教师在墨西哥城某大学任教。该大学虽然没有专门的阅读课,但是小袁很想了解墨西哥学生汉语阅读中的困难,她觉得这对综合汉语课也具有启发意义。小袁决定对学生进行个案研究,她采用的是有声思维法(think aloud)。所谓"有声思维法"指的是"接受测试的人在完成某项任务的过程中,随时随地讲出头脑中的各种信息。比如在阅读文章时,读者要根据眼睛读取的文字,想到什么说什么。这些读者报告的材料可以揭示他/她在进行阅读时短时记忆里的信息"。

在进行有声思维时,测试员要先给被试讲解测试需注意的事项,让被试明白操作过程,小袁以《我就知道你会这么做》这篇文章为例进行示范。被试Leticia,29岁,2002年开始学汉语,曾到中国学习过两年汉语,现在是公司职员,工作时需要用一些简单的汉语,周末在大学当兼职汉语教师,有四年的汉语教学经验。采用的阅读材料选自《中文天天读》中的几篇课文,分别是《梨和苹果的故事》《可爱的大熊猫》《恋爱日记》和《东西旅行的差异》。

通过调查小袁发现,该学生的主要问题有：1. 形近字误读。Leticia的错误如："今天我给大家讲(井)[1]个故事,第一个是'孔(老)×让×'。孔(老)×是中国汉代的文学家"。2. 同一语义群词语混淆。表达相关概念的词语在认知时被归为一类,如表达数字时,十、百、千、万等属于同一范畴,在同一个义群内。同一义群的词被激活时,容易混淆。Leticia的错误如："目前的大熊猫只有一千(万)多只,主要生活在中国的四川省。"3. 词语惯性识别。例如："有一张很有趣的画儿,告诉大家中国人和西方人在旅游(游泳)的时候××是不同的。"

(朱勇)

分 析

阅读是从文字中提取信息完成意义理解的过程,因此阅读和文字有密切的关系。对于汉语学习者来说,阅读中最大的障碍无疑是汉字,特别是使用字母文字的学习者,其文字体系与汉字相差甚远,如何将汉字的形、音、义正确地结合对他们来说是一个很大的挑战。母语阅读者一般会从字形直接获得意义,而非母语阅读者一般会先将字形与字音联系起来,再理解字义,这样不但会影响阅

【1】括号内的词均为误读词,×为未读出的词。

读的速度，而且字形—字音—字义等环节中任何一个出了问题，都会影响阅读者对意义的理解。母语阅读者在学习生字时，也会通过字音来强化记忆，但会将声旁作为语音线索，能够熟练地利用声旁推理和形似推理的策略，而非母语阅读者的汉字知识比较零散，不成系统，因此字形和字音的联系不太固定（冯丽萍，2002），常常将字放在词中，利用语义、语境来记忆语音，如冻→ liang（凉），冻→ bing（冰）；衬→ shan（衫）；且→ er（而）[2]。

本案例中的被试已经有近十年学习汉语的经验，但在阅读时还是出现了各种问题：比如将"孔"读成"老"，其实这两个字并不太相似，这说明被试者对这两个字的结构认识得不是非常清楚；将"旅游"误读为"游泳"，是因为被试者认识"游"字，而这个字是结合"游泳"这个词一起记忆的，但到底哪个字是"yóu"，哪个字是"yǒng"，可能她不太确定，说明被试是把词作为一个整体来记忆的，而对词内的单个语素记忆比较模糊；把"千"和"万"弄混，说明被试者是按照意义的线索来记忆语音的。这种现象表明，汉语学习者对于汉字读音的记忆比较模糊，他们对汉字语音的识别需要借助更多的条件，利用多种策略，比如字的位置、意义、语境都可能参与语音的记忆。本案例中的教师结合实际情况积极进行个案研究，为教学提供有益的参考，是值得借鉴的。

除了汉字之外，造成学习者阅读困难的另一个方面是划分词或词组的问题，因为汉语文本中词与词之间没有间距，哪里是下一个词的开始，以及一个词包含几个汉字都会对学习者构成障碍。虽然这些都不属于阅读技能重点训练的范畴，但是汉字的特殊性给学习者增加了额外的难度，这一点也是汉语教师不容忽视的。国际汉语教师应该关注和借鉴一些汉字研究的最新成果，比如形声字声旁与整字读音的对应关系、字频与词频、汉字频率与部件频率等方面的研究，提高汉字识读和推测能力，也要适当地对学生进行一些分词断句能力的训练，为更好地开展阅读教学打下基础。

思 考

1. 原老师在国内一家汉语培训机构教汉语综合课，班里有几个欧美学生的汉字基础比较差，阅读时总是需要依赖拼音，甚至对阅读理解练习有抵触情绪，这给原老师的教学带来了很大的困扰。遇到这种情况，你认为该怎么处理？

【2】好比学生是在"衬衫"这个词里记忆"衬"这个字的，因此看到"衬"时会把它误读成"衫"。

2. 猜词是有效的阅读方法之一，其中字形策略（部件策略、形旁、声旁）是猜词的一个重要策略。请你模仿下面的例子，再设计两个用字形策略猜词的练习。

（1）由已知字猜读音：很——狠、恨、痕，半——拌、伴、绊。

（2）通过部件推测词义：他的身上有跳蚤。

  A. 味道 B. 脏东西 C. 一种很小的昆虫 D. 钱

3. 在国际汉语教学中，教师在解释词汇或者句子意思的时候，往往习惯用学习者的母语进行翻译，认为目的语跟母语对译是最直接的方法。然而，汉语中的很多词汇在其他语言中很难找到十分准确的对译，越难的词汇越是如此。如果在教授母语为英语的学习者时，学生不断要求把一些较难的词汇翻译成英文，你会怎么处理？

A. 查词典，尽量每个词都给出合适的英文翻译。

B. 不给翻译，让学生自己猜每个词的意思。

C. 让学生遇到生词时自己查字典。

D. 把难词标出来，给出生词和拼音，让学生预习时根据文章自己写出他们认为最合适的英文解释。

E. 其他 _____

（本题由蒋楠提供的案例改编）

阅 读

1. 李绍林. 高水平汉语阅读难点词语调查及其有关问题. 语言文字应用，1995（3）.

2. 高立群，孟凌. 外国留学生汉语阅读中音、形信息对汉字辨认的影响. 世界汉语教学，2000（4）.

3. 冯丽萍. 外国留学生汉字读音的识别规律与汉字教学原则. 唐山师范学院学报，2002（4）.

4. 陈珺. 阅读训练中理解性偏误的类型、原因及对策分析. 云南师范大学学报（对外汉语教学与研究版），2003（3）.

5. 周小兵，张世涛，干红梅. 汉语阅读教学理论与方法（第三章"阅读技能的内容及教学"）. 北京：北京大学出版社，2008.

案例 90 写作课应该怎么上？

教学地点：泰国清迈　　**教学对象**：本科二年级选修课

在国内的时候我完全没有接触过写作课，只听其他老师抱怨过写作课很难上好。现在脑子里写作课的模式完全是自己读本科时上商务英语写作课的老师教的。商务英语写作有很多格式要求，开头结尾写什么，都有固定的要求和内容，这也是当时我在课上学习的主要内容。我知道这种模式并不适用于只学过一两年汉语的学生，所以，在教写作课的头三个星期里，我一直在想办法让写作课变得有用、多样、有趣。

我的学生现在读大二，但是汉语水平不一，有的只学过一年汉语，有的学过七年。其实，以前的写作课都是大三才开的，因为到了大三，学生的水平会高一点儿，进行写作训练也容易一些。相比之下，给大二学生开写作课自然会遇到一些困难。我在第一次课上给学生布置的作业是让他们给我写一封信，在信上说明他们的基本情况，学过什么课，学汉语遇到了什么问题等等。有四分之一的学生在作业上说我讲课他们听不懂。所以，怎么能照顾所有的学生就是我需要考虑的第一件事。现在上课时，我会说得慢一点儿，尽量用一些简单的词，而且常常会停下来问学生听懂没有。我告诉他们，如果不懂立刻跟我说，不要等下课再说。庄老师之前是商务英语专业的，她说她读书时上写作课收获特别大，现在拿出当时写的作文，都不敢相信是自己写的。她说她本来很害怕写作，但是她的老师在写观点类文章时会把不同的观点写在黑板上，一目了然，一步步带着学生写。我觉得可以参考一下这种做法，以后先带着学生写，让他们有成就感，不怕写作。

此外，我也在考虑怎么让写作课变得有趣一些，至少上课形式可以多样化。前几次课讲的是应用文写作，包括书信、申请信和寻物启事，都有固定的格式，主要是我讲，学生按格式来写。学生的作业第二周上课时返回给他们，然后我集中更正他们的错误。学生基本不用标点，一整篇作文只有几个句号。所以，第二次课我就讲了标点符号的用法。一个学生问："一篇文章可以用多少个句号？"我很无奈，说随便，一句话说完就可以用句号。学生又问："用错了扣分吗？"我说不扣分，但是你们要尽量学着用。还有，学生句式杂糅的错误很多，比如"我二年级了学汉语"。我明白学生的意思是"我现在上二年级，我在某某大学学汉语"。我告诉学生，你写的句子很短没关系，但是不要把想说的话都放在一起说，慢慢来，不要急。泰语里的定语是放在名词后边的，比如"我的书"在泰语里的语序是"书的我"。所以，有很多学生会出现"风景的中国"这样的表达，这样的错误也必须给学生纠正。可惜我基本不懂泰语，很多错误无法知道根源，看来以后还是要好好学泰语啊！

我现在的设想是，过几周之后可以让学生互相评改作业，这样他们可以发现别人的错误，也可以从其他学生那里学到很多东西。再有，可以结合一些中国学生写的有趣的作文，让他们来评改。因为教材里的练习都只是改一篇长文章的语法和格式错误，我觉得以后我要让练习变得多样化才是。要借鉴一些别的教材的句子和段落练习，循序渐进地让学生熟悉汉语句子的写法，而不是上来就是看一整篇文章。

（佟叶）

分 析

对很多新手教师来说，写作课是比较陌生的课型，以前没有接触过，可供参考的资料也很少，所以开始的时候不知道该如何下手。本案例中的教师就遇到了这样的问题，她的班上学生水平参差不齐，有一部分学生甚至没有听懂教师的要求，这更增加了教学的难度。遇到这种情况要多向有经验的教师请教，本案例中的新手教师借鉴了另一位教师学英语时体验过的教学方法，先讨论，把观点罗列出来，然后再一步一步带着学生写。另外，写作训练不能一口吃成个大胖子，对初学者来说，要先从句子和段落的训练开始，循序渐进，这些方面都值得新手教师学习。

学生在刚开始上写作课时会出现很多问题，比如词汇语法偏误、句式杂糅、母语负迁移、标点符号误用、篇章结构不合理等，教师可能会觉得需要评改的地方太多了，这时候一定要有所侧重，有针对性、有阶段性地解决问题，避免眉毛胡子一把抓。各阶段写作教学的目标有所不同，本案例中的学生是本科二年级，刚接触写作课，这个阶段应该主要解决汉语书写格式和标点符号的使用，纠正汉字、词汇和语法方面的偏误等。比如要强调带有普遍性的语序错误、句式杂糅等，因为这些错误都会影响到语义的表达。

随着学生汉语水平的提高，教师批改的重点要逐步从字词句过渡到语篇和写作技巧，比如结构安排、内容取舍等，一些字词句方面的问题，教师只要画出，学生在思考后都可以改正过来。本案例中提到的练习多样化，比如让学生评改一些中国学生写的有趣的作文，这样做会提高学生的积极性，值得借鉴。总之，国际汉语的写作教学要根据学生实际的汉语水平来制订相应的教学目标，目标过低或过高都达不到好的效果。

思 考

1. 以下是不同教师对写作课教学的观点。哪些观点是合理的？哪些不合理？说说你的理由。

A. 写作教学的首要任务是培养学生用汉语思考、表达的习惯，教师应该保护学生写作的积极性，在教学中尽量少给学生施加压力。因此作文写完后，教师不需要纠错和评改。

B. 在写作过程中，学生是主体，因此在写作课上教师不应该限定题目，应该让学生根据自己的兴趣自拟题目。

C. 在写作之前不必列出写作提纲。

D. 教师改完作文发给学生就完成任务了。

E. 写作之前不需要学生查找资料或进行小组讨论，教师只要准备一些材料就可以了。

F. 在电脑上写作有利于学生反复修改作文。

G. 学生写得越多，越有利于提高写作能力。

H. 提供范文是对学生写作表达的禁锢，所以在写作中不宜规定某些词汇、固定表达和句法。

I. 教师要不参与或少参与批改，应让学生互相批阅，互相修改。

2. 唐曙霞（2003）认为，目前在写作教学中比较常用的教学方法有"结果法"和"过程法"两种。请说说这两种方法各有什么利弊。

（1）结果法。其具体步骤是：

① 教师在课堂上解释、分析范文，让学生模仿。

② 列出重点句式、词汇，要求学生使用。

③ 学生按要求独立完成写作任务。

④ 教师修改、讲评学生的作文。

（2）过程法。过程法把写作过程分成几个阶段，通过学生之间、师生之间的交流活动，关注学生写作的每一个步骤，达到训练学生写作技巧的目的。

① 写作前期。根据教师布置的写作任务，学生课下提前阅读文献、采访调查、搜集素材，初步构思自己的观点和写作内容；也可以回忆阅读课上相同题材的文章，找出其结构和关键的语言形式作为参考。课堂上教师组织学生对题目进行讨论。

② 初稿写作。学生在课堂上进行讨论，对列出的素材进行筛选，整理成详细提纲，再进一步写成初稿。这个阶段重点关注文章的内容和结构安排，不要求学生选词用句。

③ 修改阶段。首先，学生互换写成的初稿，进行同伴批阅。教师提供参考意见，然后学生根据同学、教师的意见修改文章，甚至重写全文。（这个阶段可以在课下进行）

④ 编辑阶段。根据教师的批阅意见，学生对自己的作文再一次进行修改、扩展，直至写成定稿。

阅 读

1. 唐曙霞. 论运用"过程法"进行汉语写作教学. 云南师范大学学报（对外汉语教学与研究版），2003（5）.
2. 杨俐. 过程写作的实践与理论. 世界汉语教学，2004（1）.
3. 朱湘燕. 对外汉语写作教学调查及研究. 现代语文（语言研究版），2007（6）.

案例 91 怎么给学生搭"脚手架"?

教学地点: 意大利罗马　**教学对象**: 成人汉语提高班

经过这段时间对学生学习风格的观察以及对学生作文的批改,我觉得现在制约学生写作水平提高的一个原因就是学生过多地把注意力放到了词上,而且习惯于借助词典查找一些词。成人学生思考能力强,能想到的东西很多,但是汉语能力又达不到。这样一来就会出现选词不合适的情况,只见树木不见森林,文章主题不清楚,结构更是混乱不堪。

说实话,我只是跟着自己的感觉走,不知道要改善这种状况究竟应该从小处抓起还是从大处引导。从小的方面的问题来看,要学习和掌握的词语和语言点那么多,学生在用词造句时频繁出错,"冰冻三尺非一日之寒",解决这个问题,一定要想出有效的方法。而对于大的方面的问题,至少我能借助课文材料连续地加以引导。此外,我也渐渐意识到,想在 50 个课时内让他们听说读写全面提高几乎是不可能的,所以这几次课我一直都把重点放在读写上。

(孙岩)

分 析

词汇量的缺乏往往是写作的最大困难。很多时候学生都会觉得无法恰当地表达自己的思想,在这种情况下,很自然地会去查词典。在查词典的过程中,学习者的注意力会集中在意义的表达而不是语言知识上,在这种情况下对词汇的掌握是自然的、渐进的,因此查词典对伴随性词汇学习有着积极的影响,教师要予以鼓励。当然查字典也会产生一些负面影响,比如有些词典的义项较少、释义不准确、例句不足,文体或者文化、语用信息缺失,等等。教师应视情况简单介绍一些词典的知识,比如什么阶段应选择什么样的词典,基本的使用方法和技巧等,同时也要鼓励学生激发他们大脑中储存的已知的词汇和表达方式,提醒他们不要过多地把注意力放到某个词上,而是要重视文章内容的丰富性和逻辑性。

本案例中提到学生的作文出现主题不清、结构混乱的问题,这是多方面原因造成的。首先是教师的写作任务设计步骤不够清晰,让学生缺乏明确的参照。在写作之前,教师应该充分对主题加以讨论和引导。可以采用的方法有:在课堂上展示范文,集体评阅;训练学生改写、缩写、续写、仿写,加强控制性训练等。最重要的一点是:教师要把教学重点放到写作任务的精心设计上面,多下功夫,让学生有内容可写,愿意写,写得长。(王初明,2005)教师要把每一个步骤设计好,给学生搭好"脚手架",这样学生就不会觉得无处下手。另外,对于写作中的错误,教师不要次次都精批细改,过于密集的纠错也会影响学生的自信心。

思 考

1. 在设计写作任务时,下面哪些方法是值得借鉴的?
   A. 与其他教师交换意见,确定学生感兴趣的写作题目。
   B. 设计一份任务问卷,让学生按照感兴趣的程度排出顺序。
   C. 提供阅读材料让学生写读后感。
   D. 提供图片让学生写故事。
   E. 让学生续写故事。
   F. 提供寓言让学生写生活中类似的事。

2. 如果你要在课余时间给留学生举办词典使用学习讲座,下面哪些内容是你想要介绍的?为什么?
   A. 介绍几种常用词典的特点和使用方法。
   B. 告诉学生选择收词量大的词典。
   C. 告诉学生哪类词应查哪类词典。
   D. 在查阅策略上,鼓励学生尽可能地看完一个词的全部释义,然后结合语境确定词义。
   E. 告诉学生只看第一个义项就可以了。
   F. 告诉学生使用词典时经常出现的错误。

阅 读

1. 朱勇. 边注和查词典等输入调整对留学生伴随性词汇学习的作用. 世界汉语教学, 2004(4).
2. 王初明. 外语写长法. 中国外语, 2005(1).
3. 宗世海, 祝晓宏, 刘文辉. "写长法"及其在汉语二语写作教学中的应用. 世界汉语教学, 2012(2).

案例 92 郁闷的写作课

教学地点： 泰国清迈　**教学对象：** 本科二年级选修课

（一）

早晨 8 点给教育班上写作课，等学生的时候，看着他们在讲台下笑啊闹啊，我想了很多。这学期的课已经上了一半了，虽然并未结束，却觉得自己这个课上得很失败。导致失败的原因很多，准备不足是最大的过失。我完全没有接触过写作课，来清迈之前更没有想过会遇到这些困难。我对写作教材研究得不够透彻，手里的教材其实编得并不好，没有生词，语法也少，练习更不合适。虽然我尽量依学生水平备课，却总感觉练习不够。整个学期虽然有教学计划，却是流于形式。比如，课上我发现学生不会用标点符号，是因为泰语里没有标点，这一点是我在备课时没想到的。这些临时出现的问题，其实在第一节课前就应该了解并且做好准备的。前一阵子我找到另一本写作教材，第一课就讲了标点符号的用法。我暗自惭愧，本应该多借鉴一些书的。而且，这本教材每节课后都有写作时常用的词汇和语法，练习设计也合理，早比较一下，就知道这本书更适合学生，也不至于现在拿着一本教材却感觉用处不大，我为此一直在后悔。

学生上一个学期的课，到底可以学到什么？我觉得每个人都该有进步才对，否则就是白白浪费时间。我在课上给学生讲怎么写信，怎么叙述一件事，课下让学生写，我再费力地批改，最后讲解语法错误，这就够了吗？我把知识一股脑儿地抛给学生，他们真正接住的有多少？换到学生的位置想一想，我觉得我做了很多无用功！

学生学得吃力，我讲得也费劲，真让人有些挫败感。还有半个学期的时间，我只能亡羊补牢了。

（佟叶）

（二）

期中考试完了，许多问题也随之浮出水面。我本以为已经很了解学生的学习特点了，但是考试结束才发现，我还是不了解他们。第一科考的是写作，里边的改错题我课上都讲过，而且告诉他们就是我讲过的十几个里边的一个，结果改卷子时我很失望，五个小题全答对的只有十来个学生，大部分学生都错了三个题。我出的阅读理解题，我以为很简单，但是有十几个学生一个字都没写，完全空白。作文题是写信，我已经告诉学生是写信，格式强调了最少十五遍，结果把格式写对的只有不到一半的人。

（佟叶）

分 析

新手教师对自己的教学进行反思是非常值得肯定的。本案例中的新手教师写出了她教授写作课半个学期的感受,我们从中可以感受到她的困惑。究其原因,最突出的是教材问题。新手教师缺乏相关的教学经验,一本好的教材会起到很好的引导作用,成为教师成长重要的"抓手"。国际汉语教师在赴任之前,一定要想办法对赴任国的教学资源和教学条件进行比较细致的调查和了解。国外的教学资源往往比国内要少得多,特别是教材,教师要搞清楚赴任的教学机构是使用规定教材还是教师自选教材。如果可以自选,一定要在国内做好充分的教材调研。教材的难易程度要基于学生的水平,选择可操作性强、练习形式比较丰富有趣的教材。即便所赴任的学校有指定的教材,其他教材也可以成为很好的补充教学资源。

此外就是写作课的教学方法,前文谈到过,写作课不是教师的"一言堂",教师不能急于求成,不要把知识一股脑儿地抛给学生,要有阶段、有目的地带领学生进行训练。"过程教学法"要求学生自己参与写作的整个过程,注重写作的每个步骤,比如采用课前准备、课上讨论、各种形式的评改等方式,这样会让他们感到自己在进步。在教学过程中,教师要不断地检查学生的学习效果,制订符合实际的教学计划和教学目标,找到适当的测试方式。本案例中的教师由于没有及时把握学生的学习状况,期中考试的阅读理解和写作题都出得偏难,导致学生和教师都产生了挫败感。这种情况如果不加以改善,学生和教师对这门课的兴趣和信心都会降低,其实第一次考试可以适当降低难度,以便学生能更顺利地完成这个过渡。

思 考

1. 在写作教学中,有时需要教给学生一些写作知识,比如标点符号、书写格式、语体、文体、修辞等,这些知识的教授不能占课时太长,也不能一股脑儿地抛给学生,而是每次都应该有侧重点。如果要教给学生标点符号和书写格式的内容,你会用哪些步骤导入这部分知识呢?请为下列步骤排序。

A. 请学生朗读句子。

B. 指出标点符号是句子的"呼吸",人没有呼吸会死亡,句子没有标点就无法理解。

C. 展示两个没有标点符号的长句子或者因为没有标点符号而产生歧义的句子。

D. 采用图示法列出汉语标点符号的有关知识。

排序结果：＿＿＿＿＿＿＿＿＿＿＿＿＿＿＿

2. 在评定学生的作文成绩时，不同的教师有不同的做法。有的教师以班级为参照系，根据班级内部学生水平来评定成绩，如果全班学生写作水平普遍不高，那么便给相对较好的学生高分。有的教师则严格依据《汉语水平等级标准与语法等级大纲》，认为什么等级就应该达到什么水平，如果全班学生的写作水平都达不到《大纲》的要求，则全班都是低分。对此你是怎么看的？

阅 读

1. 罗青松. 对外汉语写作教学研究. 北京：中国社会科学出版社，2002.
2. 张和生. 对外汉语课堂教学技巧研究（第二章"写作课教学技巧"）. 北京：商务印书馆，2006.
3. 赵金铭. 汉语可以这样教——语言技能篇（第五章"汉语写作技能教学法与教学技巧"）. 北京：商务印书馆，2006.

案例 93 如何评改作文？

（一）

教学地点：意大利罗马　　**教学对象**：中文专业研究生

我发现大家写作的水平虽然不错，但还是有待改进。可是课堂上的时间毕竟不多，我不可能每次都把每个学生的作文讲一遍。于是，每次学生完成作文后，我就用一次课的时间，当堂念出所有学生的作文，让全班学生一起听，判断对错，写得好的地方我就会特别夸奖，某些词用错了，我就会告诉他们中国人地道的用法。后来我发现大家犯的错误比较相似，而且我觉得他们已经学完了课文，也做完了课后练习，有些错误本不应该出现的。这时我就突然意识到，对学生的训练不能仅仅停留在课文后的练习和补充练习上，因为真正把语言用于交际或者写作的时候，我不可能预料到他们可能会犯的全部错误，而写作和讲评是一个让所有学生进一步学习如何运用这些语言点的好机会。

这节课刚进行不到20分钟，一个学生就跟我说："老师，我很喜欢这样的方式，我不知道别人是不是，我觉得对我来说非常有用。"紧接着别的学生也表示同意。我当时就有点儿懊恼自己为什么不早点儿这样做，便跟大家说，我希望你们都能回去写（写作文不是硬性的规定，也不影响成绩），这样我们每个课文结束后都一起来做这个活动。

（许舒焙）

（二）

教学地点：意大利罗马　　**教学对象**：成人汉语提高班

讲新课前我先用了一个多小时跟学生讲了他们在作文中出现的语法错误，虽然他们听得、记得很认真，看起来收获很大的样子，但是我却觉得这个讲评对写作能力的提高没多大帮助。我发现学生的作文大多写得很长，可见他们在家是真的用功了，但是文章没有条理，表达不清楚，语法错误很多。还有就是表达自己观点的作文写得很差，叙述事实经历的作文要好一些。

我觉得他们的问题在于有些贪多求全，做了超出自己能力的事。今天讲评完后，我读了Luca的作文，他的作文总共120字左右，只有几处语法错误，叙述清楚，紧扣主题。我没有说其他人写得不好，但很明确地说了为什么要读Luca的小文章，我希望他们能自己做个对比。这次布置作文时，我明确提了两点要求：字数在两百左右，选择一个主题并说清楚。

（孙岩）

（三）

教学地点： 意大利罗马　**教学对象：** 成人汉语提高班

　　今天是第二篇小作文的讲评时间，上次我明确提出写作要求后，大家的作文长度的确有所缩短，有的学生的作文也能紧扣主题了。但是今天我没有集体讲评出现的所有错误，而是选择介绍写作方法。我选了不同主题的两篇范文在课堂上朗读，边读边提醒大家一些重要的句子，读后给大家整体分析作文的结构，重点强调好文章一般都是结构比较清楚，观点紧扣主题。虽然学生听得很认真，但是我总觉得这样干说效果不好，如果用 PPT 演示让学生看着讲评也许更清楚。

　　第四节课时，Luca 把他这一课的作文交给我，文章跟以前一样还是很短小，但是很简洁、有条理。我突然有个想法：为什么不把这篇小文章写在黑板上，让大家一起看看？于是我征求了 Luca 的意见，然后把整篇文章写在了黑板上。我带着大家从文章的结构看起，先找出它的主题，熟悉它的结构，然后再改正语法错误或者换更好的说法，最后在黑板上呈现的是一篇简洁明了的小文章。

　　讲评过程大概 20 分钟，大家都听得很认真，每个学生都积极参与了文章的修改，大家一起找到错误或说法不好的地方，然后你一言我一语地讨论该怎么说。讲完后，我再次强调，大家写作文时一定不要以为写得很长就一定很好，要注意你要说什么，怎么说出来。另外，写完作文后自己需要检查一遍，自己把有些很明显的语法错误改正过来。

（孙岩）

分　析

　　案例（一）中的教师采用集体讲评的教学方法，通过学生反馈和自我反思来总结经验教训并完善教学，是提高学生写作能力的好办法。写作能力的提高是一个长期积累的过程，在这个过程中，学生迫切需要教师对自己错误的语言习惯（特别是那些普遍的错误）予以纠正，对自己语言能力和思维能力不平衡造成的困惑给予疏导和解答，此时点评和进一步讲解就显得尤为重要。案例（一）中的讲评，主要针对学生作文中字（汉字书写）、词（词义、搭配的正确性）、句（句法结构）、篇（语篇的连贯性）的评改，这些都属于语言表达的内容，贯穿整个写作教学过程，也是学生最重视的一个方面。但是也需要注意，进入中高级教学阶段之后，有些评改教师可以只给出提示，让学生自己去完成修改任务。

　　高级阶段的写作训练，实际上更多的是逻辑思维训练和知识水平训练。语言能力达到一定水平后，常常出现的问题就是文中所说的"贪多求全"，想尽量运用自己所学的语言知识，结果造成了语句堆砌、思维混乱，再加上"言多必失",反倒增加了错误率。案例(二)中教师的做法是明确标准,提出要求,这是非常值得肯定的,但是也要注意保护学生的积极性,与此同时,最好也要给学生加强汉语作文逻辑性和结构方面的指导。有讲解,有演示,有学生的习作,这样学生会有更大的收获。案例(三)中,教师进一步强调结构清楚和紧扣主题,并且在黑板上讲解范文,这样学生会感到更加直观,讨论也会更加充分。如果有多媒体设备,可以让学生自己输入作文,然后进行讨论,这样也会收到很好的效果。

本节的三个案例采用的都是集体讲评的方式,其中的做法给了新手教师很好的启示。这些案例也告诉我们,自我反思意识在教师发展过程中具有举足轻重的作用。根据学生的实际情况不断调整自己的教学重点和策略,明确要求,有针对性地进行讲解,这样才能收到显著的效果。

除了集体点评外,教师的个别点评也不可或缺,具体方式包括书面评语、成绩评定以及单独谈话等。评语应当包含语言使用、结构、内容安排等方面的优缺点,还有对学生常见错误的总结,应以激励性评语为主。课后教师可以跟一些学生进行简短的单独谈话,可以鼓励,也可以交流具体的细节。学生非常重视教师的评语,因此教师应该多下功夫,评语要具体、针对性强。

对于纠错,教师要区分错误类型,只改正那些有规律性的或较为严重的错误,不要改得面目全非,特别是对初级班的学生,这样会严重挫伤他们的学习积极性。

思 考

1. 对于学生的作文布置和评改,不同的教师有不同的意见。哪些意见是合理的?哪些不合理?说说你的理由。

A. 纠错应宽松,只改正学生作文中较为严重的、有典型意义的错误,对那些不影响表达的错误则忽略不计。

B. 纠错应该严格,书面表达要文从字顺,所以对作文中的大小错误要"一网打尽"。

C. 集体讲评是作文教学的必要环节,应当包括字、词、句、篇的集体纠错,较好或较差习作的赏析及讲评。

D. 写作是个体行为,作文中的错误是个性大于共性。因为每个学生受母语影响以及目的语习得情况不同,而且学生的性格、心理也存在较大差异,集体讲评效率不高，效果不佳。因此最好的办法是个体单独讲评。

E. 教师要少讲作文篇章结构，少设框框，让学生随意发挥。

F. 布置作文时一定要规定篇幅，限定结构。

2. 下面是一篇中级班日本学生的作文，请指出这篇文章存在哪些问题，并想一想该如何写评语。

一次养宠物的经历

在我家里有一条母狗，是我第一次养的宠物。它是一种小狗，长不大的。但是我家的狗已经大了，动物医生说："不是胖的，只是骨很粗的。"就是体格很结实的。它很可爱，而且很有个性。

我从小一直想养宠物，但是父亲不同意了。因为养宠物的话，一定有坏处。比如说，它们挠或者咬家具。所以我不能养宠物。不过，有时得到好机会。父亲一个人住在离家比较远的地方。还有，那时我家已经破旧了。父亲关于家具等等无所谓了。还有一个理由，就是孤独。我家一共有4个人，是父母、哥哥和我。父亲和哥哥各自住在别的地方工作。我来到北京学习。母亲很孤独。所以我家人下决心了养宠物的事。是我们的第一次养宠物的经历。

它很好奇。把第一次看的东西什么都舔，然后试一试咬。还有它刚刚到2岁，很年轻而且很有力气。它发现我回家，不禁吼起来。然后跟它用球玩儿的时候，它全力以赴跑步，追球。我对它常常做恶作剧。把它喜欢的球隐藏，那它马上开始努力寻找。我观察那时的它样子。找到了后，再开始玩儿。但，它是孩子。不知不觉感到非常累。15分钟左右过了后，它就睡觉。那样的样子也很可爱。我很想念它。

阅 读

1. 许国萍，王一平. 对外汉语写作教学中的重要一环——谈作文评改的现状和对策. 暨南大学华文学院学报，2002（2）.

2. 杨俐.《外国人汉语过程写作》的编写理念. 语言教学与研究，2007（6）.

3. 辛平. 对外汉语写作课教学的验证性研究. 云南师范大学学报（对外汉语教学与研究版）. 2009（2）.

第七章 少儿与老年人汉语教学

第一节 少儿汉语教学

案例94 第一节课怎么上?

教学地点：法国雷恩　　**教学对象**：零起点初一学生

给10岁左右的孩子上第一节汉语课，真让我绞尽脑汁。我怕一上来就讲汉语的特点、汉语拼音什么的，孩子们会觉得枯燥；又怕第一节课太热闹，没法在学生面前树立我作为教师的威信，这样以后的课堂纪律就不好管理了。经过反复思考，我把第一节课分成了三个部分：

1. 用法语自我介绍。生动地介绍自己其实不容易。想到与单纯的口头介绍相比，孩子可能会对图形印象更深刻，我在介绍自己的时候，先在黑板上画了一个大五角星，在中心的位置写上自己的名字，在其他五个角里分别写上有关我自己的一些关键词，比如年龄、会说的语言、爱好，等等。我让学生根据这些提示猜猜它们分别表示什么意思。猜的过程实际上是学生主动思考、发言的过程，比单纯的自我介绍气氛好。这其实也是学生与中国文化接触的第一步，比如通过我的介绍，他们可以知道中国人姓和名的位置等知识。要让学生对汉语感兴趣，就要先让他们对汉语教师感兴趣，建立学生对教师的认同感。比如我说我喜欢看电影《暮光之城》，很多学生发现我和他们爱看的电影是一样的，为此感到很开心。

2. 用法语问学生对中国的印象是什么，为什么学汉语等问题，建立他们和汉语的联系。有个学生说她的婶婶是中国人，所以她想学汉语。我接着问，她是中国哪个地方的人，你对这个城市还知道什么，等等。在这个过程中，每个学生都要说话，我也会有一两个相关问题问学生，让学生感受到我对每个人都很好奇，很想了解他们。

3. 全班一起制订"汉语课章程"，我问他们上汉语课的时候，应该做什么，不应该做什么，大家都提出建议，我一条条写在黑板上，然后问全班学生是否都同意，并商量可能的惩罚措施。最后，我让学生们在笔记本的第一页上记下我们大家商量好的章程，如"上汉语课的时候，我应该……"。这里，我让他们用第一人称"我"来记录，并且让他们记录"应该……"，而不是"我不能……"，实际上是为了让学生感到他们都是独立的个体，要对自己的行为负责任。中学的教育，除了学习文化知识，让学生学会独立承担责任也是很重要的。

（王彦）

分 析

根据首因效应[1]，学生对第一堂汉语课的印象至关重要。第一堂课的好坏直接影响到学生今后学习汉语的热情。本案例中的教师运用五角星图形做自我介绍，形式较为直观、新颖。这位教师巧妙地介绍了自己的年龄、爱好等学生感兴趣的话题，引起了学生对陌生教师的好奇和兴趣。在教师自我介绍后，也可以增加学生自我介绍的环节，让学生模仿教师做自我介绍，这样一来，学生可以互相认识，教师则可以借机熟悉学生的姓名、爱好和特点。自我介绍环节结束后，不妨玩一两个破冰游戏[2]，破冰游戏就像用锤子打破严冬厚厚的冰层一样，能帮助学生放松，让大家尽快熟悉，在游戏中增进感情，避免交际时产生的冷场。

了解学生学习汉语的动机和对中国的印象，对今后有针对性地开展教学有重要的意义。第一堂课上，为了引起学生对中国和学习汉语的兴趣，教师还可以播放介绍中国的视频短片，针对视频与学生一起讨论大家感兴趣的文化现象。

在本案例中，教师和全班学生一起制订"汉语课章程"是非常聪明的做法，由于这样的规约是和学生一起协商制订的，对课堂管理往往非常有效。教师在制订课堂规约的同时还需建立课堂奖惩制度，确定违反规约的后果以及良好表现能得到的奖励。

总之，第一堂课的目标和重点不在于学生能学习多少汉语，而在于让他们对汉语课和中国文化产生兴趣，喜欢上汉语教师。在第一堂课中，教师可以采用视频、图片、游戏等多种方式，通过丰富的教学内容调动学生学习汉语的热情，以此将汉语的魅力和学生对陌生教师的好奇最大限度地转化成汉语课堂对学生的吸引力，形成良好的首因效应。

【1】 首因效应也叫首次效应、第一印象效应，是人与人第一次交往中给人留下的印象，在对方的头脑中形成并占据着主导地位的效应。

【2】 破冰游戏是能打破人际交往间怀疑、猜忌、疏远的樊篱的游戏，破冰游戏可以帮助人们放松并变得乐于交往和相互学习。

思 考

1. 国家汉办印发的《汉语教师志愿者手册》建议第一堂课包括：教师自我介绍；学生自我介绍；中国概况介绍；汉语及汉语课程介绍；学习方法介绍；课堂要求（出勤、作业、发言、活动参与、实践等）；学分评价（出勤、作业、笔试、口试各占的比例）；教会几个简单的问候语（如"你好""谢谢""再见"等，让学生在第一节课的时候品尝到成功的滋味）。请据此以海外英语为母语的一年级小学生为教学对象，设计你的第一堂课。

2. 下页是澳大利亚一所小学第一堂汉语课教师和学生一起制定的 Essential Agreement（课堂基本协议），谈谈这份 Essential Agreement 对你的启发。

阅 读

1. 张航. 关于第一堂汉语课的语言模式创建. 语言教学与研究，2003（5）.
2. 黄均凤，程乐乐. 论零起点班第一堂汉语课教师的语言形式. 云南师范大学学报（对外汉语教学与研究版），2004（3）.
3. 张桂元. 志愿者如何上好第一堂课？世界汉语教学学会通讯，2009（1）.
4. 王小庆，Amina Dyussenova. 好用的英语教学游戏：最新中小学英语教学游戏分类精选（第一章"破冰游戏"）. 上海：华东师范大学出版社，2010.

PYP Additional Language

Mandarin

Essential Agreement

We are a Learning Community.

I am learning to be an Internationally Minded person.
I am learning to recognize our common humanity and shared guardianship of the planet.
I am learning to create a better and more peaceful world.

by striving to be a communicator

- I am a communicator.
- I share my thinking with others.
- I listen to others when they speak.
- I can express my ideas by speaking, listening, reading, writing, the visual arts, the performing arts and phys ed.
- I know more than one language.

by showing
respect

- I show respect be myself, others, and the world around me by choosing my words carefully.

by showing
tolerance

- I am sensitive in how I communicate about differences and diversity in the world.
- I am responsive to the needs of others.

by striving to be knowledgeable

- I am knowledgeable.
- I explore big ideas that are important.
- I have found out about local and global issues.
- I can use this information in my life.
- I can tell you about these things.
- I understand the structure of languages and how they develop.
- I have experienced a wide range of literature and the arts.

by showing
curiosity

- I am curious about the nature of learning, about the world, its people and cultures.
- I want to know more.

by showing
enthusiasm

- I enjoy learning.
- I am willing to put the effort into my learning.

There are thousands of languages in the world and a smile speaks them all.

案例 95 "小魔怪"还是"小天使"?

教学地点: 意大利罗马　　**教学对象:** 儿童兴趣班

（一）

活动在前所未有的吵闹中结束了，我相信如果孩子们安静一点儿，他们记住的东西一定会更多。

这次课我设计的活动需要学生离开座位，持续地进行小组活动。让他们移动是希望他们不要坐着走神儿，但是一方面可能是我没有想好教室相对比较窄，13个学生排成一排也挺长的，另一方面就是他们慢慢吞吞的动作实在是让我发狂。班上虽然有几个比较懂事的学生，但是今天不知为什么也特别不配合，往往是当我注意到A和B时，C和D就闹上了。还有那个Carlo，我要是说他时，他从来都说是别人的错，真是让我不喜欢。Marco一直是班里最能添乱的一个，爱表现，软硬不吃，我试着不理他，他于是开始招惹别人，真的太让人抓狂了！第一节课时，有的孩子坐在最后面的桌子上，为了保证让每个学生都看清、听清，我安排座位时特意让他们集中到前面的两张大桌子，可没想到离得太近反倒方便了他们说话、取闹。这节课他们几乎没有一刻是乖乖坐着的，手脚不停地动，还蹲在椅子上……我快被这帮孩子折磨死了。

（孙岩）

（二）

今天课堂上我跟学生生气了，最后的几分钟我一直沉默着，然后我说从下次开始我会留家庭作业，如果你们不爱在课堂上学习就回家学习。下课后，我在大厅等杨老师，Piero和Alessio走时，跟我打了个招呼说："老师，今天上课对不起。"本来我还特别不高兴，他们这么一说，我竟感动得泪在眼眶里打转转。很多孩子其实是很懂事的，但是又有些不能自控。我想也许真的是我的问题，我还不够了解孩子，不能根据孩子的特点开展教学。

小学生在上汉语课（美国迈阿密）

（孙岩）

分析

案例（一）反映了少儿汉语教学的难点：学生自控能力差、注意力不集中，课堂管理难度大，课堂效率低。作为少儿汉语教师，要充分了解低龄学生的特点以及所教的各年龄段儿童的典型行为。教师同时要改变观念，不要轻易将孩子们在课堂中吵闹、走动、摆弄实物等行为视为不配合和不遵守纪律的表现，更不要像本案例中的这位教师那样因为孩子们的这些行为生气。低龄学生非常好动，教师要制订必要的课堂规则，多采用奖励的方法。尊重学生、表扬学生实际上比直接批评他们更加有效。低龄学生都渴望教师表扬自己，经常表扬学生可以提高和增强他们活动的参与度和学习的自信心。教师可以运用语言、体态、暗示等激励措施，以精神鼓励为主，偶尔也可以给一些小贴纸、小礼物作为物质鼓励。总之要培养学生良好的学习习惯，使课堂教学既生动活泼又井然有序。

学生们不配合的原因，要从教师自身找原因。当学生对课堂活动不感兴趣时，就会出现干扰正常教学秩序的行为。相反，好的活动自然会激起学生的兴趣。所以教师要精心设计各个环节，设计一些严密有序、能引起学生兴趣的活动。另外，无论你当天设计的活动有多精彩，准备一个备用的、大家都喜欢的"救生"活动是必要的。在学生对你设计的活动不感兴趣时，要及时更换课堂活动，此时"救生"活动可以用来救急。

教师还要注意儿童注意力时间较短的特点，按照学生注意力能够持续的时间来设计教学内容。有些研究指出，儿童注意力能持续的时间等于他们的年龄加上2，所以在最理想的情况下，8岁的孩子最多也只能保持10分钟的注意力。教师平时讲解和操练的时间都不要过长，如果能在学生注意力持续的时间范围内安排丰富有趣的课堂活动，教学效果将会得到保证。

课堂中教师要保持冷静，不要动辄对学生发火，也尽量不要用案例（二）中留家庭作业这种方式"惩罚"学生。如果学生"扰乱"课堂，要尽量少批评，多用有意思的教学环节引导学生参与到教学活动中来。教师要尽力创造一个充满温情的环境，让学生"亲其师、乐其道、信其学"。学生是"小魔怪"还是"小天使"其实取决于教师，吸引住了、管理好了，学生就是"小天使"，否则就有可能成为"小魔怪"。

思 考

1. 小秦在美国一所公立学校给五到七年级的学生教汉语，五年级班里有一名叫 Alex 的"问题学生"，上课过程中不能集中注意力，经常在课堂上说话、走动、打断小秦正常的教学，并会影响到其他学生。你觉得小秦应该对这个学生采取什么措施？说说你的理由。

A. 用课上严厉批评甚至将其赶出教室的方式对其进行惩罚。

B. 课下找该学生谈话。

C. 联系学校负责人，请求协助管理该学生。

D. 跟其他任课教师沟通一下，了解该学生在其他课上的情况。

E. 跟学生家长联系，请家长协助管理学生。

F. 其他 _____

2. 小于是一名新手教师，在澳大利亚做志愿者教师。刚一走上教学岗位，小于就很苦恼，由于她的学生是幼儿园的小朋友，课堂管理上不能对这些孩子太严厉，太严厉的话，孩子会哭闹；也不能对他们太温和，太温和的话，对学生缺乏约束力，课堂上就彻底没了规矩。对于如何对幼儿园的孩子进行课堂管理，你有哪些好建议？

阅 读

1. 黄晓颖. 对外汉语教学的课堂组织管理艺术. 云南师范大学学报（对外汉语教学与研究出版），2005（4）.

2. Curtain H［美］& Dahlberg C. A［美］著，唐睿 等译. 语言与儿童（第八章"成功管理早期语言课堂"）. 北京：外语教学与研究出版社，2011.

3. 闻亭，常爱君，原绍锋. 国际汉语课堂管理（第六章"课堂规则的制订与实施"）. 北京：高等教育出版社，2013.

案例 96 教师也尴尬

教学地点：意大利罗马　　**教学对象**：儿童兴趣班

不注意时，我总是会把意大利人的名字念错，一般以 o 结尾的是男名，而以 a 结尾的是女名，今天的课上我在混乱中管理纪律，情急之下却将一名男生的名字喊成了以 a 结尾。在我喊出他名字的一刹那，教室安静了，但是接着孩子们意识到我说错了，于是都笑了，连助教老师差点儿也憋不住要笑出来了。我当时心里觉得有点儿窘，你能想象吗？瞬间的安静越发放大了我出的丑。但是我马上意识到，出这点儿丑不值得我感到没面子，我必须仍然保持严肃，否则我的尴尬表情会让我显得不像个成熟的教师。

以前在比较开心的环境下我也念错过，那时我是用开着玩笑道歉的方式让错误过去了。但是今天的情况我显然不该笑着过去，因为我必须让他们感觉到我生气了。总之，直到回到家我还想这事儿，教师在课堂上难免出错，如果不能正确认识什么叫丢脸，不能摆正心态，难免会在课堂上产生大的不愉快。

（孙岩）

分析

课堂上教师难免会遇到一些尴尬，比如念错学生名字、外语表达出现明显错误等引起学生发笑。教师首先要清楚，几乎没有学生是在恶意地取笑教师，因此没必要有心理负担，应该从容应对。

不过面对不同的学生、不同的情境，教师应该有不同的处理方式。对于教师课堂上的"出丑"，成人和高中的学生虽然会发笑，但同时会"贴心"地安慰教师，有的甚至会主动开玩笑替教师解围，很少会影响正常的教学。但是如果教学对象是儿童，往往就没有"贴心的解围"，学生还有可能笑起来没完，教师要是也笑了就会"火上浇油"。虽然学生没有恶意，但这会影响正常的课堂教学。本案例中的教师曾经运用幽默和自嘲的方式，利用念错名字产生尴尬的机会告诉学生学好外语的重要性，现在学习外语不"较真"，很可能会在以后的交际中出错闹笑话。但是这一次，在这种维持纪律的情境下，她没有跟着学生一同"幽默"，而是采取了"冷处理"的方式，让学生意识到"笑得不是时候"。这样可以更快制止全班笑场，把学生的注意力迅速转回到课堂学习上。

课堂意外事件的处理无疑是对教师教学智慧的挑战，如果教师能够及时、巧妙地处理，尴尬事件不仅不会影响教学，反而能够对教学起到补充和增效的作用。新手教师应该逐渐培养处理课堂意外事件的能力，让自己尽快成熟起来。

思 考

1. 在意大利任教的徐老师上课说到"peanut"（花生）这个词时，发音不够饱满，不小心发成了"pene"（意大利语是"阴茎"的意思），引得全班学生大笑不止。从那以后，徐老师就成了学生们的笑柄，经常有学生故意在他面前小声说"pene"，弄得他十分尴尬，但他又不好发作批评学生。你有什么能帮助徐老师摆脱尴尬的好建议？

2. 宋老师在给小学生上汉语课时，班里突然飞进来一只蜜蜂，一个女生惊叫"bee"，知道"蜜蜂"这个词的学生也跟着大声说："老师，蜜蜂！"这只蜜蜂一下子吸引了所有学生的注意力。如果你是宋老师，在这种情况下，你会怎么做？

阅 读

1. 马维光. 化解课堂尴尬场面的技巧. 英语教师，2008（8）.
2. 吴勇毅，石旭登. CSL 课堂教学中的非预设事件及其教学资源价值探讨. 世界汉语教学，2011（2）.

案例 97 我没有爸爸

教学地点： 澳大利亚墨尔本　　**教学对象：** 小学生（英语授课为主）

因为每年 9 月的第一个星期日是澳大利亚的父亲节，所以在 2011 年 9 月 4 日的汉语课上我们指导每个年级的学生为父亲制作卡片，并让他们用汉语写上"爸爸我爱你"或"父亲节快乐"的字样。

有一个学前班的小女孩儿，她的父亲几个月前刚刚去世。一直以来我上课都十分注意避免让她谈论到有关父亲的话题。在那次课上她也做了一张贺卡，但她随即有些沮丧地对我说："我做完了，可是我不知道该给谁。"我夸她做得漂亮，给了她一个大大的拥抱，还用彩纸给她叠了一件小衬衫。她特别高兴，到处跟别人说这是老师送给她的礼物。课间的时候我向她的班主任请教这件事，班主任老师夸我做得很好，并给我提供了一种很好的处理方法。下一堂课又有一个女孩儿对我说："我没有爸爸，我爸爸去世了。""那有人像你爸爸一样照顾你吗？你可以把卡片送给他呀！"听了我的话，她想了一下，突然很开心地说："有耶！"然后就跑去做卡片了。我觉得当地教师提供的这一解决方法十分有效，很好地保护了孩子积极的心态，也保证了教学的顺利进行。

学生在母亲节制作的卡片（泰国）

（江雪）

分析

在讲授"你家有几口人"时，单亲家庭的孩子难免会感到有些不自然。这样的事情几乎每个国际汉语教师都会遇到。作为教师，在应对这样的问题时要小心谨慎，最好能够提前了解班里学生的家庭情况，以备不时之需。如果班里正好有学生的父母刚刚离异或去世，孩子正处于伤痛阶段，教师可适当调整教学内容，先进行其他话题的教学，将家庭话题放到几周之后再进行，避免在学生最敏感的时候伤害到孩子。

本案例中这位教师的做法值得借鉴,她在学生情绪失望时对其进行及时的鼓励和关心,主动向当地教师寻求解决办法,巧妙地建议学生将父亲节卡片送给像爸爸一样爱他的人,化解尴尬的同时保护了孩子幼小的心灵。

教师在处理家庭话题时,需要针对不同国家的文化以及学生的性格采用不同的方式。在某些国家,学生并不会因为自己来自单亲家庭而自卑。针对这种情况,如果教师在讲授家庭话题时过于关心这类学生,他们反而会不高兴,认为教师没有平等地看待他们。

总之,国际汉语教师需提前了解班里学生的家庭情况,注意不同国家文化和学生性格的差异,灵活地处理家人、居所等可能会让学生敏感的话题。

思 考

1. 教师对学生的了解有助于教学的合理安排,那么如何才能在不侵犯学生隐私的情况下掌握学生的相关信息呢?
2. 陶老师在越南一所小学教汉语,下个星期她打算给一年级的班讲"颜色"这个话题,可是她听说一年级A班里有个色盲的学生,无法分辨红色和绿色。陶老师为这一话题准备了很多教具和教学活动,可是一想到这个孩子她就有点儿犯难。她担心在这个话题下进行教学活动会让那个孩子感到不愉快,但似乎又不能在该班放弃这个话题。如果你是陶老师,你会怎么做?
3. 请结合学生的年龄特点,考虑不同学生的情况,以汉语学习为目的,为4~6岁的孩子设计几个和母亲节相关的活动。

阅 读

1. 马维光. 化解课堂尴尬场面的技巧. 英语教师,2008(8).
2. 吴勇毅,石旭登. CSL课堂教学中的非预设事件及其教学资源价值探讨. 世界汉语教学. 2011(2).

案例 98 管理与调动

教学地点: 意大利罗马　**教学对象:** 儿童兴趣班

（一）

今天真是糟透了，课堂一团糟，那些孩子兴奋得就差把屋顶掀起来了。我发现，似乎每周四下午的课学生会更闹，如果有一个孩子闹，其他学生也会很快受到影响。

这次课的混乱要怪我的几次失误。首先，上次课学了数字，这次课我设计了一个数字歌谣的活动，学生可以边唱歌边拍手。我找到一个视频材料来学唱这个歌谣，我觉得这样可以便于学生理解歌谣唱得是什么，也便于孩子们跟着一起唱，但是我真的没有意识到，这首歌谣选用的背景音乐是《两只老虎》（这是我教给他们的第一首中文儿歌，他们都特别喜欢），学生听着听着就跟着唱上了，制止都停不下来。本来这段视频是要贯穿整节课的，为了避免背景音乐造成的混乱，我决定停止使用这个视频。第二个失误是这次课本来学生就够兴奋的了，我设计的活动还是需要他们拍手的游戏，结果造成了更大的混乱。第三个失误是我选的歌太长了，这对学生的快速学习造成了负担，意识到这一点后，我临时改成学生只需要唱每句的前半句，后半句由我来唱。

（孙岩）

（二）

教孩子们学汉语，我有几个很切实的感受：首先，下午一个小时的学习很多孩子只是带着身子来，脑子早回家了，这个时候想让他们集中精力很难；其次，学习有意义或者跟他们有关系的词汇时，明显感觉他们更聪明，比如看到国旗图片他们就猜得出词义而且记得准确熟练，然而"什么、哪"等词他们似乎一直都不注意是什么意思。还有，他们似乎没有太多表达的欲望，"你叫什么？你家在哪里？你是哪国人？"这些我们看似最基本的交流会话对孩子来说能有多大意思呢？

（孙岩）

分　析

案例（一）反映的是少儿汉语课堂太过吵闹的问题，该教师在对案例（一）进行自我反思时认为"今后的游戏设计要安静一些"，这一点也不完全正确。课堂教学在某种意义上说应该是动与静的结合，教师在设计活动时要考虑到该活动可能会产生的课堂效果。动与静两种类型的游戏交替使用，才能使课堂张弛有度。

优秀的教师能在课堂上收放自如，既能调动学生的积极性，让他们情绪高涨，也能适度收紧进行有效的课堂管理。让儿童从躁动中安静下来的小技巧有：1. 有节奏地拍手（比如共拍五下，后三下拍得特别快）。拍手能够有效地引起学生的注意，学生听到教师拍手，就会停止当时的活动，跟着教师的节奏一起拍，接着安静下来。2. 放低音量。在吵闹声中教师突然降低说话的音量，学生感到这种变化后注意力会有所转移，就想知道发生了什么，然后停止说话安静下来。3. 教师说"看我（eyes on me）"，学生一起说"看你（eyes on you）"，然后停止当时的活动，一起用手指向教师，然后安静下来。4. 教师把手举起来，说"举手安静（hands up, shut up）"，学生一起说"举手安静（hands up, shut up）"并举起小手闭上嘴巴。5. 用一些手势语来管理课堂。比如一位在澳大利亚教学的志愿者介绍的手势语规则："Whenever I do this（左手食指和右手食指交叉放在面前）, you will cross your legs（澳大利亚小朋友经常是双腿交叉坐在地板上听课）, sit straight, zip your mouths and eyes on me. Whenever I do this（举起右手食指和中指成 V 字形）, you will all stand up, zip your mouths and eyes on me."做手势的好处是教师不用说话，学生就能明白教师的意思，这种无声的指令可能比大声的命令更加有效。教师要在新学期一开始的时候就将这些手势语的含义明确地告诉学生。当孩子们非常吵闹的时候，教师要及时扫视全班做出手势，孩子们很快就会安静下来。管理少儿汉语课堂，有时严厉也是非常必要的。所谓"没有规矩，不成方圆"，教师一定要确定自己在课堂上的主体地位，任何违反课堂规则的行为，教师都有当面指出并加以批评的权利。

教师平时上课的时候可以有目的地给学生灌输良好的礼仪习惯，培养学生的责任感、自控力和纪律性，让学生懂得什么是尊重，什么是理解。习惯都是在平时培养的，经常这样习惯就成了自然，课堂管理就会比较轻松，课堂效率也会大大提高。

在案例（二）中，教师肯定了将学习内容变得有意义的重要性。学生都希望自己学习的内容是常用的、有意义的，如果学习内容本身抽象而没有切身意义，不管采用多么有趣的活动，都很难让孩子们感兴趣，这是由孩子的天性决定的。教师可以在每节课一开始就告诉学生今天要学什么，以及学了之后能干什么，意义丰富的学习内容能够调动孩子们的学习热情。如果能够能让孩子们感到有趣和进步，你的汉语课就成功了。

思 考

1. 唱儿歌是少儿汉语教学中较常使用的一种课堂活动形式,教师常会用其他歌曲的旋律填上汉语词句,下面这首颜色歌用的就是"两只老虎"的旋律。就这首儿歌,想一想教师该如何利用它进行替换操练?配合着儿歌,教师可以设计什么课堂活动或游戏?

这是蓝色,这是蓝色,蓝蓝蓝,蓝蓝蓝。我喜欢蓝色,我喜欢蓝色,蓝蓝蓝,蓝蓝蓝。

这是红色,这是红色,红红红,红红红。我喜欢红色,我喜欢红色,红红红,红红红。

这是绿色,这是绿色,绿绿绿,绿绿绿。我喜欢绿色,我喜欢绿色,绿绿绿,绿绿绿。

这是黄色,这是黄色,黄黄黄,黄黄黄。我喜欢黄色,我喜欢黄色,黄黄黄,黄黄黄。

……

2. 选择一本少儿汉语教材,对其中的教学内容进行分析,看看哪些内容孩子可能不太感兴趣,然后试着补充一些孩子感兴趣的内容。

阅 读

1. 陈河全. 处理学生课堂问题行为的技巧. 成都教育学院学报,2002(2).
2. 魏亚琴. 从控制、惩罚到激励、引导——谈课堂管理理念的更新. 辽宁教育研究,2004(3).
3. Curtain H[美]& Dahlberg C. A[美]著. 唐睿 等译. 语言与儿童(第八章"成功管理早期语言课堂"). 北京:外语教学与研究出版社,2011.
4. 钟文婷. 儿歌在对外汉语教学中的应用——以汉语作为第二语言的学龄初期儿童为例. 第五届北京地区对外汉语教学研究生学术论坛论文集. 北京:北京大学出版社,2012

案例 99 "把"字句教学

教学地点： 美国爱荷华城　　**教学对象：** 儿童兴趣班

　　2012年春季我在爱荷华工作期间承担了家庭课的教学，这门课给了我很大的压力，因为我既不会唱歌也不会跳舞，我担心学生不喜欢我教的汉语课。为了提高教学质量，增强教学的针对性，我去跟肯尼迪中学有着丰富中小学汉语教学经验的楼老师请教，她教了我宾果游戏、东西南北等教学活动，还告诉了我一些有用的网址。我也向教过家庭课的两位教师请教了他们教这门课的方法，再结合在沈禾玲教授和赵晓媛老师的课上学到的非语境化、半语境化和语境化的教学活动设计方法与技巧，每堂课我都努力根据教学内容设计教学活动，并在网上寻找学生容易学、容易唱的儿歌，每两次课让学生学习和表演一首儿歌。这门课我每上一次差不多要花10个小时来备课，除了教学内容之外，我还要准备很多教具，比如打保龄球用的词语卡片和奖励学生用的假美钞等，我告诉学生谁积累的美元多，谁就有可能赢得有意思的汉语书，这一举措极大地调动了学生学习汉语的积极性。通过教小孩子学汉语，我认识到他们其实很聪明、很活跃，比社区的成人更好教，我甚至觉得教孩子的时候我的身心更愉悦。这门课使用的教材是《美猴王汉语（*Monkey King Chinese*）2A》，教材主要是教儿童一些常用的词语和一些基本的汉语拼音知识，没有语法点。

　　我要上的课是"My House"，这堂课要学习"房子、床、柜子、沙发、椅子、猫"7个生词。课上我先教学生读这些生词，并让他们结合图片领会这些生词的意思，然后做两个课堂活动帮助学生掌握这些生词。第一个课堂活动是"宾果游戏"，每个孩子都从这7个生词的图片中选出4个来放好，然后由我念其中的4个生词，谁的图片和我念的生词一

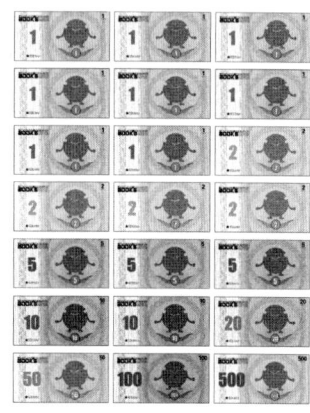

教师用于奖励学生的"假钱"（选自高等教育出版社国际汉语基础教育资源库）

教师在课堂活动中使用的保龄球（澳大利亚）

致，他/她就赢了，赢者可以得到两块假美元的奖励。第二个活动是"打保龄球"，针对该活动，我设计了个人活动和集体活动两种形式。这些"保龄球瓶"其实是用空的矿泉水瓶子做的，每个瓶子上贴有一张纸片，纸片上有该课7个生词的图片和拼音。我把7个保龄球瓶排好，先进行个人活动，要求每个学生打两次"保龄球"，如果一次打倒几个瓶子，并能把瓶子上的生词读出来，就会得到几块假美元，如果只能打倒瓶子，念不出瓶子上的生词，将得不到美元。"打保龄球"的集体活动是把全班学生分成两组，一组中国队（拿中国国旗），一组美国队（拿美国国旗），每组成员每轮打两次，最后累积得分高的组赢得比赛，该组每个学生都能得到两块假美元。一场"保龄球"打下来，学生基本上记住了这7个生词。由于学生已经学过"裤子、衬衫、帽子、手套"等生词，我就通过卡片帮助学生复习这些词，然后结合图片和课堂情境进行"把"字句的教学。我先用英语介绍汉语"把"字句的句法结构和语义特点，板书如下：

- Bǎ + something + verb + someplace.
- Bǎ chènshān fàng zài guìzili. (Put the shirt into the wardrobe.)

我根据这个句型设计了课堂任务：

1. 师生互动。"You say English, I speak Chinese, then you perform. For example, you say 'put the shirt into the wardrobe', I will speak '把衬衫放在柜子里'，then you put the shirt into the wardrobe."

2. 表演。我说以下句子，学生根据句子的意思做相关动作。

    Bǎ shū fàngzài yǐzishang.

    Bǎ shū fàngzài zhuōzishang.

    Bǎ shǒu tào fàngzài shāfāshang.

3. 完成书后的图片搬家活动。书上有"桌子、椅子、柜子、衬衫"等图片，要求学生把"衬衫"等放在合适的位置，然后说出汉语句子。学生们可以找别的同学讨论怎样说汉语句子，然后每个学生把所说句子的汉语拼音写在我准备好的习题卡上。学生做练习时，我在旁边巡视，听他们的句子是否正确，并随时解答他们的问题。

（齐春红）

分 析

卡纳尔认为沟通能力包括语法能力、表达能力、社会语言运用能力和沟通运用能力四个方面。很多教师认为汉语语法对于低龄学生难度较大，从而忽视了儿童语法能力的培养。也有教师认为少儿汉语教学应该重词汇轻语法。这些想法都有一定的道理，但是似乎都低估了儿童的学习能力，事实上让学生"动作正确地跳一跳"，他们是可以够得着很多看似很难的学习目标的。

那什么是"正确的动作"呢？本案例中的教师通过"打保龄球"的活动让学生记住生词，然后使用全身反应法让学生理解教师的意思，最后让学生合作完成语言任务。这一学习过程由易到难，通过情景帮助理解意义，让学生进行"意义—活动—语言结构"的对应而不是单纯地讲练语法。这就是正确的动作，让学生这样"跳一跳"就很有可能达到教师的语法教学目的——学生会用一定的语言结构表达一定的意义。所以，在进行少儿汉语教学时要注意把教学内容与丰富有趣的课堂活动和有意义的情景结合起来。如果说成人很重视先理解语法结构再考虑使用，那么儿童则不那么关心语法结构，他们更关注意义，关注可以做什么事，以及要做的事是否有意思。

一些少儿汉语教材在理念上并不强调语法教学，本案例中的教师在后来的教学反思中也指出了这一点。如果教材的编排没有涉及语法内容，学生的水平和接受能力却可以学一些语法内容，教师就可以对教材进行语法方面的补充，配合有趣的游戏和活动，教授一些简单实用的语法结构。当孩子们充分了解了句子的意义和使用的情景时，语法教学就会容易得多。

思 考

1. 你知道什么是宾果（Bingo）游戏吗？请了解该游戏的规则，并试着将该游戏与量词教学相结合，进行具体的教学活动设计。

2. 有一天，几个在海外教小学生的志愿者在QQ群里展开了教学讨论，大家都认为"水果、动物、颜色"等话题比较容易设计活动，但教"日期"这个话题时，大家都觉得学生好像不太容易掌握"…年…月…日，星期…"的表达，教师也不太容易设计出有趣的课堂活动。你觉得给海外小学生教这一结构可以使用什么方法，设计什么教学活动？

阅 读

1. 王永德. 从儿童语法习得过程看对外汉语语法教学. 心理科学，2001（3）.
2. 毛燕玲. 基于TPRS面向儿童的对外汉语语法教学. 复旦大学硕士学位论文，2011.
3. 杨玉玲. 国际汉语教师语法教学手册. 北京：高等教育出版社，2011.

案例 100 游戏要注意细节

教学地点：意大利罗马　**教学对象：**儿童兴趣班

（一）

今天的课上我精心设计的活动做得不成功，真郁闷！我设计的游戏叫"撞车"，分"名字撞车""国籍撞车"和"住址撞车"三轮。比如第一轮"名字撞车"是这样的：

教师把每个学生的中文名字分别写在纸条上，找一个学生A到教室前边，背朝大家。教师把写有这个学生名字的纸条发给另外一个学生，如学生B。学生B要把纸条藏在桌子下或者衣服口袋里，不能让A看见。教师让学生A转过头，随意找三个同学提问："你好，我叫××，你叫什么名字？"被问的学生要如实回答。如果问到学生B，B就要说："撞车！"A和B各得一分或者一个小奖励，然后B开始下一轮猜测。如果前边的学生问了三个同学后还没有"撞车"，教师可以让拿着纸条的学生开始下一轮。

游戏目的是让每个孩子都能很流畅地进行三次对话，这些对话他们已经读得很熟练了。但是实际游戏时却很少有孩子能够准确地完成，他们都争着要玩，但是又不能很好地进行问答。我觉得孩子们在游戏时似乎根本不知道自己在问什么信息，或者根本就不在意自己是怎么表达的，就等着有人喊"撞车"。

（孙岩）

（二）

前几天跟杨老师讨论Bingo这个游戏时，她介绍的图片法给了我启发，这个游戏用不同的材料都可以做，难易可以调节，而且几乎所有的学生都知道这个游戏，于是我决定用这个游戏练习一下词汇。

游戏前，我们复习了生词，然后让他们以小组为单位完成了汉字词语和英语释义的连线练习。我的活动材料是事先打印好的A4纸：上面是九个词语（每个词语都标有序号并写有拼音），下面是九宫格。因为一直没有要求学生写汉字，所以我让学生只要把词语的序号随意填到格里就好了。没想到这样一来游戏的效果却很差。我原来以为填写数字会简化游戏，没想到却带来了麻烦。孩子们一直盯着格子里的数字序号，我念词语的时候，有的孩子找词时反应不过来，就错过了。而且当时我还没有意识到自己的设计给孩子们制造的麻烦，我还在想为什么前面明明已经练习过生词，他们还这么慢。另外，这次的活动我是把全班学生分成两组进行的,每组用一份材料,但A4纸对一组学生来说实在是太小了,他们不容易看清。

(孙岩)

分 析

教师在设计游戏时,要考虑到该游戏的可行性,尽可能地预测操作游戏中可能会遇到的问题。案例(一)的游戏很有意思,可是学生把兴趣点全部集中在最后那一声"撞车"上了。在这样的活动中,如果教学秩序不能确保,教师制订的规则不能贯彻,活动就很容易"流于形式"。案例(二)的设想很好,但是没有考虑到序号和词语的对应会影响到学生的反应速度,也没有考虑到活动材料的大小会影响游戏质量,因此实施的效果并不好。细节决定成败,游戏的每一个环节都要细细琢磨,以保证效果。

在初级少儿汉语课堂中,建议教师尽量选择一些规则简单并容易操作的游戏,如Simon says(西蒙说)、拍苍蝇、依动作猜词等。低龄儿童注意力不易集中,在游戏前往往不认真听教师讲解游戏规则,有时候就无法参与到游戏中来。针对这种情况,为了让学生集中注意力,教师可以事先跟学生讲好,每次游戏教师只讲一遍规则并且不会在游戏开始后再次解释。只讲一遍规则能让学生养成认真听教师讲课的好习惯。教师讲解完游戏规则后,可以让学生一起重复一遍游戏规则。教师还可以在开始游戏之前,自己先做一下示范,也可以让理解力较强的学生做示范,总之一定要确保所有学生都明白了游戏规则后再开始游戏。如果示范过程中发现游戏设计存在问题,教师也可以及时更改。

成功的游戏设计往往规则明确、步骤简单,能让大部分学生都参与,同时还带有一点儿竞争性。教师每完成一个游戏后,可以对游戏进行总结、反思和打分,课后要问自己几个问题:"学生是否理解了游戏规则?这个游戏存在什么不足?还可以怎样改进?学生们通过这个游戏学到了什么?这个游戏是否能够引起学生的参与热情?"通过反思,教师可以不断改进,总结出哪些游戏适合海外少儿汉语教学,从而真正让游戏更好地服务于汉语教学。

思 考

1. 以下是案例(二)中的教师的课后反思。针对这位教师的疑问,你有什么好的想法和建议吗?

过后我跟杨老师一起讨论了Bingo游戏失败的原因,她也认为我的设计给学生制造了麻烦,但是我又不能像她那样用图片来代替词语,因为我现在教的词很难再用图片展示了,而且我也确实想让我的学生学习认字。仔细想想,我觉得这个游戏用来进行词汇练习其实是没有问题的,而且分组进行这个活动也能让我更好地控制游戏过程。但是我怎么能让他们不写汉字又能做词汇游戏?又怎么能让小组成员都能参与进来呢?

2. 完成横线上的内容并讨论下面两种游戏的适用性。

拍苍蝇

A. 游戏规则:将黑板上的生词当作"苍蝇",学生听到教师念出某个词时,要迅速用手或"苍蝇拍"(可以用硬纸板自制)拍那个词语,谁拍得最快最准确,谁就胜出。

B. 游戏特点:_____

C. 适合对象:_____

D. 适合人数:_____

E. 实施过程:_____

F. 注意事项:_____

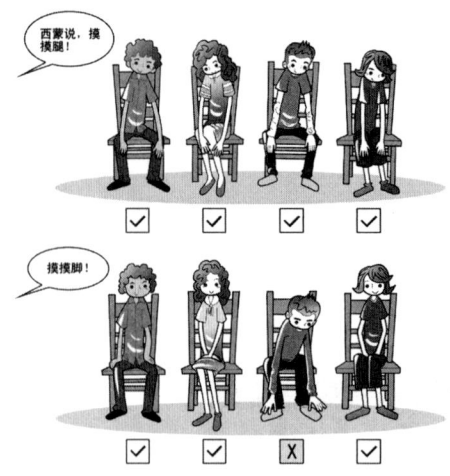

西蒙说
A. 游戏规则：如果教师说"西蒙说，坐下"，学生们要跟随指令坐下；如果教师只说"坐下"没说"西蒙说"，学生们则不能听指令，要保持之前的动作。
B. 游戏特点：_____
C. 适合对象：_____
D. 适合人数：_____
E. 实施过程：_____
F. 注意事项：_____

阅 读

1. 周健．汉语课堂教学技巧 325 例．北京：商务印书馆，2009.

2. Victor Siye Bao, Sihuan Bao, John Tian．中文游戏大本营：课堂游戏 100 例．北京：北京大学出版社，2010.

3. Curtain H［美］& Dahlberg C. A.［美］著．唐睿 等译．语言与儿童（第十三章"让语言生动起来"）．北京：外语教学与研究出版社，2011.

4. 王巍，孙淇．国际汉语教师课堂技巧教学手册．北京：高等教育出版社，2011.

5. 孟洋．对韩小学汉语游戏教学策略研究．吉林大学硕士学位论文，2012.

案例 101 课堂成果小档案
教学地点：美国夏威夷　**教学对象**：儿童兴趣班

我所教授的孔子学院周末儿童班一共有 9 个学生，都是在夏威夷出生的孩子，有一个四岁，其他的都在九岁左右。大部分有一点儿汉语背景，其父母双方或一方为华裔，平时与孩子说一点儿普通话，但说得极少。还有一个小女孩儿，出生在中国广东，三岁时被一名美国中校收养，一直在美国本土生活，几乎不会说汉语，但她父亲汉语很好。

儿童班本来就比较难管理，再加上这个班的学生年龄差距较大，为课堂活动的设置和教学内容的安排增加了难度。所以，在规划整个学期的课程时，针对儿童注意力集中时间短、好动等特点，我对每节课都设置了固定的教学模式，每节课都有对话练习、生词学习、汉字书写练习、拼音学习、古诗朗诵、手工制作和文化介绍。我认为动静结合地安排教学环节才能使学生在一个半小时的时间内保持专注。每节课我都会安排手工制作环节，要么画画，要么做手工，这些活动能让孩子们有成就感，他们会觉得学到了东西，并能把作品展示给家长和朋友。

我建立了一个奖励机制，为每个孩子建立了一个档案，每堂课上表现好的孩子会得到小星星，课后他们把在当堂课上得到的小星星放进自己的档案袋里。每隔一段时间，我会把一个大星星奖励给得到最多小星星的孩子，并在他们的档案上填上相应数量的贴画。学期末，我会评比出贴画最多的前三名给予奖励。相较于积累性奖励，孩子对及时性奖励更感兴趣。所以我把及时性奖励和积累性奖励相结合。孩子们有了奖励作为鼓励，学习兴趣更高了。经过接近一个学期的学习，每节课后，学生都会特别主动地将课堂上集齐的小星星以及课堂手工成果放进自己的档案夹里，他们对待自己所得的奖励和完成的作品非常认真。这套奖励方法对我的课堂管理很有效，对于期末的成果展示也是一个好的资源积累。

（张然）

学生观看有关脸谱的视频

学生展示自己的脸谱绘画作品

分 析

本案例中的教师将对话练习、生词学习、汉字书写练习、拼音学习、古诗朗诵、手工制作、文化介绍等丰富的课堂内容有序地展开，动静结合地安排课堂活动，成功地吸引了学生的注意力。这给我们以启迪，启发教师可以针对本地儿童语言学习的特点，准备一些有规律、可预见的常规教学活动，形成适合本地儿童的汉语教学模式。

奖励能够提高学生的自觉性和主动性，对于课堂管理非常有效。教师平时要不失时机地对学生的良好表现和进步进行奖励，将精神奖励和物质奖励相结合，将及时性奖励与积累性奖励相结合，有效地提高孩子们的学习兴趣。

为学生建立教学成果小档案，已经成为当下比较流行和广泛运用的非传统评估方式之一。建立学生课堂成果小档案，收集学生在学习过程中完成的各种作品，能够记录学生的成长足迹，反映出他们在语言课上的成绩与进步。成果小档案积累到一定时候还可以展示给家长看，相信这样更容易获得家长对孩子学习汉语的支持。

思 考

1. 选择一本少儿汉语教材，从中选出一课，模仿本案例中的教学模式设计你的教案。
2. 孙老师在国内一家国际学校教小学，她让每位学生动手制作一棵属于自己的"成长树"，贴在教室四周的墙上。教师根据学生的纪律情况、参与活动的积极性、作业、课上发言等方面的表现，发给他们小红花，学生得到十个小红花，就可以兑换一个"快乐果"，挂在自己的成长树上。在每个"快乐果"上，孩子们还可以记录自己的快乐，如"我能画熊猫了！""我遵守纪律，教师表扬了我！""我的汉语发音越来越好了！"学生为了多得"快乐果"，积极要求上进，班级管理得井井有条。请谈一谈这位教师的做法对你的启发，想一想你会采用怎样的方式来有效管理课堂。

阅 读

1. 周健. 汉语课堂教学技巧 325 例. 北京：商务印书馆，2009.
2. Victor Siye Bao, Sihuan Bao, John Tian. 中文游戏大本营：课堂游戏 100 例. 北京：北京大学出版社，2010.

案例 102 我的课堂我做主

教学地点: 意大利罗马　　**教学对象:** 儿童兴趣班

（一）

刚开始时，孩子们都对汉语课很感兴趣，上课时也很积极地回答问题、上台表演。发音纠正的机械操练可能对学生来说不是特别有趣，这个时候他们往往会思想开小差。我也许应该更加严厉地纠正他们注意力不集中的问题，而不是简单地点一下名就算了。可能正是因为一开始我对孩子们的管理不是很严格，使得他们逐渐养成了坏习惯，特别是到了下半年之后课堂纪律开始松散。我觉得这个时候再要纠正就比较费力了。

我还是试图通过增加课堂的趣味性调动学生的兴趣。我在课堂上增加了一些让学生说和互动的环节，比如进行分组发音比赛、猜词游戏、绕口令练习等。但是效果都不太理想，经常说话的几个男生还是会交头接耳，甚至会影响到本来对学习感兴趣的学生。点名也只能让他们暂时安静一下，过一会儿又会出现同样的问题。后来我让学生错开坐，但是他们即便离得很远还是会大声说话。在看了一些有关儿童教学的博客后，我觉得这还是因为我缺乏儿童汉语教学的经验，一开始没有树立好教师的权威形象，学生对我没有敬畏感。

我想，要做好儿童汉语教学工作，除了在教学资源方面做好充分的准备，对儿童兴趣的引导、课堂管理的策略也都是十分重要的。教师应该在了解儿童心理的基础上，有鼓励，有疏导，让教学形式多样化，同样也应该一开始就重视维持教学秩序。

（陈希）

（二）

孩子们有的坐在座位上，有的坐在桌子上，有的站着，让我的视野中充满"层次感"，这方便了他们违反纪律，也增加了我维持纪律的难度。

课后我跟助教老师交流了一下，他建议我们应该让学生一直坐在座位上。说实话，以前就听过，西方孩子的课堂是很自由的，我看过的西方电影中也不乏孩子们坐在桌子上的课堂情景，所以我一直觉得在这方面应该尊重他们的习惯。但是听助教老师这么一说，我突然觉得我的确不应让自己太被动，不能一味地适应学生，得采取适当的方式让他们明白在汉语课上应该怎样做。

于是我在备下次课时，准备了学生的姓名牌，结合前面几次课的情况制定了四条规则，并准备了一张红兔子卡片、一张黄兔子卡片。

今天我提前十分钟来到教室，准备好PPT，这个时候学生也陆续到了，我要求他们站在门口等一下，我迅速按照事先想好的座位次序把姓名牌在桌上摆好，让孩子们找到自己的姓名然后坐好。

我表情很严肃地说，这次上课前我们有三件很重要的事要做。第一件就是记住今天的座次，以后每次课都要这样坐。第二件是每个人都要记住四条规则：上课前把书本准备好放在桌上；不准换座位或离开座位，除非教师让你这样做；上课不准说话；教师拍手时要立刻安静下来。第三件是向大家介绍红、黄兔裁判，如果谁上课违反纪律我会出示红、黄兔裁判警告，在一堂课上，如果黄兔出示两次则扣掉当次课的一只熊猫，红兔出示一次也扣除一只熊猫。

在我讲的时候，孩子们听得很认真，这节课的纪律前所未有的好，课上我用这几条规则约束他们，下课前五分钟，我又特意留出时间跟他们一起重新强调了几条纪律，然后才让他们离开教室。

我跟助教老师互相做了个成功的手势，这套管理办法初见成效！

红兔和黄兔卡片

（孙岩）

（三）

给孩子上课似乎一定是有时失望，有时愤怒，有时又心里偷着乐，这次课就让我很开心。今天，意大利助教老师在课上扮演了一次"黑脸"，他一进教室就把学生都赶到了门口，然后指定位置把他们分到了四张桌子旁，我们不谋而合地把Carlo放到了离我最远的地方。以前Carlo总是主动坐得离我很近，我对他的"纵容"也渐渐让他露出了爱闹的苗头，这样一种不说出来的小"惩罚"对他也许是有好处的。Marco则被放到靠窗的一边，离大家比较远。我接着进行了前面一单元的对话练习，这次他们说得真好！我心里想，助教老师说得没错，他们虽然闹，但是也在学，只是他们不集中精力时就怎么也说不好，一旦静下心来，马上就能见到学习的效果，这些孩子其实聪明得很。

下课前五分钟，助教老师又一次很严肃地跟他们强调了纪律，骗他们说如果违反纪律太多，等去中学时学校就不允许他们继续待在国际学校。他说不希望我们班里的孩子被拒绝留在国际学校，然后要求他们像第一节课一样排成一队下楼梯。

出了教室，我冲助教老师竖大拇指说："干得好！""我骗他们的！"我们俩顿时哈哈大笑。

（孙岩）

分 析

案例（一）中教师的经历给缺乏儿童教学管理经验的教师提了个醒。儿童不同于成人，在他们心中树立教师权威是非常重要的。第一堂课就要让学生明确，教师的底线在哪里，哪些行为会得到表扬，哪些行为将受到惩罚。一旦今后有学生越界，一定要履行诺言。在课堂上总是一团和气，会让自己的教学管理陷于被动。案例（二）的教师通过向外国教师"取经"，意识到在课堂管理中不能一味地迁就学生，她及时采取措施，通过制订课堂规则和采用"姓名牌"等手段改善课堂状况，在课堂管理上初见成效。案例（三）中的教师通过与外国教师合作，利用学生心理整顿课堂秩序，成功地掌握了课堂管理的主动权。

正如在之前的案例分析中所强调的，管理少儿汉语课堂需要尽早建立课堂规约和奖惩制度。教师运用奖惩手段，持续性地执行课堂规约，可以使课堂管理收到很好的效果。外国教师往往更了解学生的心理和特点，中国教师应该主动与外国教师合作，形成共同体，共同管理课堂。

思 考

1. 以下是一位汉语教师在第一堂课上的做法，请予以评析。

伴随着中国传统音乐，教师对学生说你们要把自己想象成目的语文化里的学习者，要选一个名字，以后在这个课堂就用这个名字称呼。学生们闭上眼睛，听教师充满感情地念出一系列名字，然后教师再用生气的语气念一遍，这样学生就会知道上课期间如果教师生气了，念出的学生名字会是什么样。最后学生睁开眼睛，听教师第三次念出这个名字，如果听到自己想要使用的名字，就把手举起来。如果两个或更多的学生选择同一个名字，教师就继续念，直到最后每个名字都只有一个学生选。要是有的名字特别受欢迎，好几个学生都想要，那么教师要么给多个学生都起这个名字，要么干脆放弃这个名字，让学生另选别的名字。

2. 一位汉语教师为零起点的幼儿园孩子制订了"课堂红绿灯"规则。通过将白色吸铁石放到不同的区域来控制学生说话的音量。如果把白色吸铁石在红色区域中，学生要完全安静下来；放在黄色区域中，学生可以小声说话；放在绿色区域中，学生可以自由讨论。你觉得她的做法如何？说说你的理由。

阅 读

1. 陈河全. 处理学生课堂问题行为的技巧. 成都教育学院学报，2002（2）.
2. 魏亚琴. 从控制、惩罚到激励、引导——谈课堂管理理念的更新. 辽宁教育研究，2004（3）.
3. 柏桦，牟宜武，Lydianne Loredo. 中外教师合作教学对学生和教师能力发展的作用研究. 外语教学理论与实践，2009（4）.

案例 103 如何激励学生？

教学地点： 意大利罗马　**教学对象：** 儿童兴趣班

（一）

　　这次课，有些孩子的淘气尾巴开始露出来了，即使有助教老师帮忙，课堂上还是乱糟糟的。我越发觉得自己的英语表达能力已经成了自己作为教师在课堂上发挥作用的瓶颈。有个孩子叫 Carlo，他上课很积极，学得也很好，但是这个孩子太争强好胜了，巴不得每说对一个词我就要给他一个熊猫标志，而且还希望我说他是班上最好的。我比较喜欢学习好的孩子，而且他也很积极，所以尽管这样，我还是比较惯着他，我觉得我对他的"惯"能激励他继续好好学习。

（孙岩）

（二）

　　我在教学过程中，只要学生有一点小小的进步，我都会表扬他们，希望增加他们对学习汉语的信心和兴趣。就算他们回答错了或者忘记了，我也都会鼓励他们多看多读多练习，并没有很严厉的责罚。因为我当时觉得孩子也有自尊心，可能他们很希望学好，回答不出也很自责，老师也不需要再去责备他们。但是我不知道这么做会不会产生一个负面的效果，就是一些不太自律的学生会觉得没什么压力，学不学都无所谓，上课就会不太专心。

　　今天的课让我很郁闷，因为我发现只有一个学生做了上次课布置的作业，其他的学生都没做。我跟一个意大利朋友抱怨，还没等他开口说话，我突然想到——是不是我督促的方式不对？我一直都是选择负面的"惩罚、威胁"，却没有采取正面的奖励。今天的课上我只是一味批评其他学生，"威胁"其他学生，对这个交作业的学生却什么都没做。

（陈希）

分析

　　制订了具体的课堂行为规范，一定要公平地执行。不坚持原则和明显的偏心，会令课堂行为规范形同虚设，给课堂管理造成麻烦。奖惩的标准要保持前后一致，不该有特例或下不为例。如果标准必须变化，一定让学生感到有道理。该对学生说"不"的时候一定要说"不"，不能纵容。教师要做到一视同仁，让每个孩子都能感受到教师是公平的。案例（一）中教师对孩子的偏爱是可以的，但在规则面前要注意人人平等。案例（二）中的教师虽然懂得表扬学生的重要性，但对于那个唯一交作业的学生却没有具体的激励措施，这是一个失误。激励那个学生，不仅可以让该学生有成就感，也能为其他学生树立一个榜样。这比批评、威胁要管用得多。

针对案例（一）反映的情况，教师要把课堂行为规范以及违反规范的后果明确告诉学生。比如一位海外汉语教师的课堂规定是这样的：彼此尊重，爱护个人和公共财产；上课前做好准备，预备学习；准确、按时完成作业；说话前要先举手，得到老师允许后才可以说话；第一时间跟随老师的指令。他还规定了破坏纪律的后果：第一次，口头警告，把该学生的名字写在白板上；第二次，老师在名字后面画钩，有相应的惩罚；如果再不改进，学生需要去校长办公室，老师还会通知家长来学校开会。

不管是批评还是表扬，都属于心理学中强化理论的应用。简而言之，奖励能够促进某一行为出现或加强这一行为，而惩罚则会使该行为消退或消失。与调皮难管的孩子建立积极正面的关系，惩罚只是一方面，鼓励、支持和赞美更为有效。教师应注重发现学生的长处，在批评学生时，可先表扬其优点，防止损伤其向上的愿望。经常性地表扬学生可以缩短师生之间的距离，减轻学生的压力和精神负担，还可以消除学生的逆反心理。很多优秀教师就是用激励的方式来管理课堂的，以下是一些西方教师的激励策略[1]：

1. 惊喜。将 surprise（惊喜）这个单词写在黑板上。课堂上，如果学生吵闹或未经允许离开座位，便从末尾开始擦去一个字母。如果所有学生都表现得很好，则按顺序添回被擦去的字母。一堂课结束时，如果这个单词是完整的，教师就给学生们一个惊喜的奖励。

2. 抓住你了。每周都努力"当场抓住"表现好或做好事的学生。让"被抓住"的学生把自己的名字和所做的事写在纸片上，然后把纸片放入一个"好事罐"里。每到星期五，从"好事罐"里随机取出几张纸条，给被选中的学生发小奖品。

3. 黄绿卡制。每名学生都有一张绿卡和黄卡。如果学生出现行为问题，则相继收回学生的绿卡、黄卡。如果学生在一周内都能保持放学前拥有绿卡或黄卡，在星期五便奖励他们一些可以自由支配的时间。他们可以在自由时间内玩耍、玩电脑或进行户外休息。

4. 课堂温度计。用"温度计"来测量你赞美的热度。在教室里画一个从

---

[1] 选引自百度文库。

0~100度的温度计，共有100个空格。每次表扬了学生，便让被表扬的学生给温度计涂一格，从0度涂到100度。当100个格子都被各种颜色涂满时，全班学生都将获得奖励，比如举办一个小型联欢会，奖给他们30分钟的自由支配时间，或开展他们爱玩的活动等。

总之，在少儿语言教学中，正面激励尤其重要，教师应当尝试打破思维惯性，把消极的惩罚改成积极的奖励，这样对调节课堂气氛、激发学生的学习动力、改善师生关系都有良好的作用。

思 考

1. 一位汉语教师在教室前面的角落里放了一把"反思椅"（the thinking chair），上面贴着一个字条："I need to follow all classroom rules to ensure the classroom is a safe place for everyone to learn including me." 违反课堂纪律的学生要到"反思椅"上坐几分钟，反思自己的行为。你认为这样的方式好不好？说说你的理由。

2. 汪老师是一位在海外教小学的汉语教师，每次汉语课结束后她都会将班内表现好的学生的名字写在黑板的左上角，比如"Liam—great participation today! Jack—what a good memory you have! Amanda—you behave sensibly today!"她还经常在全班学生面前向班主任老师表扬每节课表现好、有进步的学生。请对这一做法进行评析。

3. 表扬儿童时往往需要一些物质奖励，你认为以下三位教师可以分别给学生准备些什么小奖品呢？有哪些需要注意的方面呢？

A. 王老师，在新西兰教幼儿园，班里有10个学生。

B. 童老师，在马来西亚教华校小学一年级学生，班里有15个学生。

C. 祖老师，在国内教国际班小学一年级学生，班里有20个学生。

阅 读

1. 李满兰. 论对中小学生的对外汉语教学课堂管理. 华商，2008（18）.

2. 西方教师学生管理策略——奖励篇，http://wenku.baidu.com/view/2badccbe65ce0508763213db.html，查阅日期：2013年3月26日。

案例 104 喜欢挑战的孩子们

教学地点：意大利罗马　　**教学对象**：儿童兴趣班

今天刚开始上课的时候，我带领学生进行了"我的家"成段介绍，虽然学生也会做，但是总觉得他们好像兴致不高的样子。本来的计划是接着做自我介绍、家庭介绍，但是看到学生的状态我决定先带着他们学习《新年好》这首歌，孩子们唱歌唱得很开心，离下课还有 15 分钟时，我转入了介绍练习。

"我有个很难的任务，不知道大家能不能完成？"听我这么一说，他们马上都睁大眼睛很兴奋地看着我。"仔细听我说，"我边介绍边做动作。做完示范后我问："你们谁能像我这样介绍自己和自己的家？"大家都争先恐后地举手要做，我让水平较高的孩子先开始，没想到最后居然每个孩子都完成了一遍。

在教学中，让我印象很深的还有孩子们喜欢挑战的心态。这里的孩子几乎没有人上课回答问题会紧张，错了也一点儿都不在乎，很爱尝试，而且任务越新鲜他们就越感兴趣。但问题是，他们尝试某个任务或挑战之前往往并没有准备好。我不得不想一些办法"逼"他们先仔细听我的示范，仔细听同学的示范，然后再做充分的准备。比如让学生到黑板前做练习，我会在练习或者讲评中多卖关子让学生竖着耳朵多听几次，瞪大眼睛等一会儿，给他们半分钟的兴奋时间，我再给出答案；有时我会安排男女生或几组学生进行比赛，在班里形成竞争的局面。

儿童在汉语课上争相回答问题（美国夏威夷）

（孙岩）

分析

教师要学会调节课堂节奏，抓住学生的兴奋点，必要时要根据学生的状态及时调整教学环节。本案例中的这位教师在学生课堂表现不活跃时，及时更换了课堂内容，利用学习唱歌的环节巧妙地调动了学生的兴趣。在学生们信心满满、参与活动热情较高时，故意将任务说得有挑战性吊起学生胃口，激发了学生的好奇心和挑战欲，取得了良好的教学效果。

本案例反映出了儿童喜欢挑战的特点。教师在进行教学设计时不妨紧扣学生心理，根据学生的汉语程度安排一些具有挑战性的教学内容，或者可以卖些关子，将任务描述得更有挑战性。这样做既能加强学生挑战的动力，又能增加学生学习汉语的成就感。在课堂教学中，教师要学会利用学生的心理，为学生设置一些"障碍"，在游戏中加点儿小花样。孩子们喜欢有竞争性的游戏，教师不妨在游戏中增加一些竞争性的元素。比如可以提出问题让学生抢答；可以将学生分为几组，进行小组之间的比赛；还可以全班学生团结起来，共同对抗一个假想敌。总之，教师在设计教学内容时应该多关注学生心理，利用他们的心理特点调动其学习积极性。

思 考

1. 学生学习兴致不高时，你可以采用哪些占用时间少，且与汉语学习、文化学习相关的调节性活动？请举例说明。
2. 小舒在加拿大一所孔子课堂教小学生，她在课堂上有时会将全班学生分成两组进行比赛，比赛时，小舒负责计分。最近两周，小舒在教学中发现了一个问题，在比赛过程中，如果两个组的比分相差悬殊，比分低的那组就越比兴致越低。对于这种情况，你有什么好建议？

阅 读

1. 朱智贤．儿童心理学．北京：人民教育出版社，2003.
2. Curtain H［美］& Dahlberg C. A［美］著．唐睿 等译．语言与儿童（第一章"青少年学习者的特点"）．北京：外语教学与研究出版社，2011.

案例 105 作业签字了吗？

教学地点：意大利罗马　**教学对象：**儿童兴趣班

（一）

在课上学《两只老虎》这首歌时，学生们唱得还不太好，但是在这次课前，他们在走廊里一看到我就开始唱上了。为了让他们有机会展示一下自己，我一上课就让每个学生不看歌词唱一遍"两只老虎"，然后给了他们熊猫奖励。同样《小星星》这首歌我也想让他们每个人都试试，但是在没有歌词的情况下却几乎没有一个学生能完整地唱下来。我当时就意识到，学"两只老虎"时我专门布置了作业，让他们回家唱给爸爸妈妈听，家长需要在歌词单上签字，而学"小星星"这首歌时我没有这么正式布置，区别一下子就显现出来了。

（孙岩）

（二）

第二次课，居然只有一个学生把家长的签字单带回来了，很多学生都说找不到了。尽管学生们都能自我介绍，而且介绍得很熟练，说明他们回家做作业了，但就是没有按照我的要求做。下课时，我布置了今天的作业，并告诉他们下节课一定要让家长签了字再把作业带回来。

第三次课一上课，我先要求大家把家长的签字给我看，结果只有三个学生的家长签了字。我很纳闷，学生怎么不听话呢？上节课我明明说得也很严厉呀！于是我宣布没带签字单的学生这节课不能参加 best student 的评选。虽然课上有不少学生表现不错，但是最终的 best student 我只是给了那三个带了签字单的学生。

第四次课有四个学生的作业签了字，还有好几个学生告诉我他们做作业了，但是忘了签字或者把签字单忘在家里了。通过检查他们的歌谣唱诵，我也知道他们肯定做了作业，但就是还没按照我的要求做。其实，让家长签字主要是希望引起家长对孩子学习汉语的注意和关心。

（孙岩）

分析

从案例（一）中提到的学生唱歌的效果来看，布置家庭作业可以帮助学生巩固所学知识，提高语言的熟练程度。教师在给海外的儿童布置作业时，尽量不要留书面家庭作业，可以留一些互动性的作业。本案例中的这位教师布置了互动性作业，即学生把课堂完成的内容带回去给家长看，让家长签字评论后再带回学校。互动性的家庭作业能将课堂与家庭联系起来，引起家长对学生语言学习的重视。

案例（二）反映了学生对教师布置的让家长写签字单这项任务配合度不高的问题。教师的态度要明确，作业布置不是可有可无的，哪怕是"唱给爸爸妈妈听"这样的作业，也要落到实处。

关于作业配合度的问题，可以参考案例（二）中的做法。案例（二）中，教师后来规定没有拿回签字单的学生没有机会参加best student的评选，如果调整一下，规定带回签字单的学生可以直接当选best student或得到晋级评选的资格，也许会对学生有更大的正面刺激。为了提高学生完成作业的积极性，教师可以给学生发放作业奖励卡，具体做法可以是：只要学生按时交了作业，就给其发一张卡片；积累了10张卡片，就会获得一个更大的奖励。有的教师会采取更简单易行的做法，比如在学生的作业上画一个小笑脸，学生收集了10个小笑脸，就会获得一个奖励。

思 考

1. 有一位高中汉语教师，如果学生没有交作业或者作业的质量不高，他就会给家长发E-mail说明情况。你认为用这样的方式督促学生完成作业好不好？为什么？
2. 你觉得儿童的课外作业与成人的课外作业应该有所不同吗？如果你认为不同，那么不同在哪些方面？

阅 读

1. 陈炜. 作业在汉语教学中的作用不容忽视. 和田师范专科学校学报（汉文综合版），2004（2）.
2. 李孝贞. 对外汉语教学作业的布置与批改研究. 东北师范大学硕士学位论文，2011.

案例106 多跟家长沟通

教学地点: 意大利罗马　　**教学对象:** 儿童兴趣班

（一）

我记得以前在国内教小学生英语时，学校就特别强调跟家长的沟通，有专门的小手册供家长和教师写留言，或者让教师课后跟家长当面沟通。其实如果借助家长的力量，双方配合起来，学生就会更愿意在教师和家长面前表现，这样他们的积极性也会更高。

我的班上有个中国小孩儿，他是被一个美国家庭收养的，不会说汉语，很腼腆，第一次课后他爸爸跟我说这个孩子很腼腆，他爸爸还开玩笑地叫他 Mr shy。今天放学后在楼下大厅里，我看到了这样一幕：他爸爸来接他时，他居然仰着头跟他爸爸说："Daddy, listen to me, 你是我爸爸，你是我妈妈，你是我姐姐。"所以，我想每个孩子都希望让家长看到自己很棒的一面。有的孩子每次课前见了我，都跟我复述一下我们学过的句子，这也是一样的心理。

（孙岩）

（二）

今天课堂上有两个学生让我很惊喜。一个是 Sandro，连着有一段时间了，这个孩子上课总是吊儿郎当的。上次课后我跟他聊了，也跟他妈妈聊了，希望他能认真一点儿。这次课上开始他还有点儿捣乱，后来我把他叫到前面坐，他慢慢就进入状态了。另一个是 Marco，他开始有点儿闹，后来突然就老实了，举手回答问题，别人说话他还制止，这让我真的很吃惊。下课时我推举他们两个作为今天的 best student 找 Alex 领取 Sweets。这也算是对他们两个好好表现的及时奖励吧。在外面见到了他们的家长，我也特意跟他们说了孩子的变化，希望他们也协助表扬一下孩子。

今天的课上我们学了《我们祝你圣诞快乐》的歌，然后复习了其他几首歌，最后是让孩子们做口头介绍。孩子们的歌声引得门口站满了别的班的教师和学生，我也觉得特别开心，我为孩子们感到很骄傲！

下次课是放假前最后一节课，我决定邀请家长来看他们的表演，这样他们也能知道自己的孩子在汉语兴趣班上有多大进步，也许他们亲眼见到后会更加配合我督促孩子完成作业。这样的活动也能给孩子一次表现的机会，让他们对汉语学习继续保持热情，下个学期也许会学得更带劲儿。

（孙岩）

分析

家长在儿童教育中占有重要地位，教师如果能取得家长的支持，和家长一起督促孩子的汉语学习，建立教师、学生、家长之间的良性互动，往往能收到事半功倍的效果。本案例已经很好地说明了这一点，教师对于家长的"利用"也恰到好处。下面介绍一些与家长建立联系的方式供大家参考。

1. 在新学期开始的时候给家长写一封信。教师可以在信中做简单的自我介绍，将新学期的班级情况、语言学习目标、常规作业、学习方法等介绍给家长，让家长心中有数。教师还可以在信中陈述自己的教学理念和管理措施，与家长探讨交流，收集家长对汉语课的建议。给家长写信不仅表达了教师寻求与家长合作的诚意，还可以在一定程度上引起家长对学生学习汉语的关注。在有的学校，教师会在第一节课发给学生一张学习说明书，让家长了解汉语的学习方法，并要求家长签字，给予监督。

2. 定期给家长打电话，将班级的活动通知家长，让家长及时了解班级的动态和教师的教学构想。针对"问题学生"，教师也可以寻求家长的帮助，与家长一起分析学生的情况，在必要的时候和家长"唱双簧"，共同管理学生。教师在与家长交流的过程中，需注意沟通的方式，要先肯定学生的长处，对学生的良好表现真诚赞赏，再婉转地指出学生的不足之处。如果学生表现得特别好或取得了优异的成绩，可以准许他们打"报喜电话"，及时跟父母分享自己的喜悦之情。

3. 教师可以设立"家长开放日"，开放汉语课堂，邀请家长参观班级，与学生一起参与课堂活动。教师可以向家长展示学生的档案袋，让家长了解孩子在汉语课上的表现。有条件的话，还可以与家长一起评估学生的课堂表现。如果家长中有擅长普通话的华人，可以邀请他们来学校担任志愿者语伴，参与孩子们的学习活动。

另外，有一点需要提醒。在海外很多学校有固定的跟家长联系的渠道，比如有些学校规定教师每周要有接待家长的时间，还有些学校规定教师与家长的联系一定要先报告学校相关负责人，等等。所以去海外教学时，要注意提前了解这些相关规定。

总之，教师应当与学生家长建立良好的关系，与之形成合力，让家长成为儿童语言学习的观察者和支持者。

思 考

1. 你觉得哪些方式可以促进家长对孩子汉语学习的关心?

A. 让学生将自己的作品(如剪纸等)带回家展示。

B. 教学生一些汉语歌曲,让他们教家人唱两句。

C. 教学生一些日常用语,让他们教会自己的家人。

D. 组织文化活动开放日,邀请家长参与。

E. 其他 _____

2. 在白老师的汉语课上,一名六年级学生 Mike 迟到了,他没有礼貌地走进教室,声响很大,打扰了白老师和其他学生正常上课。白老师于是让他走出教室,再重新走进来并跟大家礼貌地道歉"I'm sorry, I'm late"。第二天 Mike 又迟到了,他和他的妈妈一起来到学校。他的妈妈对白老师说:"你上次的做法令我的孩子很伤心,迟到并不是他的错,是我有事情耽误了他按时上课,请你向我的孩子道歉。"你是否赞同这位白老师处理学生迟到的做法?面对这位家长的要求,你会给白老师怎样的建议?

阅 读

1. Margy Whalley. *Involving Parents in their Childen's Learning*. London: Paul Chapman Publishing Ltd, 2001.

2. 陈虹. 家长参与理论与实践的探析——基于英国"让家长参与儿童学习"项目的思考. 中华女子学院学报, 2010 (3).

案例107 多学科互动

教学地点： 法国雷恩　　**教学对象：** 汉语为二外的中学生

中学生处在基础知识积累阶段，所学科目丰富，建立各个学科之间的联系，促进各学科知识的融会贯通，帮助学生拓展思维，也是初中教育的目标之一。2011年3月，在初中三年级，我们举办了以"放学回家路上"为主题的活动，这个活动由一位历史地理教师发起（该教师本身也是一位词曲作者），由法语教师、科技教师和汉语教师共同参与。

学生们先在课堂上用法语讲述自己经历过的或者听说过的一些发生在"放学回家的路上"的故事，法语教师帮助学生们将这些故事写成法语文章。法语教师的主要目标是帮助学生根据故事类型，用不同的文体进行写作。科技教师负责指导学生用数码相机拍摄和故事相关的照片，并选择一首相关的歌曲。汉语教师则先让学生学习一些广告词或者标语的表达格式，要求学生参考这些表达格式给自己的故事拟一个"吸引眼球"的汉语标题，并根据他们拍摄的照片，用简单的汉语为照片配上对白或者描述性文字。最后，科技教师和汉语教师帮助学生们把照片、文字、歌曲等上传至网络。

需要说明的是，该活动实际上是一个国际项目的一部分。历史地理教师联合法国电视三台的记者，在世界范围内8个国家的中学里举办了以"放学回家的路上"为主题的活动。在一些条件允许的学校，他们最后还举办了一场演唱会，一边播放学生选取的歌曲，一边用大屏幕展示学生们拍摄的照片和用法语写的小诗或散文。该项目在中国的合作学校为山东省济南外国语学校。

（王彦）

分析

将语言课程与其他学科内容贯连起来的多学科互动是一种积极的做法，可以一举多得。在海外，大多数小学课程大纲都围绕主题展开（PYP小学项目），中学大纲以主题为基础的倾向更加明显（MYP中学项目），跨学科主题教学已经成为一种整合各个科目的手段在国外中小学被广泛使用。

坚持跨学科，使用内容型教学的好处是语言教师能摆脱现行教材的束缚，回到"语言是工具，运用才是目的"的基点上，设计出更有意思的课程。很多学科如体育、文学、音乐、艺术、数学、科学等都适合与语言教学贯连起来。

多学科互动，关键在于制订一个合适的活动主题，《语言与儿童》这本书指出了选择主题中心要考虑的要素：1. 教师和学生的兴趣；2. 与不同年级不同年龄层次的课程目标的关联；3. 整合目的语与文化的可能性；4. 应用并发展恰当且实用的语言功能和沟通模式的可能性。

汉语教师可以结合上述要素与其他学科的教师一起制订综合主题，也可以在语言教学中自己制订主题，加入其他学科的知识来丰富语言教学。

思 考

1. 请结合下页的国际文凭组织小学项目（PYP）的跨学科主题，设计一次多学科互动的主题教学活动。

小学项目的跨学科主题

我们是谁？

这是对自我本质的探究；信仰与价值观；个人、身体、心智、社交和精神等方面的健康；各种人际关系，包括家庭、朋友、社区和文化；权利与责任；作为人的意义何在。

我们身处什么时空？

探究我们在时空中的方位；个人的历史；家庭和旅程；人类的各种发现，探索与迁徙；从本地与全球的观点考察个人与文明之间千丝万缕的联系。

我们如何表达自己？

探究我们发现和表达观点、情感、大自然、文化、信仰与价值观的方式；我们反思、扩展、享受我们创造力的方式；我们的审美鉴赏。

世界如何运作？

探究自然界以及自然规律；(物质的与生物的)自然界与人类社会的互动；人类如何利用他们对科学原理的理解；科技进步对社会与环境的影响。

我们如何组织自己？

探究人类创造的制度与社区之间的相互联系；各种组织的结构与功能；社会决策机制；经济活动及其对人类与环境的影响。

共享地球

探究努力与他人及其他生物分享有限资源时的权利与责任；群体/社区以及他们内部之间的关系；机会均等；和平与解决冲突。

2. 想一想针对幼儿园的学生，汉语教师该如何与其他学科教师一起开展以 caring（关心他人）为主题的跨学科主题活动。

阅 读

1. 戴庆宁，吕晔. CBI 教学理念及其教学模式. 国外外语教学，2004（4）.

2. Curtain H［美］& Dahlberg C. A［美］著. 唐睿 等译. 语言与儿童（第六章、第十章）. 北京：外语教学与研究出版社，2011.

3. The Primary Years Program as a model of transdisciplinary learning, 网络资料，查阅日期：2013 年 3 月 26 日。

案例108 去中国旅行

教学地点: 法国雷恩市　　**教学对象:** 汉语为二外的中学生

在法国,学习外语的学生一般都有机会去对象国进行为期一周到十天的语言实践。我和同事一直努力将"旅行"概念弱化,强调"语言实践",让学生带着学习任务去中国。"语言实践"活动一般分为三个阶段:

1. 行前准备阶段:每个学生去中国进行语言实践,都需要交付约1000欧元的费用,这对大多数家庭来说,都是一笔不小的开支。于是,我们发起学生组织一些活动,为他们的中国之行增加"补助",比如让学生自己做糕点,在学校"开放日"的时候出售,或者学年末在校内举行"摇奖"活动。这些活动的目的并不在于"赚钱",而是培养学生的组织能力和对自己负责的能力,让学生体验到"自我价值"的实现。另外,在语言上,学生需要学习用汉语解决在中国的生活问题,比如问路、去麦当劳点餐等。我们还要求学生用汉语准备一些关于布列塔尼和雷恩市的介绍,帮助他们的接待家庭了解学生们的家乡。

2. 出行期间:学生在出行期间,每天都要记录自己的见闻,并保留他们认为有意思的车票、门票、钱币、照片等,这些都要体现在他们的旅行日记中。此外,学生在接待家庭还要做至少一次采访,采访接待家庭的成员关系、生活习惯等。在和友好学校的学生交流时,他们也需要做一次采访,了解中国学生的一天。

3. 旅行结束后:教师会收集学生的旅行日记,并进行打分。我们强调旅行日记关键是记录在中国期间的感受,而不是单纯记录每天的活动。我们会举办中国之行摄影作品展,有时候会邀请市长或者家长来参观,有时候会在学校的"开放日"上展出。除此之外,我们还会组织学生去当地的旅行社,用法语给报名中国游的旅行者介绍去中国的注意事项,待人接物应该注意的问题,等等。将学生所学"社会化",让他们走出课堂这样一个人为设计的环境,走入真正的社会环境,对他们也是很大的锻炼。

(王彦)

日本学生参观长城

分　析

学生有机会走进中国,亲历中国文化的独特魅力是非常难得的机会。本案例中的教师针对学生去中国的旅行,安排了具有"任务教学法"特点的语言实践活动。行前这位教师在语言上对学生到中国后需要用到的词汇和句式进行了补充，出行期间为学生布置写旅行日记、采访接待家庭等任务，旅行结束后收集学生的旅行日记、举办中国之行摄影作品展等活动。这位教师设计的活动很有层次性、阶段性，使学生不仅能有过程中的收获，而且能有机会将这些过程中的收获展示出来。由于该教师采用了很多具有仿真性的任务，学生的中国之行不仅有旅行的快乐，在语言和文化体验上也有了不小的收获。

这位教师的做法给了我们很多启示。针对语言实践活动，各阶段应有不同的任务目标。

1. 行前（任务前阶段）主要是制订任务和语言输入。教师可以让学生通过去图书馆查资料、搜索网络资源等方式了解中国，对中国的基本情况做调研，开展类似"这次去中国我最想……"的讨论，一起制订去中国要完成的任务。教师可以引导学生设计一个任务完成计划表，如：

中国之行任务完成计划表

（1）买一件有中国特色的纪念品，尽量讨价还价。

（2）阅读中国地图，(如去北京)自己坐车从西直门到王府井（可以选择公交、地铁、出租车等多种交通工具），必要时使用汉语问路。

（3）用汉语在餐馆点餐，记下中文菜名。

（4）认识人民币，去银行换钱。

（5）采访当地居民，对采访内容录音或录像。

（6）随时拍照，做照片日记。

（7）观察一种中国与本国不同的文化现象，对其进行评价。

教师制订任务计划表时，要参照学生此次旅游的行程，还要考虑学生的语言水平。教师要将这些任务巧妙地安排到旅游行程当中，让学生在不知不觉中完成任务。关于语言输入，教师可以针对设计好的任务计划表，带领学生对旅游中可能用到的词汇、句式和语法结构进行情景对话操练。针对以上任务计划表，教师可以设计与问路、就餐（点餐、结账）、购物（讨价还价）等话题和场景相关的教学活动，通过反复练习，使学生能够在真实情境中顺利地完成交际。

2. 出行期间（任务中阶段），教师可以将之前设计好的任务计划表发给学生。如果学生年龄比较小，可以将学生分组，安排3~4个学生一组，每组选择一位组长负责监督任务的完成。学生们置身于目的语文化当中，要尽量将课堂上学的词汇、句式和语法内容运用到真实的交际中，完成任务计划表上的任务。

3. 旅行结束后（任务后阶段），教师要与学生一起对此次活动的情况进行评估和总结，让每个学生或是每个小组做 PPT 展示在中国拍摄的照片，进行演讲和汇报，介绍此次旅行他们眼中的中国。教师可以将一些优秀的汇报和照片整理成教学资料，以备日后的教学使用。

思 考

1. 武老师要作为领队带一些马来西亚初中一年级的学生去中国学习、参观半个月，这些学生大多能进行简单的听说交际，还有几个华裔学生口语表达基本没问题，请协助她在行前为孩子们布置三个任务。

2. 田老师在美国一所学校教高中，学生已经学了两年汉语，能够进行基本的会话。春节期间，他想根据学生的语言水平，运用任务教学法安排一次去当地唐人街的语言实践活动。请你协助田老师完成这次语言实践活动的设计。

（1）任务前_____

（2）任务中_____

（3）任务后_____

阅 读

1. 那英志，杜小平. 基于"任务教学法"的旅游汉语教学流程和操作策略. 青岛职业技术学院学报，2007（1）.

2. 阮韶强. 任务教学法的实施：设计原则和关键问题. 高教论坛，2007（6）.

案例109 游戏需常换常新

教学地点：德国慕尼黑　　**教学对象**：儿童兴趣班

经过两个学期的儿童汉语教学，我最深的体会是：在国外，不要期待和要求你的课堂是安静的。另外儿童教学必须寓教于乐。孩子可以集中注意力的时间非常短，这个时间可以用于讲解新的内容，过后需要就新内容设计活动和游戏。

我在国际学校教儿童班，学生是七八岁的孩子。汉语作为一门选修课被安排在每周五下午的最后一节，因为是下午，又临近周末，学生的注意力很不容易集中。课堂一旦没趣，他们就会盼着、吵着要下课。

我上过的较为成功的一课教的是"你是××吗？""是，我是××。/不，我不是××。"之前孩子们已经学过"你、我、他、她"，所以还可以对这个对话进行替换。我让孩子们通过"1，2，3，木头人"的游戏来完成练习。所有孩子站在教室前面的空地处，选一个孩子把他/她的眼睛蒙住，然后大家一起说"1，2，3"，其他孩子开始随意走动，当我喊"木头人"时，所有孩子都不动，然后被蒙住眼睛的孩子开始找同学，找到一个同学后，他/她必须用汉语问："他是××吗？"被抓住的孩子不可以说话，其他孩子需用汉语回答"是"或"不是"，猜不对则继续问。每个孩子都要被蒙一次眼睛，这样问答都可以练习到。

另外"木头人"的说法还有另外一个用处。小孩子在班上经常吵闹，有时太过了，维持纪律时每个教师选用的方法不一样。我使用的方法是告诉他们"木头人"的意思——木头人是不会说话也不会动的。所以每次班级吵闹时，我会说"木头人"，同时把食指放在嘴巴前面，这个时候所有的孩子会跟我学，教室会瞬间安静下来。对他们来说，这就好像一个游戏一样。

在儿童班没有一劳永逸的游戏教学模式，必须常换常新，所以我觉得儿童汉语教学比成人汉语教学的挑战要大得多。

（吴潜）

分析

爱玩儿是孩子的天性，游戏自然是少儿汉语课堂中不可或缺的环节。枯燥的课堂留不住孩子，他们一旦对教师讲解的内容失去兴趣，语言教学的任务便很难完成。本案例中的教师设计的"1，2，3，木头人"游戏能让孩子们在愉快的氛围中掌握语言，这位教师还巧妙地利用"木头人"不会说话、不会移动的特点进行课堂管理，使学生在课堂中能够迅速安静下来，教学效果显著。

此外，"1，2，3，木头人"这个游戏的名字很有趣。教师可以为每一个游戏取一个有趣、好听的名字，有些游戏很可能会在今后的课堂中再次出现，为游戏取名可以方便教师下达清晰的指令。如果游戏有了自己的名字，学生就会觉得这个游戏很特别，印象也会深刻得多。

"游戏要常换常新"，这句话非常有道理。它提醒教师要时刻注意保持游戏的新鲜感，不要因为某个游戏的效果好就连续地使用，这样很容易让学生失去兴趣。同一个游戏进行的时间也不要过长，在学生意犹未尽的时候就可以戛然而止。另外还要注意的是，教师对于游戏的目的要非常清楚，或者是为了调解课堂气氛，或者是为了促进语言学习，或者兼而有之，切忌为了游戏而游戏。

思 考

1. 小郭要去美国的小学三年级 A 班任教，该班学生的汉语水平为初级偏上，每周的课时为 4 节课，每节课 35 分钟，小郭这个学期要进行的话题有"健康、点餐、爱好、约会、购物"等，请你帮助小郭为 A 班设计这个学期可以用到的活动和游戏。

2. 以下是"碰炸弹"游戏的规则，你认为这个游戏适合多大年龄的学生？想一想，这个游戏还可以通过调整改变游戏规则吗？

教师准备一套词语卡片和一张画有炸弹的卡片。教师背对学生，再转向学生的时候，随机展示一张卡片。如果教师展示的是词语卡片，学生要读出卡片上的内容；如果教师展示的是炸弹卡片，学生要一起说"嘭！"并迅速趴在桌子上。

阅 读

1. 陆野. 从认知发展理论看美国儿童汉语教学. 华中师范大学研究生学报，2011（1）.

2. Curtain H［美］& Dahlberg C. A［美］著. 唐睿 等译. 语言与儿童（第十三章"让语言生动起来"）. 北京：外语教学与研究出版社，2011.

3. 钟文婷. 儿歌在对外汉语教学中的应用——以汉语作为第二语言的学龄初期儿童为例. 第五届北京地区对外汉语教学研究生学术论坛论文集. 北京：北京大学出版社，2012.

4. 刘座箐，霍苗. 国际汉语教师词汇教学手册（第 ix-xiii 页"词语卡片活动与游戏"）. 北京：高等教育出版社，2013.

第二节
老年人汉语教学

案例110 老爷爷学生
教学地点: 意大利罗马　**教学对象:** 混合年龄初级班

（一）

　　老爷爷Maurizio（其实人家才59，也不太老）的发音越来越棒了，他说话声音不大，但是感觉他发音比别人放松，这样就让他的发音显得更自然、更准确了。以前我总觉得他好像不太爱说话，可是这几次连着跟他聊天，发现他其实挺随和的，他说他家就在这附近，下班以后过来上课，然后溜达着就回去了，非常方便。课间我告诉他他的发音不错，他很高兴。我想，我这样肯定过他以后，再帮他纠音的时候，他应该就没有"我就是发得不如年轻人好"这样的担心了吧？

（孙岩）

（二）

　　今天一到教室就有一个惊喜，老爷爷Piero居然来了，原来上几次课他生病了。看来我错怪他了，还以为他知难而退了呢。他说他在山里养病，听到鸟叫，觉得像是在听汉语，真是太有意思了。可是我也有点儿头疼，要是他什么都听不懂，我该怎么办呢？上课时，我能感觉到他一直盯着我看，很想听懂我说的话，但是又听不懂，语音练习时他还能勉强跟着念，做语法练习时就有点儿傻眼了。于是我告诉他，他可以先看前面的词汇和语法介绍。今天课间休息时，他说他很高兴，我很惊讶，我以为他

老年学生和年轻学生共同的课堂（意大利罗马）

会觉得听不懂没意思。可能真的就像他说的，他就是想通过学汉语了解一点儿中国文化。我想，对他来说，可能学会什么倒不是最重要的，了解一下足矣。

可是他已经落后很多了，而且他似乎也从来没在家复习过。我不想不管他，可是课上能管他的时间真的很少，如果我单独帮他，其他学生的练习我就顾不上了，我该怎么办呢？

（孙岩）

（三）

今天老爷爷Piero似乎让我找到了一点儿帮助他的突破口，我让其他学生分组练习对话，单独让他给我读课文，我来听。刚开始他说不行，太难了，我说没关系只是试一下。然后他看着拼音就开始读了，每读一句就抬头向我确认，只要不是严重的错误，我都会很肯定地点头说非常好，读了几句之后他问我："真的读对了吗？"甚至他自己也说："非常简单嘛！"能够看得出来，他自己也没想到其实他已经会了很多东西，他的问题在于不记单词，别人都能明白对话意思时他却不能，他甚至不能对句子进行单词切分。我帮他把对话切分成单词或字，然后让他试着从词汇表中找到意思。课间他告诉我，他得多抽时间记记单词了。

（孙岩）

分 析

跟少儿汉语教学相比，老年人的语言教学有其自身的特点：1. 老年人学习汉语大多出于兴趣，主动性强，一些压迫式和挑战性的方法对他们不见得奏效。2. 老年人对自己的学习能力不太自信，又有长者的自尊，语言学习中容易放不开，也容易就一些不太重要的问题打破砂锅问到底，打乱正常的课堂节奏。3. 一般来说，老年人的记忆力不太好，接受能力不及年轻人。如果一个班里全都是老年学生的话，教师可以完全根据老年人的生理、心理特点组织活动、展开教学。但是如果一个班里既有老年人又有年轻人，学生的语言学习能力等有较大的差别，对教师确实是个巨大的考验。

针对老年学生，本案例中的教师采用鼓励和表扬的方式，保护了老年人学习汉语的自信心和积极性，耐心地帮助老年学生找到了记忆单词这个学习汉语的突破口，这位教师还有避免老年人的汉语知识越落越多以保证教学整体进度的意识。

老年人在学习能力、学习特点上的特殊性要求教师要格外关注。对于老年学生,目光的交流和语言上的关注是非常重要的,在他们完成一个任务时,教师要多鼓励赞扬,要让他们有"老师也关注我,因为我也能学得很好"的感觉,让他们坚信自己能学好汉语。不少老年人学汉语是出于对中国文化的兴趣,教师可以给他们补充一些中国文化方面的知识,甚至可以为他们搜索一些配有其母语译文的中国文化方面的资料,投其所好,保持他们的学习动机。与此同时,给老年人的语言任务难度可以适当降低,能读的就可以不要求背,能拼的就可以不要求写,不要让他们对汉语望而生畏。

思 考

1. 如果案例(二)中的老年学生 Piero 因病落了很多课,你认为作为教师该如何处理?

A. 即使补课也很难帮助其进步,所以就顺其自然。

B. 向办公室反映这个情况,劝该学生换班或退学。

C. 在班上请学得较好的学生担任志愿者,课后帮助他。

D. 课后抽时间给他无偿辅导。

E. 课后抽时间给他有偿辅导。

F. 其他 _____

2. 崔老师在荷兰一家孔子学院教业余兴趣班,他班里大部分学生是年轻人,也有两位老年人,其中一位老年学生上课时问题特别多,经常打断他的讲授,年轻人为此很有意见,私下提议崔老师"赶走"那位老年学生。如果你是崔老师,你会如何应对呢?

阅 读

1. 柯力,胡荣. 对影响老年人学习效果的因素分析——基于老年社会活动理论视角. 福建行政学院学报,2009(2).

2. 仇晓芸. 谈日本"高龄学生"的汉语教学现状. 世界汉语教学学会通讯,2010(3).

案例 111 学员今年 60 岁

（一）

教学地点：德国慕尼黑　　**教学对象**：一对一学生

　　一对一教学不同于课堂教学，针对学员的特殊要求和期待做准备是该课程的特点。常规的班级教学，我一般每五课安排一次复习课，复习资料一般是前五课的关键句型和生词。

　　我有一个一对一的学员，今年60岁。他学习能力较差，由于工作忙，总缺课，有时两次课时间间隔较长，对复习较为不利。所以我给他准备的复习资料，全部是符合他个人情况的。我一般都是用对话的方式让他按实际情况说说"自己的基本信息（如姓名、年龄、性别、职业等）""有什么爱好""家里有几口人""去过中国哪些城市"等。我觉得让这样的学员掌握大量的词汇是比较不现实的。比如他喜欢游泳和旅游，那么"游泳"和"旅游"两个词对他来说就是必须要掌握的。对于其他有关爱好的词汇，他可以根据自己的时间和精力自由选择要不要记忆。不过这些词会被分类记录在复习资料的附加词汇中，在句型替换的时候会用到。

（吴潜）

（二）

教学地点：中国北京　　**教学对象**：中文系二年级学生

　　这个班的学生主要来自日本和韩国。班上有两位爷爷级的日本学生，他们都是退休以后自费来中国读大学的。一位叫渡边，退休前是一所中学的历史教师。另一位叫坂本，退休前是一家工厂的工程师。

　　两位老人各有特点。渡边每次课都早早就位，他喜欢坐在第一排；而坂本喜欢坐在最后一排。渡边喜欢喝啤酒，练习时总喜欢以喝啤酒为例；坂本喜欢骑车，练习时习惯以骑车或骑车旅行的经历为例。上课的时候我会根据他们的特点，练习时分别给出喝啤酒、骑车旅行的相关场景作为提示。

　　我称呼他们时一般都要加上"先生"，练习、考试时也会考虑他们的年龄，尽可能地给他们更多的鼓励、更好的成绩。跟年轻人相比，他们学得吃力些，但是他们都很勤奋，出勤率极高，偶尔我也会表扬他们，这对其他年轻人有很大的激励作用。两位老人和其他同学的关系都挺好的，尽管年龄差异如此之大，但相处得非常融洽。

（朱勇）

分 析

一般来说，老年人在接受新知识的时候要比年轻人反应慢一些。教师在进行一对一汉语教学的时候，要充分考虑老年人的特殊性，根据老年学生的特点放慢讲课速度。市面上的教材可能不能完全满足老年学生的学习需求，教师可以按照老年学生的汉语水平和学习汉语的动机自己选编合适的教学材料，要注重实用性，还要弹性安排教学内容。

案例（一）中的这位老年学生，由于工作忙所以上课时间有时候无法保证。正如黄亮（2012）分析的那样，"不少一对一授课的对象不脱产，在工作之余学习汉语。没有可保证的学习时间，投入的不稳定是比较普遍的现象。"因此在进行一对一教学的时候，教师应该充分了解对方的实际情况，对其工作的时间安排要提前掌握，根据学生的情况为其量身定做教学计划。授课的内容也要投其所好，应该完全根据学生的要求、学习目的等选择针对性较强的内容来教授。

案例（二）中的教师根据两位爷爷级学生的特点采取了有针对性的措施。例如不是直呼其名，称他们为"先生"，以示尊重；根据两人分别喜欢喝啤酒和骑车的特点，创设相关的情境帮助他们完成语法操练任务。另外，在成绩等方面对他们有所倾斜也是一种积极的鼓励措施。虽然学生年龄差距大，但班级气氛却比较和谐，教师功不可没。

思 考

一位在中国工作的韩国经理，今年58岁，希望一对一学习汉语，你所在的教学机构派你跟他联系，请你设计一个见面后的谈话纲要，以了解对方的学习目的、授课时间等情况。

阅 读

1. 吴仁甫 主编. 对外汉语一对一个别教授研究. 北京：中国社会科学出版社，2002.
2. 罗兰京子. 对外汉语"一对一教学"分析. 洛阳师范学院学报，2007（4）.
3. 黄亮. 对外汉语教学中的一对一个别教学. 教育与职业，2012（2）.

案例 112 年龄是个大问题

教学地点： 美国夏威夷　**教学对象：** 周末混合年龄初级班

这个学期的成人初级周末班有23名学生，学生年龄差距很大，有70多岁的老先生，也有20多岁的年轻人，学汉语的目的也不同。有些是为了了解中国，有些是为了和中国人做生意，有些是为了去中国旅游。

这个班学生的年龄差距很大，这给我的教学带来了一些困扰。首先是学习速度上，这个班上的年龄差距让教学的进度很慢。第一节课我就感觉到了教学的困难，那天的教学日志是这样写的："今天是第一节课，因为不了解学生的实际水平，准备的内容比较多，有拼音系统介绍、对话练习、数字学习。但是我发现，两个小时根本教不完这些内容。因为学生的年龄跨度较大，而且多数是中老年人，学习能力和速度远远比不上儿童和大学生。第一堂课上下来，我觉得他们掌握得并不好。下周的课需要用大量的练习来巩固他们所学的知识。"

其次，在教学活动安排上，年龄差距也给很多课堂活动，特别是全班性的互动活动增加了难度。后来，我发现了一个很好的活动方式，叫作"自行车链条"，就是让全班学生排成两列，面对面说"你好，我叫……"，进行完一轮对话后，每个学生都移动一位，就像转动着的自行车链条一样，这样新的一轮就有不同的学生面对面，继续练习同一句型。这个活动很好，学生的开口度很大，而且是在交际情景下运用语言，习得速度很快。但是这个活动对于班上年龄比较大的学生来说就不是那么轻松，因为他们起立和坐下比较吃力，在活动过程中走动也不方便。

（张然）

学生也可以如图所示，围成两圈进行自行车链条游戏

分析

本案例中这个班的学生年龄差距比较大，教学进度和课堂活动的开展难免重口难调，给教学造成了一定的难度。

关于教学进度，这位教师需要在教学过程中与学生不断地磨合，结合实际找到合适的进度和强度。教师要特别注意学生的层次性和差异性，一开始整体教学的速度不要太快，要充分考虑两个年龄段学生的接受能力。然后则可以分层次给任务，给每个学生回答问题的机会，给老年人的问题可以相对简单一些，给年轻人的问题可以相对有挑战性。要注意保持两个年龄段学生学习汉语的积极性，无论是老年人还是年轻人，都要让他们感到在汉语课堂上有所收获。

关于课堂活动的开展，本案例中教师实施的活动需要学生不断移动，给老年学生参与活动带来了一定的困难。同样的游戏可以改良成让一排学生坐着不动，另一排学生站着，站着的一排学生每次向右移动一位（最右边的学生要移动到最左边去），这样还是可以保证新的一轮活动中不同的学生进行对话练习。游戏中教师将老年学生安排在一直坐着的一排即可，避免因老人行动不便而影响活动效果。当然有的老年学生可能乐于在运动中练习汉语，教师有必要在课间或课下聊天时征求他们的意见。

针对学生年龄差距大给教学带来的困难，教师可以与班里的学生一起讨论解决措施。在学生自愿的前提下，建议安排三个学生一组（比如可以用"2+1"的方式，即两个年轻人带上一个老年学生），形成语言小组的关系。这样既可以为每一位老年学生找一两个语言上的伙伴，也可以让年轻人在同一小组中有年轻的同伴，大家互相帮助，共同进步。

思 考

1. 老年人和年轻人由于年龄的差距很可能有代沟，教师如何利用这些代沟设计一些具有一定争议性的讨论话题呢？试举例说明。
2. 如果你教的是初级班学生，课文的话题是"在医院看病"，你会如何针对班里的老年人和年轻人的特点为他们设计难度不同的问题呢？

阅 读

1. 柯力，胡荣. 对影响老年人学习效果的因素分析——基于老年社会活动理论视角. 福建行政学院学报，2009（2）.
2. 仇晓芸. 谈日本"高龄学生"的汉语教学现状. 世界汉语教学学会通讯，2010（3）.

郑重声明

高等教育出版社依法对本书享有专有出版权。任何未经许可的复制、销售行为均违反《中华人民共和国著作权法》，其行为人将承担相应的民事责任和行政责任；构成犯罪的，将被依法追究刑事责任。为了维护市场秩序，保护读者的合法权益，避免读者误用盗版书造成不良后果，我社将配合行政执法部门和司法机关对违法犯罪的单位和个人进行严厉打击。社会各界人士如发现上述侵权行为，希望及时举报，我社将奖励举报有功人员。

反盗版举报电话　　（010）58581999　58582371
反盗版举报邮箱　　dd@hep.com.cn
通信地址　　北京市西城区德外大街4号　高等教育出版社法律事务部
邮政编码　　100120

读者意见反馈

为收集对教材的意见建议，进一步完善教材编写并做好服务工作，读者可将对本教材的意见建议通过如下渠道反馈至我社。

咨询电话　　400-810-0598
反馈邮箱　　wy_dzyj@pub.hep.cn
通信地址　　北京市朝阳区惠新东街4号富盛大厦1座
　　　　　　高等教育出版社总编辑办公室
邮政编码　　100029

图书在版编目（CIP）数据

国际汉语教学案例与分析 / 朱勇主编. -- 修订本.
-- 北京：高等教育出版社，2015.8（2025.2重印）
ISBN 978-7-04-042528-4

I. ①国… II. ①朱… III. ①汉语-对外汉语教学-教案（教育） IV. ①H195.3

中国版本图书馆CIP数据核字(2015)第100875号

策划编辑	李 玮	责任编辑 李 玮	封面设计 张 楠 赵 阳	版式设计	张 楠
责任校对	李 玮	责任印制 存 怡			

出版发行	高等教育出版社		咨询电话	400-810-0598
社　址	北京市西城区德外大街4号		网　址	http://www.hep.edu.cn
邮政编码	100120			http://www.hep.com.cn
印　刷	保定市中画美凯印刷有限公司		网上订购	http://www.landraco.com
开　本	787 mm×1092 mm　1/16			http://www.landraco.com.cn
印　张	21.25		版　次	2013年9月第1版
				2015年8月第2版
字　数	475千字		印　次	2025年2月第16次印刷
购书热线	010-58581118		定　价	58.00元

本书如有缺页、倒页、脱页等质量问题，请到所购图书销售部门联系调换
版权所有　侵权必究
物　料　号　42528-00